*La magie réaliste :*
*objets, ontologie et causalité*

## Nouvelle métaphysique

*Editeurs de la série : Graham Harman et Bruno Latour*

Le renouveau d'une métaphysique spéculative originale est nécessaire. La série Nouvelle métaphysique entend accueillir avec bienveillance cette réflexion au milieu de la prudence et de la circonspection démoralisantes de la philosophie académique. Nous ne cherchons pas à construire un pont entre la philosophie continentale et la philosophie analytique, puisque nous sommes autant agacés par la minutie maladive de la critique analytique que par la déférence continentale envers des monuments textuels poussiéreux. Nous favorisons au contraire l'esprit d'un joueur intellectuel, et nous espérons découvrir et promouvoir des auteurs qui ont ce profil. De la même façon qu'une nouvelle petite maison de disque, ce que nous cherchons, ce sont les traces d'un nouveau « son » métaphysique venu de n'importe quel pays du monde. Les éditeurs sont ouverts à la possibilité de traduire des classiques métaphysiques négligés, et considéreront toute œuvre de littérature secondaire faisant preuve de particulièrement de robustesse et d'audace. Cela étant dit, notre intérêt principal est de stimuler la naissance de dérangeants chef-d'œuvres philosophiques du vingt-et-unième siècle.

Timothy Morton
*La magie réaliste :
objets, ontologie et causalité*

Traduction de Arthur Duhé

OPEN HUMANITIES PRESS

London, 2021

Traduction en français © 2021 Arthur Duhé

Accessible librement en ligne sur : http://openhumanitiespress.org/books/titles/la-magie-realiste

Première édition publiée par Open Humanities Press 2013
© 2013 Timothy Morton

Ceci est un livre libre d'accès, autorisé par une licence Creative Commons By Attribution Share Alike. Sous cette licence, les auteurs autorisent tout un chacun à télécharger, réutiliser, réimprimer, modifier, distribuer et/ou copier cet ouvrage tant que les auteurs et les sources sont citées et que les travaux dérivés produits se retrouvent sous la même licence ou une autre qui lui soit similaire. Aucune permission de la part des auteurs ou de la maison d'édition n'est nécessaire. Ceci n'affecte en aucun cas l'usage statutaire équitable et autres droits. Vous pouvez lire davantage sur cette licence sur reativecommons.org/licenses/by-sa/3.0.

Conception par Katherine Gillieson
Illustration de la couverture par Tammy Lu
L'illustration de cette couverture est le copyright de Tammy Lu 2011, utilisée sous une licence par Creative Commons By Attribution (CC-BY).

PRINT ISBN 978-1-78542-078-8
PDF ISBN 978-1-78542-077-1

OPEN HUMANITIES PRESS

Open Humanities Press est un collectif de publication international en libre-accès et dirigé par des universitaires dont la mission est de rendre les œuvres majeures de la pensée critique contemporaine librement disponibles partout dans le monde.
Voir http://openhumanitiespress.org

*Pour Simon*

## Remerciements

Avant toute chose, Graham Harman a contribué à l'existence de ce livre dans presque tous les sens possibles. Il m'a conduit vers l'ontologie orientée vers l'objet à travers le dispositif ingénieux d'une prose brillante et séduisante. Et en tant qu'éditeur il a été le partenaire le plus obligeant et le plus généreux dans la confection de ce livre.

Ian Bogost, l'un des fondateurs de l'ontologie orientée vers l'objet (OOO) m'a donné le titre lors d'une session de brainstorming des plus excitantes, à Los Angeles en décembre 2010, et depuis ce moment il a très généreusement partagé avec moi ses réflexions.

Les idées plus qu'inspirantes et les phrases de soutien d'un grand nombre de personnes m'ont aidé dans ce projet, notamment, mais pas seulement : Jamie Allen, Jane Bennett, Bill Benzon, Paul Boshears, Rick Elmore, Paul Ennis, Rita Felski, Dirk Felleman, Nathan Gale, Bobby George, Thomas Gokey, Joseph Goodson, Peter Gratton, Liam Heneghan, Eileen Joy, Julia Reinhard Lupton, Douglas Kahn, Ken Reinhard, Tom Sparrow, McKenzie Wark, Cary Wolfe et Ben Woodard.

Ce livre est dédié à mon fils, Simon. Quiconque a du mal à imaginer la causalité comme magique et extraordinaire doit seulement considérer l'existence des enfants.

**Liste des tableaux et graphiques**

Emergence
Genèse d'une « réussite »

Tout ce qui est profond aime les masques.

   – *Frédéric Nietzsche*


Ce qui constitue le faux-semblant est que, à la fin, vous ne savez pas si cela est un faux-semblant ou pas.

   – *Jacques Lacan*


Comme s'embrase le martin pêcheur, et flambe la libellule,
Précipitée par-dessus bord dans le puit rond, la pierre sonne ;
De la même façon que chaque corde pincée raconte, chaque cloque suspendue,
Inclinée dans un balancement, trouve langue pour clamer son nom haut et fort
Toute chose mortelle fait une et même chose :
Elle exprime cet être intérieur qui en chacun demeure ;
Elle devient soi, s'affirme, *moi-même*, dit-il en lançant des sorts,
Criant *Ce que je fais est moi : pour ce je vins.*

   – *Gerard Manley Hopkins*

# Introduction

## Les objets sont plus proches qu'ils ne le paraissent dans le rétroviseur

> La nature aime à se cacher
>
> – *Héraclite*

J'adore la dérangeante ringardise de la chanson de P. M. Dawn, « Set Adrift on Memory Bliss », et la vidéo qui l'accompagne, en particulier le long mélange qui présente la séquence issue de la chanson de Spandau Ballet, « True », laquelle confère à la mélodie sa colonne vertébrale[1]. La ringardise de la mélodie et de la vidéo est un peu menaçante, et elle a un écho particulier pour moi. Je l'ai entendue émanant encore et encore de la chambre de mon frère, l'été de l'année 1992, alors qu'il sombrait rapidement dans la schizophrénie.

C'était tellement triste de regarder Steve faire ça : c'était comme s'il disait aurevoir à son esprit. Il continuait à écouter cette musique, encore et encore. Et, bien sûr, c'est ce que la chanson fait : elle participe à un état affectif, à « la joie du souvenir », encore et encore, une façon de dire aurevoir à quelqu'un – ou de le garder à l'esprit, de ne pas le laisser partir. Nous ne pouvons pas vraiment être sûrs. C'est pourquoi la chanson est efficace. C'est une chanson de hip-hop, faite de bouts d'autres chansons, des reprises. La chanson est presque comme quelque chose que vous chanteriez sur un de vos enregistrements favoris, un objet chéri que vous jouez encore et encore. Et bien entendu, ces bouts d'objets sont aussi élégiaques, aussi faits pour s'accrocher au souvenir de quelque chose s'estompant - lequel souvenir est fidèle, est vrai - tout en sachant, pourtant, que vous êtes en train de perdre quelque chose. Chérir une illusion, tout en l'embrassant pour lui dire aurevoir. J'ai trouvé ça, l'écoute que mon frère faisait de ce morceau, tellement poignant, mon propre souvenir que je chérissais de mon frère, que je ressasse et rejoue encore et encore, le récitant pour vous maintenant, comme un ancien rhapsode grec, les premiers rappeurs, ces types qui mémorisaient de longs morceaux d'Homère et d'Hésiode et, comme on le dit des musiciens, qui les interprétaient.

Le morceau est une lecture, une interprétation, d'une chanson de Spandau Ballet (« True »), laquelle semble elle-même essayer de copier ou d'évoquer quelque chose, de faire justice à quelque chose, de la façon dont les hits qui sont top 1 le font souvent, comme s'ils étaient occupés à se citer les uns les autres dans quelque étrange paradis pour mélodies pop. Prince Be sait à coup sûr comment faire allusion à tout, de Joni Mitchell au morceau « Careless Whisper » de Wham !, à « Neutron Dance » des Pointer Sisters, à « Bonita Applebum » de A Tribe Called Quest, renommée de façon désuète « Christina Appelcake », à sa propre chanson « Reality Used to be a Friend of Mine ». Il y a même un cameo de Julian Lennon, dans son hommage à son père, « It's Too Late for Goodbyes[2] ».

Vous pourriez presque croire que les objets perdus sont ici même – et ils sont ici même, sous la forme de couleurs, sons, mots – l'un dans l'autre comme les poupées russes : ce morceau inséré des Spandau Ballet, la plus ringarde des musiques néoromantiques (on y revient : néoromantique), déplacée dans l'étrange psychédélisme de P. M. Dawn, tout en recevant, en même temps, les hommages de ce dernier. Et pourtant, ces formes esthétiques sont à propos de l'absence, de la perte et de l'illusion. Quelque chose est parti, et mon fantasme de la chose est parti. Perdre un fantasme est bien plus difficile que perdre une réalité. Pourtant le voilà qui revient, ce refrain, repris sans cesse – du moins, durant les six minutes d'éternité que la chanson produit. Vous vous sentez à la dérive dans la fluctuation périodique de la présence, du présent, d'un présent qui est plein d'absence, d'hésitation, de souffrance. Dans cette mesure, Prince Be pourrait bien être la réincarnation de William Wordsworth.

Les choses sont là, mais elles ne sont pas là : « That's the way it goes ». La phrase suggère comment les choses fonctionnent, comment elles se réalisent, qu'elles ont déjà disparu. Elles sont en retrait, pourtant nous en avons des traces, des reprises, des souvenirs. Ces reprises interagissent les unes avec les autres, elles interagissent avec nous, elles s'entrecroisent l'une l'autre dans une configuration sensible de l'espace. Et pourtant, les objets desquels elles émanent sont *en retrait*[3]. Cela ne veut pas dire que dans tout objet il y aurait, disons, les sous-sections 1, 2 et 3, puis la sous-section mystère 4 (la section en retrait). Cette idée suppose que les objets peuvent être, d'une certaine façon, brisés en morceaux. Le retrait signifie qu'à ce moment précis, cet objet précis, en tant qu'aspect intrinsèque de son être, est incapable d'être quelque chose d'autre : mon poème à son propos, sa structure atomique, sa fonction, ses relations avec d'autres choses. Le retrait n'est pas une fermeture violente au reste. Le retrait n'est pas davantage le vide ou de vagues ténèbres. Le retrait est seulement l'indicible unicité de cette lampe, ce presse-papier, ce téléphone portable en plastique, cette mante religieuse, cette grenouille, Mars d'un rouge éteint dans le ciel nocturne, ce cul-de-sac, cette poubelle. Un secret ouvert.

Le titre de ce livre est un jeu de mots avec le genre littéraire du *réalisme magique*. A la fin du 20ème siècle, des auteurs tels que Gabriel García Márquez développaient une forme d'écriture qui incorporait des éléments de magie et de paradoxe. Dans les récits du réalisme magique, la causalité quitte le fonctionnement purement mécanique, en partie pour résister à l'apparente inévitabilité de l'impérialiste « réalité », en partie pour donner voix à d'indicibles choses, ou à des choses qui sont presque impossible à dire selon l'idéologie impérialiste. Le *réalisme magique* affirme que la réalité elle-même n'est pas mécanique ou linéaire en ce qui concerne la causalité. En effet, la causalité est une affaire secrète, et pourtant étalée en public – un secret public. La causalité est mystérieuse, dans le sens premier du grec *mysteria*, qui signifie les choses qui sont indicibles ou secrètes. *Mysteria* est un nom neutre pluriel dérivé de *muein*, qui signifie fermer. Mystère suggère donc un éventail de termes riche et ambigu : secret, clos, en retrait, indicible. Cette étude considère l'existence des choses comme liées à une sorte de mystère, entendu en des sens multiples : indicible, enclos, retraite, secret. Dans ce livre, j'utiliserai ces termes afin d'exprimer quelque chose d'essentiel à propos des choses. Les choses sont encodées. Mais la différence entre l'encodage habituel et l'encodage des objets est que celui-ci est indéchiffrable. « La nature aime à se cacher » (Héraclite).

Le titre *La magie réaliste* a aussi pour ambition de provoquer une réflexion quant au réalisme philosophique, l'idée qu'il y ait des choses réelles. Le réalisme est souvent considéré comme quelque chose de plutôt ennuyeux, alors que tout le panache et l'étrangeté est du côté antiréaliste du débat. Nous verrons que cela est loin d'être le cas. Le problème avec de nombreuses théories de la causalité est qu'elles suppriment un élément de mystère quintessentiel. Il semble élémentaire qu'une théorie de la causalité puisse mettre la « compréhension » à la place du mystère. Les théories de la causalité sont préoccupées de justifier les choses de façon à les démystifier. Une théorie de la cause et de l'effet vous montre comment le tour de magie fonctionne. Mais si quelque chose de crucial dans la causalité résidait précisément dans le tour de magie lui-même ?

Penser de cette façon signifie commencer à produire une vue de la causalité *orientée vers l'objet*. Si les choses sont en retrait de façon intrinsèque, de façon irréductible à leurs perceptions, relations ou usages, elles peuvent seulement s'affecter l'une l'autre dans un étrange espace en face d'elles, une région de traces et d'empreintes : une dimension esthétique. Prenons un exemple.

La chanson de P. M. Dawn, « Set Adrift on Memory Bliss » est douce de façon perturbante, et pourtant un étrange son coupe court à la douceur. Un son de glockenspiel aigu, qui revient régulièrement. Un son en boucle, comme le son d'une boîte-à-musique. Un son qui agace un peu. Les notes sont étranges, d'un ton curieux et dissonant, en comparaison avec le balancement réconfortant de l'extrait du Spandau Ballet. Comme un jouet d'enfant brisé, quelque chose d'un peu agaçant, quelqu'un d'un peu menaçant. Chatoyant alors qu'il tourne, un froid argent de mort, une absence d'affect. Pas de sang chaud dans ce son, c'est un objet coincé dans la répétition, atone, rappelant un peu les premières mesures de *Pierrot Lunaire*.

Cette rotation de la boîte-à-musique est le secret de toute la chanson – cette impression d'être coincé, de coexister avec ces procédés en boucle. Le chagrin est la photo d'un objet enterré profondément en vous : de temps à autre, il relâche quelques-uns de ses photons dans la circulation du sang. Le chagrin est l'empreinte de quelque chose qui n'est pas vous, la preuve archéologique d'un objet. Freud disait que l'égo est la trace des cathexis d'objets abandonnés[4]. Comme un bloc de boue pétrifié avec une empreinte de dinosaure dessus. Comme un verre dont la forme serait modelée par des verriers, des cannes de verrier, et du sable de quartz en poudre. Toute trace esthétique, toute empreinte d'un objet, scintille avec l'absence. Les choses sensibles sont des élégies à la disparition des objets.

Ce son, cette froideur de boîte-à-musique cassée, c'est l'écho d'un monde non-humain. Un petit fragment d'inhumain, incrusté dans la chaleur douce et indigeste. Comme si vous pouviez faire disparaître tous les autres sons sur l'enregistrement et que vous n'aviez plus que cela. Ça s'incruste. Pourtant, c'est tellement plus délicat, tellement plus enfantin, tellement plus scintillant, que tout le reste.

Est-ce que cela ne nous dit pas quelque chose à propos de la dimension esthétique, et de la raison pour laquelle les philosophes l'ont souvent considérée comme étant le royaume du mal ? La dimension esthétique est une place d'illusions, et pourtant ces illusions sont réelles. Si vous saviez avec certitude qu'elles ne sont que des illusions, alors il n'y aurait pas de problème. Mais, comme l'écrit Jacques Lacan, « Ce qui constitue le faux-semblant est que, à la fin, vous ne savez pas si cela est un faux-semblant ou pas.[5] » Vous ne pouvez jamais savoir avec certitude, vous ne pouvez jamais savoir si c'est une illusion. « Mais elle avait raison, je ne peux pas mentir ». Pourtant Prince Be est si conscient de la possibilité qu'il pourrait être séduit par le souvenir : « Œil pour œil, espion pour espion, / les élastiques s'étirent avec un soupir de frustration… J'ai des sentiments pour elle, j'en ai vraiment ». Je sais que beaucoup de choses sont vraies. La réalité est *comme* une illusion, en insistant sur l'ambiguïté de ce *comme*.

Intense quoique goguenarde, la dimension esthétique flotte en face des objets, comme un groupe de clown inquiétants dans une peinture expressionniste, ou la représentation d'une performance dont on ne voit pas les limites. Prince Be le sent très bien quand il dit « Je pense que c'est une de ces choses déjà vues / Ou un rêve qui essaye de me dire quelque chose … La réalité était autrefois une amie ». C'est une dimension qui rend fou pour mon frère, lequel trouve difficile de regarder des photos de Bouddhas souriants, parce qu'il pense qu'ils apprécient beaucoup trop la confusion. Ils ne sont pas tout à fait sincères, quelque chose ne tourne pas rond avec eux, cette énigme de Mona Lisa pourrait bien dissimuler un vide, absolument rien du tout, ou bien un vide méontique, un néant. Seulement un sourire. Et s'il y a seulement des objets, si le temps, l'espace, et la causalité, comme je vais le démontrer, sont des propriétés émergentes des objets – si toutes ces choses flottent « en face de » ce qui est appelée la dimension esthétique, dans un espace non-temporel et non-local, ce n'est pas dans quelque au-delà, mais ici-même, comme un coup au visage – alors rien ne vient nous dire catégoriquement ce qui compte pour réel et ce qui compte pour irréel. Sans espace, sans environnement, sans monde, les objets et leur effets sensibles se bousculent comme des silhouettes malicieuses dans une mascarade.

Avec leur intimité claustrophobe, cette foule de choses expressionnistes, empêche quelque chose comme « l'idéologie de l'esthétique » de se former. Dans ce livre, l'esthétique n'est pas seulement une cerise optionnelle sur les objets, ni un service de rencontre qui les maintient les uns contre les autres (puisqu'ils sont ontologiquement séparés). En tant que contribution au projet de l'*ontologie orientée vers l'objet* (OOO), philosophie dont le fondateur est Graham Harman, ce livre libère l'esthétique de son rôle idéologique d'entremetteuse entre le sujet et l'objet, un rôle qu'elle a joué depuis l'époque de Kant.

*La magie réaliste* est une exploration de la causalité du point de vie de l'ontologie orientée vers l'objet. J'affirme que la causalité est un phénomène entièrement esthétique. Les événements esthétiques ne sont pas limités à des interactions entre humains, ou entre les humains et des toiles, ou entre les humains et des phrases tirées de pièces de théâtre. Ils arrivent quand une scie mord dans un morceau tout neuf de contreplaqué. Ils arrivent quand un ver s'extirpe de quelque sol humide. Ils arrivent quand un objet massif émet des ondes de gravité. Quand on pratique ou qu'on étudie l'art, on n'explore pas un quelconque bonbon sur la surface d'une machine. On est en train de pratiquer ou d'étudier la causalité. *La dimension esthétique est la dimension causale.* Cela me surprend toujours de l'écrire, et je me demande si, une fois que vous aurez lu ce livre, vous cesserez d'être surpris ou non.

Les avantages de cette approche sont divers, mais le plus important est peut-être que cette approche de la causalité peut inclure toutes sortes de phénomènes qui perturbent les autres théories. Une théorie OOO de la causalité peut, par exemple, inclure les ombres et la peur, le langage et le rouge-à-lèvres, ainsi que les boules de billard et les photons.

La raison pour laquelle l'art est important est que c'est une exploration de la causalité, laquelle, comme nous le savons depuis la physique post-newtonienne, suppose beaucoup plus que des petites billes de métal s'entrechoquant... les entités interagissent dans un éther sensible qui est (du moins dans une certaine mesure) non-local et non-temporel[6]. C'est ainsi que les objets peuvent s'influencer les uns les autres malgré le fait qu'ils soient fermés à tout accès, comme mon argument le montrera dans les grandes lignes plus tard. Donc, quand une critique de l'art à l'ancienne parle d'une beauté intemporelle, elle est en train de dire quelque chose de plutôt profond quant à la nature de la causation, et non quant aux valeurs humaines faussement universelles.

Même si nous écartons quelques séquences causales plausibles comme « sa colère l'a fait frapper l'ennuyeux vieillard » et que l'on se concentre seulement sur la causation « physique », il y a des choses mystérieuses qui semblent se manifester dans le domaine causal et qu'une approche OOO peut expliquer efficacement. La non-localité et la non-temporalité causales et esthétiques ne devraient pas être des caractéristiques surprenantes de l'univers. Sans même considérer la physique quantique, même les champs électromagnétiques et les ondes de gravité sont, dans une certaine mesure, non-locales. En ce moment, les vagues de gravité venues des commencements de l'univers sont en train de traverser votre corps. Maxwell et d'autres pionniers de l'électromagnétisme imaginaient l'univers comme un immense océan d'ondes électromagnétiques. Et bien sûr, il y a le vrai problème non-local – celui de la mécanique quantique. Considérez la forme esthétique d'un champ électromagnétique (comment les oiseaux se dirigent, utilisant de petits aimants quantiques dans leurs yeux)[7]. Puisque à ce niveau la matière n'est qu'information, la physique théorique est déjà dans un espace conceptuel esthétique. Même Lucrèce, l'atomiste, imaginait la causalité comme fonctionnant à travers des « fils » émis par les objets[8]. Mais les arguments de cet ouvrage vont au-delà d'une exploration fantaisiste de la physique théorique. Ils peuvent s'appliquer à n'importe quelle entité, et non pas seulement à celles que les physiciens étudient.

Un des avantages, quand on affirme que la causalité est esthétique, est que cela permet de considérer aussi bien ce que l'on appelle la conscience que ce que l'on appelle les choses. Le phénomène d'action à distance au niveau quantique basique arrive à chaque instant. Penser à un trou noir est bien moins dangereux que d'être dans ses alentours, bien que, d'une certaine façon, y penser nous y lie. Bertrand Russell nie l'action physique à distance, affirmant que la causation peut seulement exister entre choses contiguës. S'il existe une action à distance, dit-il, alors il faut qu'il y ait des entités qui interviennent pour transmettre la causalité. Dans un superbe passage, Russell argumente donc :

> « Quand il y a une connexion causale entre deux événements, ils ne sont pas contigus, il doit y avoir des liens intermédiaires dans la chaîne causale pour que chacun soit contigu au suivant, ou (alternativement), de façon à ce qu'il y ait un processus qui soit contigu[9]. »

Pourtant n'est-ce pas là une définition élégante de la dimension esthétique ? L'action à distance arrive tout le temps si la causation est esthétique. Ce qui est appelé conscience est une action à distance. En effet, nous pourrions même dire que la conscience de quelque chose est une action à distance. Les phénomènes empiriques tels que les neurones miroirs et l'intrication le confirment. Être localisé « dans » l'espace ou « dans » le temps est déjà être pris dans un réseau de relations. Ce n'est pas que les objets « occupent » de façon primordiale quelque région existante de l'espace-temps, mais qu'ils sont pris dans les champs d'autres entités qui les « localisent » et les « temporalisent ». De façon minimale, ce que la physique appelle action à distance est seulement l'existence-pour-autrui des qualités sensibles de n'importe quelle entité – un argument que cet ouvrage élucidera au cours de son développement.

À l'époque de Platon, on disait de l'action à distance qu'elle était *démonique*. C'était l'action de forces démoniques qui faisait la médiation entre les domaines de l'existence physique et non-physique. C'est ce que Socrate dit à propos de l'art dans l'*Ion* : il compare l'art à un aimant dans un assemblage d'aimants, de la Muse, déesse de l'inspiration, à l'artiste, à l'œuvre, à l'interprète, au public, tous ces aimants étant liés par quelque force démonique[10]. Nous appelons cette force démonique électromagnétique, mais cela est remarquablement proche de l'idée de Platon : l'onde électromagnétique transmet l'information le long d'une distance ; un récepteur amplifie l'information pour en faire de la musique sortant des écouteurs des haut-parleurs de telle façon que vous entendez P.M. Dawn. En ce temps de conscience écologique, nous recommencerons à penser l'art comme une force démonique, transportant l'information de l'au-delà, c'est-à-dire, d'entités non-humaines telles que le réchauffement climatique, le vent, l'eau, la lumière du soleil et la radiation. Du corail se décolorant dans l'océan aux vortex tourbillonnants des sacs de plastique au milieu de l'Atlantique.

Le problème est que tout art est une traduction, une métaphore de quelque chose. Il y a une ambiguïté fondamentale dans la notion d'interprétation, ce que Socrate constate. Qu'est-ce qu'une interprétation juste ? Qu'est-ce que la justice, quand on parle d'œuvres d'art ? Socrate décide que l'œuvre d'art n'est pas une image pertinente de quelque chose. C'est la représentation de quelque chose, une force démonique intérieure. Et quand l'Orchestre symphonique de San Francisco interprète une symphonie de Mahler, cela ne signifie pas qu'il en signifie le sens exact. Ils le jouent seulement. Pourtant dans l'interprétation comme représentation et performance nous rencontrons une ambiguïté supplémentaire : entre la spontanéité, quelque chose qui n'émerge apparemment de rien, et la lecture, la compétence, l'expertise. L'improvisation, comme le signale Derrida, est une forme de lecture dans laquelle la lecture et l'écriture ne peuvent pas être aisément distinguées. « La caméra fait un panoramique sur le verre de cocktail, Derrière un leurre de plantes en plastique… » (« Set Adrift on Memory Bliss »). Pourquoi cette ambiguïté profonde ? Seulement parce que la dimension esthétique est une dimension ambiguë, contradictoire, goguenarde, illusoire ; et qu'aucune théorie qui la supprime n'en vaut la chandelle.

On commence à se lire soi-même comme un interprète. Miles Davis affirmait – ou du moins, cela a été attribué à Miles Davis, mais peut-être n'est-ce qu'une de ces phrases qui flottent dans la dimension esthétique démonique – que l'on doit jouer pendant longtemps avant de pouvoir jouer comme soi-même. L'improvisation est une musique qui s'écoute elle-même. Elle s'accorde. L'art est un accord, une *Stimmung*. Et dans une période de conscience décisive du non-humain – c'est-à-dire, dans une période où même les instrumentistes comme Richard Dawkins et les membres républicains du Congrès doivent éponger leur front quand le réchauffement climatique provoque une canicule – l'art écologique va être de plus en plus concerné par cette sorte d'accord.

C'est le problème avec l'accord. Ce n'est pas une question d'interprétation correcte ou incorrecte, bien que, sans aucun doute, certaines interprétations *soient* meilleures que d'autres, puisque ce sont des objets réels. De la même façon que dans le jazz, un solo mieux interprété révèle quelque chose du métal, de la courbe, de la taille, et de la sonorité d'une trompette ; un bon solo c'est quand l'instrument prend le contrôle sur vous[11]. Quand le public applaudit un solo incroyable, il essaye d'atteindre l'intérieur d'une trompette. Le fait que les trompettes soient manipulables par l'homme – ou bien sont-ce les hommes qui sont manipulateurs de trompettes ? – afin de relâcher ce que Harman appelle leur « *cœur moelleux* », nous dit quelque chose des objets en général[12]. Parce que cela ne marche jamais tout à fait – aucun solo n'épuise jamais la trompette – on sent qu'il y a toujours plus dans l'objet que ce que l'on pense. Un objet – disons un oud ou un luth – peut être préparé pour quelque chose, en accord avec cette chose, de bien des façons qui extirpent d'étranges propriétés cachées de cet objet. En ce sens, jouer du oud, c'est comme faire de la phénoménologie. On est présent à la structure interne de l'objet, lui permettant de prendre contrôle sur nous. Un oud est à peu de chose près le même objet qu'un luth. Comment se fait-il qu'on en obtienne des sons si différents, des traductions si différentes ? La réponse est la façon dont les choses se tiennent en retrait d'un accès total. Et ce serait pour cela que Le Trio Joubran déchire avec leur oud, alors qu'une bonne interprétation de Dowland est simplement délicieuse. Parce que ce sont de vrais ouds, de vrais luths, et peu importe à qui sont les doigts qui glissent de bas en haut sur leur manche.

Il ne s'agit pas d'adopter une quelconque position en dehors de l'univers, quelque méta-position parfaite, quelque attitude parfaite. C'est tout simplement impossible, dans un univers orienté vers l'objet, et tout simplement infaisable dans l'urgence écologique actuelle. Même si on allait sur Mars, on serait en relation, là-bas, avec l'urgence sur la planète

Terre, comme les romans de Kim Stanley Robinson le montrent de façon douloureusement évidente. Non, quand on accorde, on fait un autre objet. Accorder est la naissance d'un autre objet : un accord, une lecture, une interprétation. Un rap rhapsodique évoquant l'écoute de Spandau Ballet et le souvenir de votre ancienne maîtresse. Tout accord devient une élégie de la disparition, c'est-à-dire, du secret de l'ontologie fondamentale d'un objet ou d'objets.

Pourtant, quand vous accordez, des choses réelles se passent. Vous affectez la causalité. Vous établissez un lien avec au moins une autre entité existant réellement. Vous peignez un trou noir – le trou noir est ici, son opacité effrayante est là, dans la toile, et pourtant pas ici. Vous faites une peinture en *dripping*, vous faites un *dripping* à propos de la peinture, de la même façon qu'écrire à propos de la musique est comme danser à propos de l'architecture. En termes OOO, voici ce que tous les objets font les uns aux autres. Après tout, aucun objet ne contacte un autre. Ils partagent seulement, en réalité, ce que Harman appelle leurs « notes ». Donc l'architecture fait des colonnes (ou quel que soit ce qu'elle fait) à propos des relations humaines. Et les chiens reniflent à propos des arbres (par bonheur, « à propos » [en anglais *about*, ndT] peut aussi signifier « autour »). Et les crayons crayonnent à propos des taille-crayons. La tempête tempête à propos des cheminées dans lesquelles elle souffle. La calculatrice calcule à propos du crédit bancaire à propos duquel je suis inquiet. Les oiseaux oisouillent à propos de la marée noire British Petroleum, à propos de laquelle ils nous parlent avec des métaphores d'oiseaux. Le train traine à propos de la lueur de l'éclair. La caméra sur le côté de la route camérase à son propos. Et les photons photonnent à propos de l'électron. Et la météo météonne à propos du réchauffement climatique. Et l'écriture écrit à propos de la musique. De la même façon que la danse le fait à propos de l'architecture.

Les toiles ont toujours été faites de plus de choses que les humains. Elles ont été faites de peinture, laquelle consiste en des cristaux réduits en poudre dans une matière comme du blanc d'œuf ou de l'huile. Maintenant, quand tu accroches la peinture au mur, elle est reliée au mur. Une mouche atterrit dessus. De la poussière s'installe. Lentement, le pigment change malgré vos intentions artistiques. Nous pourrions penser à toutes ces interventions non-humaines comme étant elles-mêmes une forme d'art ou de design. Puis nous nous rendons compte que les choses non-humaines font également de l'art à chaque instant, c'est seulement que nous appelons cela causalité. Mais quand des cristaux de calcium recouvrent une peinture rupestre paléolithique, elles sont aussi en train de faire un design et de la peinture. Alors de façon simple, la dimension esthétique est aussi la dimension causale, ce qui à son tour signifie que c'est aussi le vaste réseau non-local qui flotte « en face » des objets (ontologiquement et non pas physiquement « en face »).

Vous travaillez directement avec les nerfs optiques des gens et les champs de vision, comme dans une œuvre de Bridget Riley. Vous causez une vibration du système optique, créant des motifs d'interférence. Votre peinture est un dispositif, une machine, un objet qui a des effets causaux. Dans la réalité. Yukultji Napangati, une peintre aborigène australienne, crée des dispositifs qui scintillent de telle façon qu'ils vacillent vers vous qui êtes en face des peintures, et qu'ils menacent votre sens de la propriété. Napangati était l'une de ces neuf personnes qui a quitté les Outback en 1984, quelques-uns des derniers humains néolithiques sur Terre. C'est ce qu'elle fait : des dispositifs pour parler au monde spirituel, pour autoriser la force démonique à vous frapper. Dans la chair, et non dans un jpeg, ils agissent comme une douzaine d'œuvres de Bridget Riley superposées : les motifs s'entremêlent et suggèrent des couches successives de mouvement et de scintillation hypnotique. Elles sont menaçantes. Et ce sont aussi des peintures venues d'un lieu où un petit groupe de femmes errent sur des collines de sable, se livrant à un rituel ici, et creusant à la recherche de racines là. Une interprétation.

## Objets et non-objets : $p \wedge \neg p$

L'esthétique démonique et le causal démonique ne sont qu'à un jet de pierre l'un de l'autre, dans la pensée. Descartes est inquiet justement quant à l'action à distance : peut-être est-il contrôlé par des démons[13]. Son refus d'accepter cette possibilité mène au *cogito*. Descartes se méfie des sens parce que ceux-ci peuvent être trompés et il utilise donc la loi de non-contradiction pour les éliminer. De nombreux philosophes reproduisent la ligne lumineuse que Descartes trace ici, notamment le réaliste spéculatif Quentin Meillassoux, lequel sépare la raison de la croyance avec une certitude pareille au laser[14]. Cette séparation concerne les choses réelles qui ne sont pas seulement des pensées dans l'esprit (humain). Meillassoux affirme que la stabilité de l'univers le fait apparaître (mais seulement apparaître) comme s'il ne pouvait pas être advenu par chance.

Et pourtant la physique affirme que l'apparence de stabilité est une production du hasard. Ce sont les motifs au hasard qui semblent réguliers. Le regroupement est une caractéristique du vrai hasard. Meillassoux semble accepter l'idée que le hasard est égal à l'instabilité, exactement comme ceux qu'il réfute. Il décide de rejeter l'idée de hasard, car celui-ci implique de l'ordre, une forme de loi – il essaye de prouver qu'il n'y a aucune raison pour laquelle les choses arrivent. Il n'y a de raisons qu'avec des systèmes mécaniques, tels que les dés (c'est l'exemple de Meillassoux) et les boules de billard (Hume). L'intrication quantique est purement aléatoire. Qu'est-ce que cela signifie ? Cela signifie, par exemple, que dans certaines conditions, facilement réplicables, la probabilité qu'un photon soit polarisé dans une certaine direction est complètement incertaine avant qu'une « mesure » ne se fasse. C'est pourquoi les phénomènes quantiques sont incroyablement bon à générer des nombres aléatoires.

« Complètement incertain » signifie que, peu importe la quantité d'information que l'on a, on ne sera pas capable de prédire l'état du photon. Ceci n'est manifestement pas le cas des dés ou des boules de billard. *Complètement incertain veut dire incertain en soi, plutôt que quand nous mesurons.* Une explication quant à cette complète incertitude est qu'un photon est dans deux ou trois orientations simultanément. Cela enfreint ce que Meillassoux considère comme la loi fondamentale (la loi qu'il choisit de ne pas enfreindre), la *loi de non-contradiction*. Qu'est-ce que cela signifie de l'enfreindre ? Cela signifie que vous pouvez, bien sûr, appliquer une « logique probabiliste » à l'univers, et que, loin d'être « dépourvu de sens » (Meillassoux), c'est ainsi que des choses incroyablement basiques semblent fonctionner[15].

Qu'est-ce que cela signifie de ne pas éliminer la dimension démonique de la causalité ? Je ne rencontre pas de motifs et de relations qui prennent dans mon esprit la forme de peintures, vases ou verres. Ces choses me rencontrent directement, en tant qu'elles-mêmes. Mais plus précisément, chaque entité projette les ombres d'elle-même dans l'espace *interobjectif*, l'espace sensible qui consiste en relations entre objets, bâtissant sa propre version de la caverne de Platon. C'est comme le poème de Gerard Manley Hopkins qui figure comme épigraphe d'un de ses ouvrages :

> Comme s'embrase le martin pêcheur, et flambe la libellule,
> Précipitée par-dessus bord dans le puits rond, la pierre sonne ;
> De la même façon que chaque corde pincée raconte, chaque
>   cloque suspendue,
> Inclinée dans un balancement, trouve langue pour clamer
>   son nom haut et fort
> Toute chose mortelle fait une et même chose :
> Elle exprime cet être intérieur qui en chacun demeure ;
> Elle devient soi, s'affirme, *moi-même*, dit-il en lançant des sorts,
> Criant *Ce que je fais est moi : c'est pourquoi je vins*[16].

Ce « *moi-même* » a une dimension mystérieuse. Comme face à la personne qui vous assure qu'elle est sincère, pouvons-nous jamais croire que les objets n'essayent pas de nous jouer un tour ? Encore une fois : « Ce qui constitue le faux-semblant est que, à la fin, vous ne savez pas si cela est un faux-semblant ou pas[17] ». Duns Scot parle ici de l'haecceité d'une chose, sa ça-ité, et Hopkins le traduit dans ce vers[18]. Pourtant, Hopkins lui-même le dit explicitement : *Ce que je fais est moi.* Tout à fait : c'est ici une situation où il y a « je » versus « moi ». Dans la différence entre un pronom personnel réfléxif ou non, nous décelons la différence archéologique du Rift, de la fissure (en grec, *chōrismos*) entre une chose et son apparence. Ce concept, la Fissure (je vais lui attribuer une majuscule à partir de maintenant), est de la plus grande importance dans cet ouvrage.

Ce que nous offre Hopkins n'est pas un diorama animé en plastique, avec des couleurs criardes, mais une mise en scène à partir de laquelle les choses offrent sur scène leur version propre du paradoxe du menteur crétois : « cette phrase est fausse ». Dire autre chose serait décider à l'avance ce que les choses sont, ce qui est en contradiction avec la façon dont le poème lui-même nous force à faire l'expérience des choses. « Précipitée par-dessus bord dans le puits rond, / la pierre » est ressentie et entendue avant que nous n'entendions ce qu'elles ont à nous dire contre les murs du puits et dans l'eau profonde à l'intérieur de celui-ci : le premier vers est un adjectif composé de façon invisible, précipitée-par-dessus-bord-dans-le-puits-rond. L'adjectif prend presque autant de temps à lire que ne prendrait, peut-être, une pierre quelconque à toucher la surface de l'eau. L'adjectif révèle la pierre, de la même façon que la libellule « flambe. » La pierre devient sa culbute, sa chute-dans-le-puits, le moment auquel elle est jetée par-dessus bord. Et puis plouf – c'est une pierre normale, mais nous l'avons déjà éprouvée comme une non-pierre.

*Toutes les choses par lesquelles nous définissons les objets ne sont pas les objets.* Par « *nous* », j'entends les humains, les brosses de toilettes, les quasars, le blé des durums, et l'objet en question lui-même. Nous avons une situation très étrange, donc, dans laquelle il y a des objets, et il y a des qualités et des relations entre ces objets et d'autres objets. Il y a un *chōrismos*, un fossé irréductible. Les qualités et les relations se ressemblent beaucoup, puisqu'elles sont nées dans les interactions entre l'objet et 1+n autres choses. Un parpaing est dur et froid pour une mouche, rugueux pour mon doigt, fragile pour un coup de karaté bien placé. Invisible pour un neutrino. Pensez à un objet de *matière noire* à zéro degré, un objet qui peut être ou non derrière un rideau rouge. Il n'a strictement aucune qualité pour nous, pourtant, précisément, cette absence de relation est en elle-même une sorte de relation, comme si l'objet de matière noire irradiait une sorte d'énergie qui nous traversait.

Les qualités de l'objet ne sont pas l'objet. Les objets sont donc à la fois eux-mêmes et ne le sont pas. Au mépris de la loi de non-contradiction – une loi qui n'a jamais été vraiment prouvée – les objets nous présente le paradoxe suivant : les objets sont tout à la fois des objets et des non-objets. Tous les objets sont des secrets ouverts, comme le menteur : *cette phrase est fausse*. Ou comme le paradoxe des ensembles de Russell : l'ensemble des ensembles qui ne sont pas membres d'eux-mêmes.

Nous sommes maintenant dans un domaine de la pensée traversé par des logiciens tels que Graham Priest, qui travaille sur la façon dont les choses peuvent être contradictoires avec elles-mêmes, en violation de la Loi de Non-Contradiction (LNC) supposément universelle. Le Menteur, le paradoxe des ensembles de Russell, et le théorème d'incomplétude de Kurt Gödel, tout indique la possibilité que cette loi ne tienne pas toujours. Par exemple, Gödel établit que pour tout système logiquement cohérent, il doit y avoir au moins un théorème que ce système ne peut pas prouver, *afin que ce système soit vrai* en ses propres termes, un théorème tel que : « Cette sentence ne peut pas être prouvée ».

De telles entités semblent assouplir les limites de la pensée, limites que quelques philosophes voudraient maintenir fragiles et rigides – ou alors ils insistent sur le fait que certaines choses en réalité ne sont tout simplement pas logiques du tout. Supposons que nous puissions voyager au-delà de ces limites sans nous départir de cette logique. De quel type de logique aurions-nous besoin ? Priest et Jay Garfield imaginent que « les contradictions aux limites de la pensée ont une structure générale et bipartite ».

> « La première partie est un débat sur le fait qu'une certaine perspective, le plus souvent concernant la nature de la limite en question, transcende cette limite (ne puisse pas être pensée, décrite, etc.). C'est la *Transcendance*. L'autre est un débat sur le fait que cette perspective *est* dans la limite – c'est le concept de *Closure*. Bien souvent, cet argument est d'ordre pratique, fondé sur le fait que la *Closure* est démontrée dans l'acte même de théorisation des limites. En tout cas, ensemble, la paire décrit une structure qui peut être appelée, idéalement, *inclosure* : une totalité, $\Omega$, et un objet, o, tel que o soit et ne soit pas dans $\Omega$.
>
> Si l'on procède à une analyse plus fine, on peut trouver des *inclosures* avec une structure plus détaillée. Dans sa version la plus simple, la structure est comme suit. *L'inclosure* a toujours un opérateur, $\delta$, lequel, quand on l'applique à un sous-ensemble de $\Omega$ qui convient, donne *un autre* objet qui est dans $\Omega$ (c'est-à-dire, un objet qui n'est pas dans le sous-ensemble en question, mais qui est dans $\Omega$). Ainsi, par exemple, si nous parlons d'ensembles de nombres ordinaux, $\delta$ pourrait être utilisé pour nous donner le plus petit ordinal qui ne soit pas dans l'ensemble. Si nous évoquons un ensemble d'entités qui ont été pensées, $\delta$ pourrait nous donner une entité à laquelle nous n'avons pas encore pensé. La contradiction à la limite advient quand $\delta$ est appliqué à la totalité $\Omega$ elle-même. Car alors, l'usage de $\delta$ nous donne un objet qui est tout à la fois

dans et à l'extérieur de $\Omega$ : le plus petit ordinal qui est aussi plus grand que tous les ordinaux, ou l'objet impensé[19]. »

Le premier paragraphe décrit bien les phénomènes catalogués par OOO : des choses en retrait, ce qui signifie qu'elles limitent ce que l'on peut penser d'elles. Les choses aussi contiennent d'autres choses qui ne sont pas strictement elles-mêmes – de la même façon qu'un zèbre n'est pas réductible à ses atomes, d'un point de vue OOO, et pourtant un zèbre n'est composé que de ces atomes spécifiques. Les objets sont donc des inclosures, selon les termes de Priest et Garfield. Ils sont « clos » - un zèbre n'est pas une girafe – et pourtant ils ne sont pas clos – ils contiennent des objets qui ne sont pas eux-mêmes. Quand nous étudions les êtres, nous trouvons au moins une chose en eux – c'est le delta de Priest et Garfield – qui est « à la fois à l'intérieur et pas à l'intérieur » d'eux. Être une chose, de ce point de vue, veut dire être truffé de contradictions.

Considérez le fameux paradoxe sorite : qu'est-ce qui constitue un tas ? Un grain de sable ne constitue pas un tas, pas plus que deux, ou trois, et ainsi de suite. Si nous continuons ainsi, nous arrivons à dix mille grains de sable qui ne constituent pas un tas. Ou considérons le crâne d'un homme chauve. Ajouter un cheveu ne change pas le fait qu'il soit toujours chauve ; deux cheveux, pareil ; trois cheveux, pareil. Nous découvrons qu'il n'y a aucun nombre magique par lequel le chauve devient soudainement chevelu.

Ces paradoxes ont lieu dans le monde réel. Prenons par exemple le fait d'être dans l'embrasure d'une porte. Êtes-vous à l'intérieur ou à l'extérieur de la salle ? Prenons le statut d'un titre de poème : est-ce le début du poème ou est-ce extérieur à lui ? Prenons la narration à la première personne. Est-ce que le narrateur qui raconte l'histoire est identique au narrateur à propos duquel l'histoire est racontée ? Dans beaucoup de cas, auteurs et histoires jouent avec l'écart irréductible entre ces deux « je ». Chaque objet dit « moi-même ». Mais en disant « moi-même », l'objet dit aussi « Je mens en ce moment même », « cette phrase est fausse ».

*L'Origine des espèces* de Charles Darwin est fondée sur des paradoxes qui supposent des *dialetheias* – des contradictions, « doubles vérités ». On ne peut tout simplement pas déterminer quand une espèce finit et une autre commence, de la même façon qu'on ne peut pas déterminer qui a été la première petite vieille à dire le mot « pu… rée[20] ». En fait, le paradoxe de l'évolution est tellement désespéré que Darwin aurait dû utiliser un émoticône clignant de l'œil, s'il l'avait pu, et des guillemets dissuasifs : « L'Origine » des « espèces » ; ). L'argument-massue du livre de Darwin, c'est *qu'il n'y a pas d'espèces et qu'elles n'ont pas d'origine.* Et pourtant, tous les jours nous voyons des lézards, des kiwis et des moutons, sans parler des amibes, des virus et des champignons, étant uniquement eux-mêmes. Ces formes de vie sont faites d'autres formes de vie, qui à leur tour sont faites d'entités non-vivantes, jusqu'au niveau de l'ADN et au-delà. Pourtant elles sont uniques et distinguables comme l'amibe, cette petite tache de jaune brillant ressemblant à du vomi de chien au bout de mon cul-de-sac[21]. Une amibe est une non-amibe ou, comme l'a dit un philosophe, un lapin est un non-lapin. Je comprends cela comme signifiant non pas qu'il n'existe aucun lapin, mais plutôt qu'il y a un lapin réel dont l'essence est en retrait[22].

*Les objets sont des non-objets.* Je ne veux pas dire par là un non-objet dans le sens où, comme pour François Laruelle, il y aurait un indicible, une immanence radicale qu'aucune philosophie ne puisse dire– non, mais plutôt qu'une philosophie doit activement exclure afin d'exister, d'où son invention de « non-philosophie » pour rendre compte de cette immanence radicale[23]. Un objet est un non-objet non parce qu'il est « réellement » quelque chose d'autre, un vide ou un morceau sans qualité ou un moment dans mon processus réflexif – mais *parce qu'un objet n'est pas quelque chose d'autre.* Le « selfness » d'une chose, son haeccéité à la façon de Duns Scott, régule tout autour dans son périmètre, entoure l'identité de barbelés. Blake écrit qu'il voit l'infini dans un grain de sable[24]. Il avait techniquement raison : c'est un aperçu tout à fait OOO. Et il veut précisément dire non pas que quelque abstraction repose dans le grain de sable, mais, comme il le dit, que cette « minuscule particularité » est irréductible à tout autre chose. La réalité, dans la perspective OOO, est un dense buisson hérissé d'épines au bout de diamants qui creusent dans la chair de tous les côtés – des épines qui sont ma chair. Vous retrouver dans un univers OOO veut dire que vous autorisez les épines à vous piquer, un peu plus chaque jour.

Mais attendez, il y a davantage encore. Il y a les objets et les non-objets. Autrement dit, il y a un objet et il y a toutes les choses qui ne sont pas cet objet ; certaines de ces choses sont les relations avec d'autres objets dans lesquelles cet objet est pris ; certaines de ces choses sont simplement d'autres objets. Les objets mathématiques, par exemple, de ce point de vue, sont des objets irréels qui ont à voir avec les qualités et relations d'objets réels. « Deux » n'existe pas en dehors de la comptabilité de certains objets comme deux. Deux veut dire « deux d'un point de vue comptable » - deux signifie un deux calculable, et non une sorte de deux platonicien flottant dans quelque au-delà. Nous pouvons décrire deux en décrivant ce que certains objets, par exemple une calculatrice, font quand elles rencontrent des objets qui sont deux d'un point de vue comptable.

Si les objets sont irréductiblement secrets, la causalité doit résider quelque part dans le domaine des relations entre objets, avec d'autres choses comme les nombres, les qualités, le temps, l'espace et ainsi de suite. Cela est cohérent avec la physique du dernier siècle. Pour Einstein, l'espace et le temps sont aussi des propriétés émergentes des objets : les objets ne flottent pas dans un vide neutre mais dégagent des vagues et ondulations d'espace-temps. Les horloges tournent plus vite en orbite au-dessus de la Terre qu'elles ne le font sur Terre. Cette cohérence est un bon signe, puisqu'elle souligne le fait que la théorie de la causalité orientée vers l'objet est sur le bon chemin. Mais elle n'est pas nécessaire à strictement parler : ou alors, la nécessité est dans l'autre sens. Autrement dit, la théorie quantique et la relativité sont des théories physiques valides en ce qu'elles sont orientées vers l'objet.

De façon figurée, la causalité flotte en face des objets. Elle ne repose pas en-dessous, comme quelque grise machinerie. Autrement dit, la causalité doit appartenir à la dimension esthétique. Étudier la dimension esthétique revient donc à étudier la causalité. Les étudiants en art et les critiques littéraires ont une raison de se réjouir. Non parce que la réalité est construite, mais, chose étonnante, parce qu'elle ne l'est pas. Précisément parce que la réalité est réelle – c'est-à-dire cryptée contre l'accès de tout autre objet, incluant un esprit humain inquisiteur – la dimension esthétique est incroyablement importante.

Les objets se retirent et pourtant ils apparaissent : $p \wedge \neg p$ (*p* and *not-p*). Et les objets peuvent contenir des êtres qui ne sont pas eux-mêmes, exemplifiant ainsi les ensembles paradoxaux de Russell qui ne sont pas membres d'eux-mêmes. Maintenant, pour certaines personnes, cela veut dire que les objets peuvent être n'importe quoi, puisque n'importe quoi peut découler d'une contradiction (*ex contradictione quodlibet*, principe d'explosion). Il y a de bonnes raisons de supposer que le principe d'explosion ne tient pas puisque LNC ne tient pas[25]. Le fait que les contradictions puissent être vraies n'implique pas nécessairement que n'importe quoi puisse être vrai (trivialisme). Le fait que la calvitie soit vague n'implique pas nécessairement qu'être chauve pourrait se manifester par des pousses d'azalées au sommet de votre crâne.

Toute tentative pour réduire les propriétés dialéthéiques des objets – qu'ils soient tout à la fois eux-mêmes et pas eux-mêmes en même temps – est condamnée. Ces tentatives pour lisser le terrain des choses sont monnaie courante en métaphysique : les objets sont faits d'atomes, ou ce sont des substances ornées d'accidents, ou ce sont les composants d'une machine, ou les instanciations d'un processus, etc. La tentative même d'introduire de la cohérence créé des incohérences plus grandes, comme si les objets étaient viraux, évoluaient d'eux-mêmes de façon sournoise face à la tentative de les faire bien se tenir. Si nous commencions avec $p \wedge \neg p$, nous n'aurions pas besoin de déterminer une entité originaire en dehors de l'univers, une sorte de premier moteur ou de cause sans cause (Dieu) qui fasse fonctionner le tout. Il y a assez de dynamisme dans $p \wedge \neg p$ déjà pour que les choses commencent à fonctionner d'elles-mêmes. Si vous voulez réellement être athée, vous devriez peut-être d'abord réfléchir à abandonner le mécanisme et le relationnisme en faveur d'une position orientée vers l'objet.

Meillassoux exclut complètement les violations de LNC. Puis il les laisse revenir un petit peu, par le biais d'une considération des logiques paracohérentes – c'est-à-dire des systèmes logiques qui emploient des paradoxes apparents mais de façon un peu contrainte. Meillassoux accentue la contrainte davantage encore en maintenant l'ordre dans la paracohérence – il maintient qu'ils ne concernent que les banques de données et autres entités telles que les softwares[26]. Meillassoux craint que si LNC est ébréchée la philosophie ouvre la porte à la croyance et freine la pensée. La différence fondamentale est que je considère que les êtres contradictoires existent – que c'est ce que l'existence est, profondément. En d'autres termes, les violations de LNC telles que le paradoxe du menteur (« cette phrase est fausse ») n'existent que comme des preuves archéologiques de quelque chose dans le domaine ontologique. Le fait que des systèmes cohérents soient incomplets (Gödel) est aussi pertinent, malgré ce que Meillassoux dit des systèmes logiques et de l'incohérence. Il y a bon nombre de théories paracohérentes qui se rapportent non au software mais, par exemple, à la façon dont les atomes d'hydrogène se comportent et à la façon dont les vagues se propagent.

## Les objets dans le miroir sont plus proches qu'ils ne le semblent

Il y a une réflexion ontologique écrite sur les miroirs du côté passager de toutes les voitures américaines : *les objets dans le miroir sont plus proches qu'ils ne le semblent*. Ce que nous croyons être l'objet « derrière » son apparence est en réalité une sorte de piège perspectif produit par la normalisation habituelle de l'objet en question. C'est ma relation causale habituelle avec l'objet qui donne l'impression qu'il s'enfonce dans l'arrière-plan. Cet arrière-plan n'est rien d'autre qu'un effet esthétique – il est produit par l'interaction d'objets 1 + n. La dimension esthétique implique l'existence d'au moins un objet en retrait. Pour le dire autrement, afin que quelque chose se produise, il faut un objet dans les alentours qui n'ait rien à voir avec la chose qui se produit en question. Par exemple, les pixels à partir desquels ces mots sont faits à mesure que je les tape sur mon Macbook se moquent de ce que vous êtes en train de lire maintenant. C'est pourquoi vous pouvez lire ces mots (ou du moins, c'est une des raisons).

Et maintenant voici le conseil pratique du Professor Morton concernant le vol à l'étalage. *Faites-le toujours devant la caméra*. Ne cachez pas ce que vous êtes en train de faire. La seule fois où je me suis fait prendre (et je sais ce que je dis) c'est quand j'ai essayé de le cacher. Pourquoi ? Parce que si vous le faites devant la caméra, la personne qui vous regarde ne sera pas en mesure de croire ce qu'elle voit. Faites-le doucement, délibérément, bien en face de la sécurité. L'idée que la causalité doit avoir lieu « derrière » les objets est une illusion phénoménologique. Quand un objet (par exemple, moi) transitionne d'un certain ensemble d'objets à un autre, il se rend étrangement compte durant un bref instant que le fait-de-ne-pas-être-chez-soi [en anglais *not-at-homeness*, ndT] est constant, que les relations sensibles ne sont jamais la chose réelle. Ce que nous appelons causalité, prenons un doigt qui appuie sur un interrupteur, est un moment étrange qui a lieu en face des objets cryptés, quand un objet bizarre perturbe un domaine qui a construit une familiarité ontique *nécessairement et structurellement fausse.*

La causalité a déjà lieu : l'interrupteur repose sur le mur, le mur soutient l'interrupteur, les électrons flottent dans le câble, le mur est une partie de la maison. Toutes ces choses sont des affirmations causales de ce point de vue. Ce que nous appelons causalité n'est qu'une étrange rupture d'un système d'entités métastable qui semble seulement être réel parce qu'il dure plus longtemps que le moment de la « cause ». Les théories mécanistes de la causalité, et les autres formes de théories « derrière la scène », doivent par conséquent être considérées comme un effort désespéré de normaliser cet étrange état des choses. Les pointes épineuses de la réalité se cachent en pleine vue, bien en face de la caméra.

Les étranges démons pareils à des clowns qui flottent en face des objets sont capables de toutes sortes de pièges. Pensez à la radiation. Une unité de radiation est une forme de quantum, tel que le rayon gamma. Il est très difficile de voir un rayon gamma en lui-même. Il faut l'amener à être dévié d'une quelconque façon, ou à marquer une surface destinée à cela, par exemple une plaque photographique. De cette façon vous pouvez percevoir des rayons gamma quand ils illuminent un corps, comme c'est le cas dans une photo au rayon X. Les rayons gamma s'accordent à nous, ils nous rayons-gamma-morphisent en parodies rayon-gamma-centriques de nous. Les matières radioactives sont formidables pour penser la façon dont la causalité est esthétique. Au niveau quantique, voir quelque chose consiste seulement à l'atteindre avec un photon ou un électron, c'est-à-dire à l'altérer d'une quelconque façon. Chaque perception, chaque mesure, est également un ajustement, une parodie, une traduction, une interprétation. Une mélodie et un accord.

Maintenant, passons à une autre échelle afin de penser à la radiation nucléaire à partir du plutonium, une entité qui a existé répartie sur la surface de la Terre pendant 24,1 milliers d'années. Cette entité n'est rien d'autre que la somme de tous les événements inscrivant les rayons gamma, alpha et beta durant une période de 21,1 milliers d'années. C'est l'histoire vivante du plutonium. La poussière du Nevada. La poussière de l'atoll Bikini. Les Bikinis. Toutes les substances pareilles à du verre créées quand les bombes nucléaires explosent. Le son de la bombe se propageant au-delà de l'atmosphère. Les vagues de choc que produisent les effets séismiques. La demi-vie du plutonium ou de l'uranium. Ce bassin monstrueux d'uranium fondu à Tchernobyl, que vous pouvez seulement voir sur une photo si vous ne voulez pas mourir rapidement. Les photons frappant l'uranium le tracent sur une plaque photographique ou dans la mémoire d'un appareil photo numérique. Le software prélève un échantillon de cette image à un certain taux, créant un jpeg que vous voyez maintenant. Ce jpeg introduit des écarts dans l'image en raison de son taux d'échantillonnage unique et de la détérioration due à la compression. Où que nous regardions, des événements causaux esthétiques ont lieu.

Il est temps de recommencer au début, encore une fois. Prenez encore une fois la peinture de Yukultji Napangati, *Untitled*, produite en 2011 et qui réside à l'Art Gallery du New South Wales, portée aux nues durant the prix Wynne de 2011. A une certaine distance, il ressemble à un tapis tissé de roseaux ou de tiges fines, jaunis, cuits par le soleil, reposant sur le sommet de quelque profondeur plus sombre et plus chaude. Un tracé de lignes généreux, détendu, précis, prudent et pourtant charitable, attentionné, fait de petits points de couleur. La chaleur vous rappelle Klee. Les lignes vous rappellent Bridget Riley. Alors que vous vous rapprochez et commencez à faire face à l'image, elle commence à jouer, à scintiller, à perturber le champ de vision. Ça oscille et ondule, plus intensément que Riley. C'est une peinture à propos de, une carte de, un écrit sur, des lignes de femmes voyageant à travers les collines désertiques de Yunala dans l'Australie de l'Ouest, faisant des rituels et récoltant des baies au cours de leur périple. La peinture est une carte d'un événement qui se déroule dans une représentation en deux dimensions d'un espace dans une dimension supérieure.

Alors quelque chose commence. Quoi ? Vous commencez à voir l'espace « intersubjectif » dans lequel votre nerf optique est lié aux objets sur le tableau. La peinture commence à peindre là, devant vous, à peindre l'espace entre vos yeux et la toile. Les couches de perceptions cocréées par la peinture et le champ de vision commencent à se détacher de la toile en face de vous, flottant de plus en plus proche. Cet effet de « flottement qui se rapproche » est lié à la phénoménologie de l'extraordinaire [en anglais *uncanniness*, ndT].

La peinture contemple. Des éclats de motifs qui s'entrecroisent avec d'autres motifs, des motifs sur des motifs, des motifs flottant au-dessus des motifs. Une danse mutagénétique incessante entre les différents niveaux de motifs. La peinture est un dispositif pour ouvrir cet affichage phénoménal. Elle vient chancelante vers vous, vous hypnotisant, et vous possédant avec les directives venues des collines désertiques, des femmes, des rituels, des baies, de la marche, du chant, des lignes. Vous vous sentez pris à la gorge par la passion de cette imagerie. Tous les poils de vos bras se hérissent et la peinture vous tient dans son champ électromagnétique. La peinture rêve. La causalité commence.

Qu'est-ce que cela signifie ? Je n'ai pas accès à la peinture de Napangati à travers l'espace. L'image n'est pas un objet muet attendant de recevoir son sens fourni par le sujet, et il n'est pas non plus un écran blanc ; il n'est pas davantage, encore, présent objectivement « dans » l'espace. La peinture émet plutôt quelque chose comme des vagues électromagnétiques, alors que je me retrouve dans leur champ de force. La peinture démontre fortement ce qui est déjà le cas : l'espace et le temps sont des propriétés émergentes des objets. Pour Kant, « l'espace est la forme pure de l'intuition sensible » : ce qui doit être attribué d'emblée afin que les objets soient intuitionnés[27]. S'appuyant sur Newton, Kant pense l'espace comme une boîte. Mais dans ce livre, l'espace est émis par les objets.

Que ce fait soit commun à la relativité et à la phénoménologie devrait nous inciter à faire ici un arrêt. Peut-être le fait que la relativité et la phénoménologie émergent plus ou moins en même temps au début du 20ème siècle est-il tout aussi remarquable. Alors qu'Einstein découvrait que l'espace-temps était le champ gravitationnel tordu et ondulatoire d'un objet, Husserl découvrait de la même façon que la conscience n'était pas simplement un medium vide et transparent dans lesquelles les idées flottent. La conscience, comme elle est révélée par la phénoménologie, est aussi une entité dense, ondulatoire, à sa façon, comme l'eau tremblante des peintures de nénuphars de Monet, qui sont contemporaines : c'est l'eau qui est le vrai sujet de ces tableaux.

La forme esthétique d'un objet est le lieu où les propriétés causales d'un objet résident. Les théories de la causation physique veulent fréquemment policer les phénomènes esthétiques, réduisant la causalité aux bruits sourds et aux cliquetis des objets solides[28]. Une ombre n'est pas seulement une entité esthétique, un fantôme léger sans effet. Platon pensait que les ombres étaient dangereuses précisément parce qu'elles avaient une influence causale[29]. Quand mon ombre intersectionne avec les diodes sensibles à la lumière, la lumière de nuit s'allume. Comme je l'ai dit plus haut, quand un quantum est mesuré, cela signifie qu'un autre quantum l'a croisé, l'altérant, changeant sa position et sa quantité de mouvement[30]. L'esthétique, la perception, la causalité, sont presque tous synonymes.

Quand la diode sensible à la lumière détecte mon ombre, elle perçoit dans tous les sens possibles, si seulement nous acceptons que les objets exercent une influence esthétique les uns sur les autres (*aisthēnesthai*, le grec pour « percevoir »). Quand je suis pris dans le regard d'autrui, je suis déjà l'objet d'influences causales. La causalité ne prend pas place « dans » un espace qui a été établi d'emblée. Elle irradie plutôt des objets. Le regard émane du champ de force du tableau de Napangati. Il m'attire dans les traits dérangeants et fantasmatiques de ses lignes zigzagantes et de ses taches chancelantes.

Il n'y a rien qui soit comme un espace vide phénoménologiquement. L'espace grouille de vagues, de particules, de séductions magnétiques, de courbes érotiques, et de rictus menaçants. Même lorsqu'ils sont isolés de toute influence extérieure, les objets semblent vivre une étrange existence. Une minuscule fourchette en alliage de métal long de trente microns repose dans le vide. A l'œil nu des observateurs en dehors, cela vit : cela semble occuper deux places en même temps[31]. Il y a déjà une Fissure entre l'objet et son apparence esthétique, une Fissure au sein de l'objet lui-même. La causalité n'est pas quelque chose qui advient entre objets, comme une sorte de fête de *coming-out*, ou une foire ouverte dans laquelle les objets entrent. Cela coule à flot, constamment, de l'objet singulier lui-même, du *chōrismos* entre son essence et son apparence. Le *chōrismos* donne naissance à des « notes bleues » qui, tout à la fois, expriment et n'expriment pas l'objet en question, de la même façon qu'une note bleue est jouée délicatement, furieusement, de façon impossible entre l'harmonie et la dissonance[32]. Les objets sont des femmes fatales chantant du blues dans le bar à cocktails miteux de la réalité.

Un objet est donc à la fois lui-même et autre, au même moment. («  Quelle est la différence entre un canard ? Une de ses jambes est tout à la fois la même. ») Si cela n'était pas le cas, rien ne pourrait arriver. Le mystère des objets, même à eux-mêmes, est ce qui les fait flotter, vivre, osciller, menacer, séduire, tourner, pleurer, jouir. Parce que les objets sont eux-mêmes et autres, la logique qui les décrit doit être paracohérente et même complètement dialéthéique : c'est-à-dire, la logique doit être capable d'accepter que certaines contradictions soient vraies[33]. Les objets sont dangereux, non seulement pour eux-mêmes, mais même pour la pensée, si celle-ci s'accroche à une cohérence rigide. Si la pensée refuse d'accepter que les objets puissent être dialéthéiques, elle risque de reproduire les dualismes du sujet et de l'objet, de la substance et des accidents, des dualismes qui sont incapables d'expliquer la décision ontologique la plus basique – celle qui affirme que les choses sont objectivement présentes, comme elles sont. La chose devient prisonnière d'une cage construite philosophiquement, d'un mécanisme ou d'une forme d'idéalité qui résout faussement le dilemme en transformant tout en sujet (humain). En outre, la pensée elle-même devient fragile. Plus le métalangage devient rigoureux, plus il est exposé à des contradictions de plus en plus virulentes[34]. La pensée devrait apprendre d'*Antigone* et se courber comme un saule : « Vois-tu, au-delà de la course du torrent hivernal, comme les arbres qui lui cèdent le passage, sauvent chaque brindille, alors que l'effronté fait périr racine et branche[35] ? ».

La phénoménologie, donc, est une tâche cognitive essentielle qui nous confronte à la menace que les choses constituent dans leur être même. Sans cela, la pensée est incapable de passer outre les manières traditionnelles de philosopher que Martin Heidegger appelle « sclérosante[36] ». Après la phénoménologie, nous pouvons seulement conclure qu'une large partie de la philosophie n'est pas une description abstraite ou un compte-rendu froid, mais bien une défense intellectuelle contre l'intimité menaçante des choses. En outre, puisqu'il y a très peu de différence entre ce qui arrive à une diode sensible à la lumière et à un humain quand il croise une ombre, nous pouvons conclure qu'il y a une sorte de phénoménologie non-humaine étrange, ou, dans les termes de Ian Bogost, une *phénoménologie alien*[37].

Le lecteur trouvera que l'approche phénoménologique suppose un style cyclique et itératif qui examine les choses encore et encore, maintenant avec un peu plus de détail sur ci, et plus tard, avec un peu plus d'énergie là. C'est comme tourner et retourner une pierre bizarrement formée entre ses mains. Il y a de bonnes raisons pour cela, en dehors de la portée générale de la phénoménologie. Déjà, penser des objets est une des choses les plus difficiles, quoique nécessaires, que la pensée puisse faire – il s'agit de se rapprocher d'eux plutôt que de battre en retraite vers la base de la base de la possibilité de la possibilité d'une affirmation à propos de quoi que ce soit, comme le dit Harman dans sa première esquisse du OOO[38]. La difficulté repose dans la nature des objets eux-mêmes et dans le cycle dans lequel la pensée a été capturée dans les deux cents dernières années – et de là, dans les cinq cents dernières années – et de là, dans les deux mille dernières années. En outre, puisque la perspective OOO est nouvelle dans le monde, et puisque la théorie de causation indirecte est son aspect le plus contre-intuitif - bien que, comme j'espère pouvoir le démontrer, cette théorie est aussi un de ses aspects les plus gratifiants – le chapitre qui suit cette introduction doit réitérer avec force de détails quelques-uns des thèmes qui ont déjà émergé, afin de poser les fondations pour entreprendre ensuite le projet de l'ouvrage dans son ensemble. Je réserverai donc la présentation plus détaillée des chapitres 2, 3 et 4 pour la fin du premier chapitre, quand cela sera davantage compréhensible. Avant que nous ne procédions à la phénoménologie alien, le chapitre 1 explorera encore les raisons pour lesquelles la dimension esthétique est la dimension causale.

## Chapitre 1

## Comme une illusion

> De façon surprenante, Viking 1 qui a atterri et reste sur Mars, est considéré comme une partie du Smithsonian Air and Space Museum.
>
> – *Handbook of Space Engineering, Archeology, and Heritage*, édité par Ann Garrison Darrin et Beth Laura O'Leary.

En 2011, Saeed Ahmed peint sur le *Gorilla in a Pink Mask*, une œuvre de l'artiste Banksy. Comme le *Guardian* l'exprime clairement, le mur d'un nouveau centre culturel musulman était « recouvert de graffitis ». Le Forum Banksy en ligne dénonça rapidement cette peinture sur l'œuvre comme « un vandalisme de première ordre[39] ». Le graffiti exprime clairement les propriétés physiques de l'écriture, de même que ses qualités graphiques et picturales.

Nous pourrions nous arrêter là et considérer que nous avons fait là quelque travail derridien[40]. Ou nous pourrions penser dans la tradition éculée des études culturelles, en réfléchissant sur la relation entre un art haut et un art bas. Dans sa défense, Ahmed affirme : « Je pensais [que l'œuvre] était sans valeur. Je ne savais pas qu'elle en avait. C'est pourquoi j'ai peint dessus. »

Allons, cependant, un peu plus avant. L'une des nombreuses choses intrigantes dans le graffiti, c'est qu'il est à cheval entre *décorer*, et *causer* ou *affecter*. De façon étonnante, la suppression de Banksy par Saeed peut être interprétée comme du vandalisme envers le graffiti lui-même. Quand quelque chose est supprimé il a été affecté par quelque autre objet. Pourquoi ? Parce qu'il y a une ambiguïté profonde dans les objets, qui est précisément cette Fissure (en grec, *chōrismos*) entre leur être et leur apparence. Cela résulte en une apparence ayant une aura légèrement démoniaque, si l'on en croit certaines perspectives philosophiques. Parce que vous ne pouvez jamais être sûr. De façon plutôt appropriée, une peinture d'un gorille portant un loup rose, le genre de masque qui est porté dans les bals masqués ou par le Lone Ranger, est ambiguë à plusieurs niveaux. Est-ce que les gorilles humains portent des masques ? Est-ce que le gorille est un mâle ou une femelle ? Est-ce que le rose est une couleur de fille ? Est-ce que c'est de l'art ? Est-ce que c'est du vandalisme ? Nous pouvons poser les deux dernières questions *parce que l'art est toujours déjà du vandalisme*. Et qu'est-ce que le vandalisme ? Eh bien, de la causalité…

On pourrait lire *La magie réaliste* comme une méditation étendue sur le casse-tête du *Gorilla in a Pink Mask* et son destin blanchi à la chaux. Pourquoi étudier ou pratiquer l'art ? Parce que, quand vous le faites, vous êtes en train d'explorer la causalité. Une caractéristique supplémentaire de *La magie réaliste*, donc, c'est qu'elle placera les arts et leur étude au centre des affaires du monde. Remarquez bien que mon argument est le contraire de celui, habituel, porté par l'anti-utilitarisme, lequel soutient que les choses artistiques ont seulement du sens dans la mesure où elles corrèlent la réalité avec les hommes. De tels arguments abondent de nos jours et cherchent seulement à créer de nouvelles difficultés. « Nous savons très bien que l'univers n'est qu'une machine à particules, mais nous devons, d'une façon ou d'une autre, lui donner du sens pour nous » ; ou « pour les humains, cela a un sens profond, même si nous sommes insignifiants » ; ou encore « des choses inutiles sont réellement utiles d'une autre façon ». Il y a de nombreuses variantes de cette justification de l'esthétique. Toutes affirment que l'art consiste à siffler dans les ténèbres pour prétendre que l'on n'a pas peur. A la différence, dans ce livre, je soutiendrai qu'*il n'y a pas de ténèbres*. *Tout* cela, d'un bout à l'autre, est esthétique, la perspective mécaniste ou celle éliminativiste étant précisément un effet esthétique parmi de nombreux autres, mais considéré comme réel : de façon absurde comme plus réel que d'autres, ce qui revient à dire qu'un bruit sourd ou un bruissement sont plus réels que les autres sons. Comment un effet esthétique pourrait-il être plus réel qu'un autre ? Affirmer autre chose revient à être victime d'une forme de théologie, même si elle est déguisée en scientisme. (Heidegger et Derrida appelle ontothéologie le moment où un philosophe dit que toutes les choses sont x, mais que certaines choses sont plus x que d'autres).

## Le mystère du parpaing

Mettons-nous à l'œuvre. Il n'y a aucune façon d'annoncer la nouvelle de l'ontologie orientée vers l'objet de façon délicate, donc nous devons nécessairement commencer avec une version brute et accessible. La proposition qui ouvre le paragraphe suivant expose quelque chose qui m'est donné dans l'expérience. Pour cette raison seule, je trouve cela difficile à croire, puisque, en tant que lecteur assidu de poésie, je suis susceptible de regarder avec défiance les affirmations de toute sorte. Pourtant, alors que vous lisez ce livre, vous verrez que l'affirmation suivante ne pourrait pas être autrement, et qu'il ne pourrait pas y avoir une autre façon de commencer. Dans la mesure seulement où vous progresserez dans ce livre, vous découvrirez l'aspect remarquable, étrange, absolument pas donné d'emblée de la proposition.

*Il existe des objets* : la cannelle, les fours à micro-ondes, les particules interstellaires, et les épouvantails. Il n'y a rien en dessous des objets. Ou, mieux, il n'y a *pas même rien* en dessous d'eux. Il n'y a rien de tel qu'un *espace* indépendant des objets (la physique contemporaine l'accorde de façon heureuse). Ce qui est appelé *univers* est un objet large qui contient des objets tels que les trous noirs et les pigeons de course. De la même façon, il n'y a rien de tel qu'un *environnement* : quel que soit l'endroit où on le cherche, nous trouvons toutes sortes d'objets – des biomes, des écosystèmes, des haies, des caniveaux, et de la chair humaine. De même, il n'y a rien de tel que *la Nature*. J'ai vu des pingouins, du plutonium, de la pollution et du pollen. Mais je n'ai jamais vu *la Nature* (j'ai mis une majuscule au mot pour renforcer l'impression de son artificialité trompeuse).

De la même façon, il n'y a rien de tel que *la matière*. J'ai vu un grand nombre d'entités (ce livre les nommera *objets*) : des photos d'éparpillements de chambres de brouillard, des esquisses de paquets d'ondes, de la limaille s'éparpillant autour d'un aimant. Mais je n'ai jamais vu *la matière*. Donc quand Mr. Spock prétend qu'il a trouvé « de la matière sans forme », il est tristement trompé, comme l'est Henry Laycock qui affirme la même chose[41]. Vous pouvez maintenant acheter un sac-à-dos qui est fait de bouteilles de plastique recyclées. Mais un objet ne consiste pas en quelque substrat gluant en devenir, qui passe tel Protée, d'une bouteille en plastique à un sac-à-dos. Il y a d'abord la bouteille en plastique, puis la production du sac finit la bouteille, son être est maintenant seulement une apparence, un souvenir du sac-à-dos, une pensée : « ce sac est fait de bouteilles en plastique ».

Voici un livre sur le réalisme sans matière. La matière, dans la physique courante, est seulement un état d'information. Pour être précis : l'information est nécessairement information-pour (pour quelque destinataire). La matière nécessite au moins une autre entité afin d'être elle-même. La matière est « des matériaux-pour » :

> Le travail dépend du cuir, du fil, des pinces, et autres choses du même acabit. Le cuir lui-même est produit de peaux. Ces peaux sont prises d'animaux qui ont été nourris et élevés par d'autres[42].

La Nature, de la même façon, est « découverte dans l'usage de choses utiles[43] ». Je prends « usage » ici pour l'appliquer non seulement aux êtres humains, mais aussi aux abeilles, avec leurs fleurs et leurs ruches, aux chimpanzés avec leurs bâtons pour creuser, aux amibes avec leur trottoir humide. Ce discours ne concerne pas la façon dont les hommes imposent du sens sur les choses muettes. Il concerne le fait que ce que les hommes appellent matière et nature sont des choses ontologiquement secondaires à quelque chose d'autre. Une sorte de regard lancé en arrière confère le statut matériel de la matière et le statut naturel de la nature : un regard en arrière non pas d'un être cognitif, nécessairement, mais d'une tâche accomplie. La clef tourne dans la serrure : « Oh, c'était ce pour quoi la clef est faite ». Il doit donc y avoir quelque chose « derrière » ou « au-delà » de la matière – une ontologie orientée vers l'objet (OOO) nous donne un terme pour cela : tout simplement, ce qu'il y a derrière la matière est un *objet*.

Au lieu d'utiliser la matière comme un substrat de base, je peindrai un tableau de l'univers qui soit réaliste sans être matérialiste. A mon sens, les objets réels existent au sein d'autre objets réels. « L'espace » et

« l'environnement » sont des façons par lesquelles les objets se rattachent de façon sensible aux autres objets de leur entourage, dont les objets plus larges dans lesquels on les trouve. Parfois les hommes ont appelé certaines de ces relations sensibles *la Nature*. En ce cas, nous courrons tout droit vers toutes sortes de difficultés et de confusions franchement idéologiques. Un escargot est la Nature, peut-être, mais un escargot cuisiné l'est-il ? Ou un dessin d'escargot ? Ou un escargot irradié ?

Il n'y a pas, en tant que tel, d'espace ou d'environnement, seulement des objets. En outre, dans la succession de ces objets, il n'y a *pas d'objet supérieur* : pas d'entité qui triomphe au-dessus du reste, dont la réalité serait supérieure ou plus puissante à celle des autres, un objet ontothéologique pour les gouverner tous. S'il n'y a pas d'espace distinct des objets, alors un objet au-dessus signifierait : (1) que cet objet est différent de tout autre objet et est réellement « l'espace » pour tous les autres ; ou (2) que cet objet flotte ou repose au sein de quelque « espace » - ce qui, dans cette perspective, serait seulement l'intérieur d'un autre objet. Quand les physiciens essayent de penser l'univers comme une entité autonome, ils se rapprochent bien vite de ce problème. Alors quelques physiciens ont suggéré un multivers-bulle, dans lequel le nôtre serait seulement un parmi tant d'autres – ce qui revient, à strictement parler, à repousser le problème d'un cran en arrière : d'où vient cette écume et dans quoi est-elle située ? Dans le bain chaud de Dieu, peut-être. OOO est plus à l'aise avec les implications de cette affirmation – une régression potentiellement à l'infini – qu'elle ne l'est avec des objets ontothéologiques situés au-dessus du reste.

Pour la même raison, il est évident qu'il n'y a pas d'objets inférieurs non plus, pas d'entités plus petites qui soutiennent toutes les autres, lesquelles seraient, d'une façon ou d'une autre, plus réelles qu'elle. Un objet se retire de l'accès. Cela signifie que ses propres parties ne peuvent pas y accéder. Puisque les parties intégrantes d'un objet ne peuvent pas complètement l'exprimer, l'objet n'est pas réductible à ses parties. OOO est antiréductionniste. Mais OOO est aussi anti-holiste. Un objet ne peut pas être réduit à son « tout » non plus. Le tout n'est pas plus grand que la somme de ses parties. Donc nous avons une étrange situation *irréductionniste* dans laquelle un objet n'est réductible ni à ses parties ni à son tout[44]. Un récif de corail est fait de corail, poisson, algues, plancton, etc. Mais une seule de ces choses en elle-même n'incarne pas une partie du récif. Et pourtant le récif est seulement un assemblage de ces parties particulières. Vous ne pouvez pas trouver un récif de corail dans une place de parking. De cette façon, la réalité animée d'un récif est protégée tout à la fois de ses parties et de son tout. En outre, le récif est protégé de la confusion avec une place de parking. Les objets ne peuvent pas être réduits à de petites briques de Lego tels que des atomes qui peuvent être utilisés dans d'autres choses. De même qu'ils ne peuvent pas être réduits par le haut en tant qu'instanciations d'un processus global. Un récif de corail est une expression de la biosphère ou de l'évolution, certes ; mais c'est aussi le cas de cette phrase, et nous devons être capables de distinguer entre les récifs de corail et les phrases.

Les faits qui ont précédé sont dans la catégorie des *sapes*. Toute tentative pour saper un objet – en pensée, ou avec un pistolet, ou avec un accélérateur de particule, ou grâce aux ravages du temps ou de la chaleur – n'atteindront pas l'essence cachée de l'objet. Par essence, j'entends quelque chose de tout à fait différent de *l'essentialisme*, parce que l'essentialisme dépend d'un certain aspect de l'objet que OOO soutient n'être qu'une simple apparence de cet objet, une apparence-pour un certain objet. Cette réduction à l'apparence est maintenue même quand cet objet pour lequel cette apparence advient est l'objet lui-même ! Même un récif de corail ne peut pas saisir son essentielle « récif-de-corailité ». Dans l'essentialisme, une apparence superficielle est considérée comme l'essence d'une chose, ou des choses en général. Le féminisme, l'antiracisme, et la théorie queer ont raison d'attaquer cette sorte d'essence par tous les moyens à disposition.

En réfléchissant à l'essentialisme, nous pourrions être capables de discerner une autre façon d'éviter OOO. C'est ce que Harman a baptisé la *sape par en haut*[45] [en anglais *overmining*, ndT]. Le sapeur par en haut décide que certaines choses sont plus réelles que d'autres, disons, par exemple, la perception humaine. Puis le sapeur par en haut décide que d'autres choses ne reçoivent leur statut réel que parce qu'elles arrivent, d'une façon ou d'une autre, dans la portée de l'entité plus réelle. Dans cette perspective, ce n'est que lorsqu'on mesure un photon, que lorsqu'on voit un récif de corail, que cela devient ce que c'est, dans une sorte de « réduction par le haut ». Mais quand je mesure un photon, je ne mesure jamais le photon réel. En effet, puisque à l'échelle quantique *mesurer* signifie « percuter avec un photon ou avec le rayonnement d'un électron », mesure, perception (*aisthēsis*) et action deviennent la même chose. Ces choses que je « vois » sont des détournements, des traces dans une chambre à nuages, ou des modèles d'interférence. Loin d'assurer un monde d'illusion pure où l'esprit serait roi, la théorie quantique est l'une des toutes premières théories réalistes qui soit véritablement rigoureuse, pensant ses objets comme résistant de façon irréductible à une compréhension pleine, par quelle que chose que ce soit[46].

Jusqu'à maintenant, nous avons protégé les objets pour qu'ils ne soient pas avalés par des objets plus larges et pas divisés en objets plus petits – sape. Et jusqu'à maintenant, nous avons protégé les objets afin qu'ils ne soient pas de simples projections ou réflexions de quelque entité survenante – sape par le haut. Cela est un certain degré d'autonomie. Tout dans le récif de corail, du poisson à la seule forme de vie coralienne, au minuscule plancton, est autonome. Mais le récif de corail l'est aussi. De même que les morceaux de corail, une communauté de petits polypes. De même que l'est chaque morceau individuel. Chaque objet est comme l'une des monades leibniziennes, en ce que chacun contient *une régression potentiellement à l'infini* d'autres objets ; et autour de chaque objet, il y a *une progression potentiellement à l'infini*, comme de nombreuses théories du multivers l'affirment également de nos jours. Mais l'infinité, l'indénombrable, est plus radical que Leibniz, puisqu'il n'y a rien prévenant un groupe d'objets d'être un objet, de la même façon qu'un récif de corail est comme une société de coraux. Chaque objet est « un petit monde astucieusement fabriqué[47] » (John Donne).

L'existence d'un objet est irréductiblement une affaire de coexistence. Les objets contiennent d'autres objets, et sont contenus « dans » d'autres objets. Pourtant, nous allons explorer plus loin les ramifications de l'autonomie des objets. Nous allons découvrir que l'approche méréologique (fondée sur l'étude des parties) n'entrevoit qu'une partie de l'extraordinaire autonomie des choses.

Il y aurait d'autres choses à dire à propos de la méréologie avant de poursuivre. Une fois de plus, puisque les objets ne peuvent pas être sapés ni par le bas, ni par le haut, cela signifie qu'il n'y a strictement aucun objet inférieur. Il n'y a aucun objet auquel tous les autres objets puissent être réduits, de façon à ce que nous puissions dire tout ce que nous souhaitons à leur propos, en nous fondant sur le comportement de cet objet inférieur. L'idée que nous puissions faire cela est grossièrement la théorie de la *consilience* de E. O. Wilson[48]. De la même façon, il n'y a pas d'objet à partir duquel toutes les choses pourraient être produites, pas d'objet supérieur. Les Objets ne sont pas des émanations d'un quelconque Un premier, ou d'un premier moteur. Il y a peut-être un dieu, ou des dieux. OOO veut retourner au moins à l'une des quatre causes aristotéliciennes (la cause formelle), mais il est peut-être un peu enclin à en rejeter deux autres (les causes finales, *telos*). S'il n'y a pas un objet qui soit supérieur ou inférieur, il n'y a donc pas de cause finale. Si on modifie le telos afin qu'il soit « comme une fin » au lieu d'être « réellement final », on a perdu ce qui était spécifique dans les causes finales. Un comportement « comme une fin » est seulement « comme une fin » pour une autre entité, et non pas une propriété profonde des choses. Supposez qu'il y ait un dieu. Dans un univers OOO, même ce dieu ne connaîtrait pas les mouvements de va-et-vient essentiels d'un morceau de corail. Contrairement à certaines formes d'athéisme, l'existence de dieu (ou sa non-existence) importe peu pour OOO. Si vous souhaitez réellement être athée, vous pouvez réfléchir à l'option OOO. Dieu n'importe pas. Elle ou il pourrait tout aussi bien ne pas exister. Il n'y a pas de problème ni dans un cas, ni dans l'autre. Avec certains bouddhistes, on pourrait appeler cette position non-théiste afin de la distinguer du théisme, mais aussi de l'athéisme, qui reste encore un peu impliqué dans le jeu théiste.

Pourquoi ? Le réductionnisme et l'éliminativisme sont coincés dans un combat éternel avec leur ombre théiste. Le mécanisme fait passer la « patate chaude » du *telos* à travers la réalité, la passant sans fin d'une entité à une autre, la cachant sous le tapis d'un aussi grand nombre d'entités que possible, comme des *hash browns* sur une assiette d'œufs[49]. Un mécanisme est toujours un mécanisme-pour. Une cuillère est une machine pour transporter un morceau d'œuf dur. Transporter est un mécanisme des mains pour attraper des choses comme les cuillères. Les mains sont des machines pour transporter, écrire et un nombre incalculable d'autres tâches. Elles sont faites d'os, qui sont des machines pour… Donc la théologie du dessein intelligent est l'ombre permanente de la biologie mécanique. La seule différence est que le dessein intelligent est explicite à propos de sa téléologie : il y a un quelqu'un dont c'est le dessein. La biologie mécanique, en revanche, est obligée de ne pas être honnête à propos de son élan téléologique.

Le scientisme est un symptôme d'une certaine inquiétude qui est produite dans la modernité. L'inquiétude qui pense qu'un *telos* ou un objet supérieur ou inférieur est une résistance à la grande découverte de la modernité, alimentée par la démocratie, la philosophie et l'émergence du capitalisme de consommation : le néant. Il n'y a pas d'être supérieur dans une démocratie, pas de roi ou d'empereur – il y a une égalité idéale et difficile entre vous et moi. Dans la philosophie moderne, il n'y a pas d'évidences métaphysiques. Et dans le capitalisme, j'ai la capacité de choisir librement, suppose-t-on, entre ces deux sortes de shampoing, et mon usine pourrait tout aussi bien produire des bouteilles de shampoing ou des détonateurs de bombes nucléaires.

Depuis Kant, la philosophie moderne s'est inquiétée de savoir où placer le néant qui semble suinter de toute chose. Kant place le néant dans l'écart qui existe entre le réel et le connu (par l'homme). Pour Hegel, le néant est un vide inerte qui doit être surmonté – OOO pense que cette vision est une régression par rapport à Kant et qu'il n'apporte rien. Pour le chercheur en ontologie orientée vers l'objet, le néant n'est pas un vide blanc, ou seulement l'écart entre la connaissance (humaine) et ce qui est réel. C'est ce que le théologien Paul Tillich appelle un rien *méontique* plutôt qu'*oukontique*[50]. Ce rien méontique est ce dont Heidegger parle constamment.

*Le néant*, plutôt qu'absolument rien ; et ce néant se propage dans les choses, comme une myriade de fêlures dans la coquille d'un œuf dur. Parce qu'une chose se retire, elle nous perturbe avec un excès quant à ce que nous pouvons connaître ou dire à son propos, ou quant à ce que toute chose pourrait connaître ou dire à son propos – cet excès est un néant, ce n'est pas absolument rien, mais ce n'est pas non plus quelque chose que l'on pourrait pointer du doigt. Si on pouvait le pointer du doigt, il serait juste là-bas, et nous le connaîtrions – mais le retrait d'une chose ne peut pas être localisé en quelque endroit que ce soit de sa surface ou de sa profondeur. Je casse un morceau de chaux pour découvrir ce que c'est. J'ai maintenant deux problèmes là où je n'en avais qu'un[51]. Le nihilisme, qui affirme que le vide est plus réel que toute chose qui apparaît, est peut-être une façon de recouvrir ce surplus d'anxiété provoquant le néant par le rien absolu : une défense contre la découverte essentielle de la modernité. Le nihilisme veut vider ses poches de tout, et notamment de l'espace dans la poche – comme si l'on pouvait retirer le néant de la poche elle-même, se débarrasser de l'inconsistance de la chose. « Croire en » rien est une défense contre le néant, une métaphysique de la présence déguisée comme une sape sophistiquée de toute présence.

Et pourtant l'univers OOO doit être découvert « sous » le nihilisme, comme si les eaux profondes dans lesquelles nage la pensée moderne se trouvaient abriter un gigantesque récif de corail des choses, lequel brillerait de mille feux. Nietzsche et Heidegger insistent sur l'importance de surmonter le nihilisme dans les détails, en le traversant – mais tous deux furent incapables de déceler l'étincelant récif de corail. OOO pense à un niveau de profondeur qui est, par définition, difficile pour les humains, c'est le moins qu'on puisse dire. Une large partie de ce qu'elle peut dire doit être dit par analogie ou à l'aide d'une métaphore, exactement de la même façon qu'Heidegger, qui avait senti que la langue poétique offrait quelques aperçus hésitants des choses. Disparues depuis Kant, les îles métaphysiques des faits, travaillées encore et encore par les auteurs scolastiques. En-dessous des bancs de poissons phénoménologiques – pensées, espoirs, amours, haines, projets – étudiés par Husserl dans le sillage de Kant et Hegel, l'U-Boat d'Heidegger glisse lentement, faisant son chemin dans les eaux sombres du néant criblé d'angoisse. Mais le sonar d'Heidegger ne renvoie de l'univers des choses qu'un bip anthropocentrique. OOO est comme une bathysphère qui se détache du U-Boat heideggérien pour sonder les profondeurs dans lesquelles on trouve le récif de corail étincelant. A la fin du voyage, ce récif coralien se trouve ne pas être du tout en dessous d'un océan. L'océan tout entier, avec toutes ses ténèbres, ses poissons, et ses îles métaphysiques flottantes de faits, n'est qu'une projection d'une des choses du récif coralien – l'être humain. OOO est un tournant copernicien au sein de ce qui est censé être le tournant copernicien de Kant, lequel affirmait que la réalité était corrélée à des actes (humains) de jugement synthétique a priori. La fêlure dans le réel que Kant a découverte – je peux compter mais je ne peux pas expliquer directement ce qu'est un nombre, par exemple – est seulement une fêlure mentale (humaine) parmi des milliards, comme la fêlure entre un polype et le plancher océanique, ou entre un polype et lui-même.

Continuons à explorer les cordonnées de l'univers non-théistique de l'OOO. S'il n'y a pas d'objet supérieur ou inférieur, il n'y pas non plus d'objet *intermédiaire*. Ce qui veut dire qu'il n'y a rien comme un espace ou un temps « dans » lequel les objets flottent. Il n'y a pas d'environnement distinct des objets. Il n'y a pas de Nature. Il n'y a pas de monde, si par monde nous entendons une sorte de « lien » qui connecterait les choses ensemble[52]. Toutes les connexions de ce genre doivent être des propriétés émergentes des objets eux-mêmes. Et ceci, bien entendu, est conforme à une physique post-Einsteinienne dans laquelle l'espace-temps est seulement le produit des objets, et peut-être même une certaine échelle d'un objet plus grand que, disons, $10^{-17}$cm[53]. Les objets n'existent pas dans une boîte spatiotemporelle. C'est le contraire : l'espace et le temps émanent des objets.

Pour le répéter : puisqu'il n'y a pas d'objet supérieur, inférieur ou intermédiaire, alors il est possible qu'il y ait une régression infinie d'objets dans des objets, et une progression infinie d'objets entourant des objets. Cette possibilité semble moins dérangeante pour OOO que la notion selon laquelle il y aurait un objet supérieur ou un objet inférieur. Par conséquent, nous devons très sérieusement réviser nos théories communément admises à propos de l'espace et du temps, afin d'intégrer au moins les avancées de la théorie de la relativité. Les propriétés méréologiques des objets sont surprenantes. Il y a plus de parts que de totalités, comme l'affirme Levi Bryant[54]. Un objet est comme le Tardis de Doctor Who dans la populaire émission télévisée de la BBC : l'embarcation voyageant dans l'espace et dans le temps et changeant de formes de Doctor Who. Le Tardis est plus grand à l'intérieur qu'à l'extérieur. Cette intuition étonnante n'est qu'une façon par laquelle OOO échappe au corrélationnisme, au réductionnisme et à l'holisme d'un seul coup. Si vous voulez, cela signifie qu'une des caractéristiques du sublime kantien – l'espace intérieur est plus grand que l'espace extérieur – est étendue à toutes les autres entités. Cela signifie qu'un objet peut contenir des choses qui ne sont pas lui – un exemple de la série des ensembles découvert par Georg Cantor, mais récupéré illicitement par Russell et les logiciens du métalangage friable. Le sublime kantien est une façon esthétique de détecter le néant que Kant a découvert, le

« Inconnu = X » qui imprègne la réalité (humaine)⁵⁵. Comme je viens de le suggérer, ce n'est qu'un des parfums du néant, qu'une fêlure dans un univers criblé de fêlures.

Pour le répéter une fois de plus : il ne peut pas y avoir « d'objet supérieur » qui donne du sens et de la réalité aux autres, tel qu'un certain type de Dieu. Et il ne peut pas y avoir « d'objet inférieur », une sorte de particule élémentaire ou d'éther à partir duquel tout le reste serait dérivé. De la même façon, il n'y a pas d'éther ou de médium, ou « d'objet intermédiaire » dans lequel d'autres objets flottent. Un tel médium a reçu de nombreuses désignations et explications au fur-et-à-mesure des années : *periechon* (« le cadre »), le monde, l'environnement, l'espace et le temps newtonien, la Nature, l'éther, l'ambiance, le fluide ambiant⁵⁶. Même le coffre au trésor au bout de l'arc-en-ciel standard, le mécanisme de Higgs, pourrait bien être un exemple de cet « objet intermédiaire » ontothéologique qui donne du sens aux autres particules subatomiques, comme un symptôme qui supplémente un groupe de comportements, sapant donc leur cohérence et abandonnant leur absurdité intrinsèque⁵⁷.

Comment cela se passe-t-il ? OOO voit une explication dans les objets eux-mêmes. En effet, l'explication idéale reposerait seulement sur un seul objet – un fait plutôt insolent, dans un monde où l'interconnectivité est la question à la mode dans tant de domaines. Il y a de très bonnes raisons pour cette insolence effrontée. Si nous ne pouvons pas expliquer la réalité à partir d'une seule chose, nous somme bloqués avec un scénario dans lequel les objets nécessitent d'autres entités pour fonctionner, et cela nous amènerait à une forme de sape par le haut ou par le bas, ce que OOO exclut. Nous verrons plus tard que nous disposons de tout ce dont nous avons besoin « à l'intérieur » d'un seul objet, pour trouver le temps, l'espace, et même la causalité.

Que sont ces objets, donc, qui remplissent de façon claustrophobique les moindres recoins et fentes de la réalité, qui *sont* la réalité, comme les visages lubriques dans une peinture expressionniste, casés dans la surface plane du tableau ? Sur quel fondement pouvons-nous décider qu'il n'y a pas d'objet supérieur, intermédiaire, ou inférieur, que les objets sont plus grands à l'intérieur qu'à l'extérieur, qu'ils génèrent le temps et l'espace et ainsi de suite ? Il est temps d'en venir à un exemple solide. Il est temps de penser à tout cela, usons donc d'un objet solide comme la pierre.

Pensez à un bloc de parpaing [en anglais *cinder block*, ndT] – plus il est gris et bassement matériel, mieux c'est. (En Anglais britannique, c'est un *breeze block* ; en Anglais australien, un *besser block*). Un papillon se pose sur le bloc. Il en a une vue de papillon, alors que ses ailes effleurent son extérieur rugueux. Je sens tout le long la surface dure et sableuse du bloc de parpaing. Mes mains rencontrent des impressions du bloc propres à la main, confrontant leur douceur légèrement marquée par le souci à la texture brute. Un architecte fait une vue en éclaté d'un des angles du bloc. Mais un angle du bloc de parpaing n'est pas un bloc de parpaing. L'impression d'un bloc de parpaing faite par un doigt n'est pas un bloc de parpaing. Le toucher d'un papillon sur un bloc de parpaing n'est pas un bloc de parpaing.

Maintenant imaginez que le bloc de parpaing, pour quelque raison que ce soit, ait un esprit et quelques organes sensoriels rudimentaires, peut-être un nez, une bouche, et peut-être une ébauche d'yeux écarquillés, comme les légumes qui parlent dans le *Muppet Show*. Le bloc extirpe sa langue et se léchant, sens sa dureté froide, brute et granuleuse. Est-ce qu'il connaît le bloc de parpaing pour autant ? Il a son propre goût dans la bouche. Mais le goût d'un bloc de parpaing n'est pas un bloc de parpaing. Imaginez que le bloc de parpaing développe des pouvoirs télépathiques. En un seul instant, il connaît sa nature de bloc dans son entièreté. Mais connaître un bloc de parpaing dans un seul moment de communion télépathique n'est pas – attention, ça vient ! – un bloc de parpaing !

Peut-être le problème est-il que j'ai besoin de voir le bloc en tant que processus, et non pas comme quelque morceau statique. De nos jours, les processus semblent généralement plus attractifs au plus grand nombre que des blocs apparemment rigides. Peut-être que j'irai plus loin si j'inclus la façon dont le bloc a été fabriqué dans un moule à partir d'un ciment venu de Portland et de sable, et les façons dont le bloc sera utilisé dans le bâtiment, et les conditions socioéconomiques qui ont produit ce bloc. Mais si je le vois de cette façon, je reste avec exactement le même problème. Maintenant, le processus, même si je le vois, a les mêmes problèmes que notre bloc de départ. Comment puis-je comprendre ce processus lui-même sans le traduire en une autre forme – une discussion, un livre, une peinture, une série de mesures ? Changer le terme *objet* pour le terme *processus* est seulement une question de raffinement esthétique. Nous sommes toujours bloqués avec le problème de saisir complètement une *unité* : le bloc de parpaing en tant que tel, le processus en tant quel[58]. Si nous imaginons que les objets sont autonomes de façon inhérente – être « statique » est une imperfection esthétique également, si l'on en croit le goût moderne et même si tout cela est très discutable – alors nous pourrions sentir nécessairement le besoin d'ajouter à notre perspective une sorte de philosophie du processus qui serait capable de penser le changement et le mouvement (Bergson, Whitehead, Deleuze). Nous avons donc joué un tour ontothéologique. Nous avons décidé arbitrairement que certaines choses (les processus, les flux) sont plus réelles que d'autres choses (les objets). Dans le chapitre, je reviendrai à cette notion de processus avec beaucoup plus de détails. Pour l'heure, nous devons la laisser comme telle.

Peut-être le problème est-il que nous sommes des êtres à trois dimensions essayant de comprendre des objets qui existent dans une dimension temporelle autant que dans les trois dimensions spatiales[59]. Peut-être que si nous ajoutions une autre dimension à ma description, je « verrais » le bloc de parpaing véritable. Faisons un essai. L'approche résout un certain nombre de problèmes. Par exemple, je peux voir que le bloc a des parties temporelles distinctes qui le composent, de la même façon qu'il en a des spatiales. Cela dilue sérieusement le problème de la persistance du bloc : le problème de savoir si je vois maintenant « le même » bloc que celui que j'ai vu il y a quelques minutes, ou l'année dernière. Maintenant le-bloc-l'année-dernière est une partie temporelle d'un objet qui a également la partie temporelle de le-bloc-il-y-a-quelques-minutes. Si je pouvais réellement voir en quatre dimensions, je suppose que je verrais le bloc comme une structure en forme de tube qui consisterait en toutes sortes de feuilles et de tentacules qui représenteraient la façon dont il a été fabriqué et dont il a été utilisé. A une extrémité du tube, je verrais l'être concret versé dans le moule, et à l'autre extrémité, le bloc se désintégrant en sable.

Pourtant, nous avons encore quelques problèmes d'importance en ce qui concerne la persistance. Qu'est-ce qui distingue la limite temporelle du bloc – son début et sa fin ? Qu'est-ce qui constitue la limite entre un segment temporel et un autre ? Imaginons que cette perspective soit largement convaincante : à quoi ressemblerait alors l'univers ? L'univers tout entier est maintenant un seul morceau d'une chose ou d'une autre, réparti à travers l'espace-temps en quelque chose comme une monstrueuse pieuvre avec des milliards de tentacules. Le bloc serait une région de cette masse tentaculaire, mais en l'absence d'une façon convaincante de distinguer entre le bloc et le non-bloc, nous en sommes toujours à une vaste expansion de l'extension cartésienne. Nous pouvons voir le passé, le futur et le présent comme une seule séquence – ce qui suppose alors de perdre la spécificité du bloc lui-même. Selon une version extrême de cette perspective, il n'y a pas de blocs de parpaing, ou de montagnes, ou d'arbres, ou de gens, parce que ces objets sont trop inconsistants pour que cette perspective puisse en rendre compte[60].

Mais ce n'est pas là, réellement, que réside le problème majeur. L'ennui réel c'est qu'aucun de ces blocs-segments temporels ne serait le bloc ! Le bloc de la semaine dernière à la semaine prochaine est seulement un segment du bloc du monde-tube[61]. La tentative d'introduire de la cohérence a engendré un cauchemar. Plus vous analysez le bloc comme un « gros morceau » de matière quadridimensionnelle, moins vous pouvez le voir comme un bloc. Nous n'avons plus à faire à un bloc, mais à ce qui est appelé un monde-tube dans la théorie de la relativité, c'est-à-dire une simple vrille d'une masse en extension universelle, segmentée en différente parties[62]. Il ne semble pas non plus que cette façon soit une excellente méthode pour connaître le bloc. S'il y a des êtres quadridimensionnels quelque part, j'ai bien peur que leurs chances de connaître le bloc entier soient maigres, pour ne pas dire nulles, comme pour nous autres.

Peut-être Maurice Merleau-Ponty avait-il raison[63]. Peut-être que si je pouvais d'une certaine façon voir tous les angles possibles, chacune des configurations du bloc, je pourrais connaître le bloc en tant que bloc. Peut-être que la vue explosée ultime du diagramme du bloc de parpaing est possible. Imaginez qu'une version divine de Richard Scarry ait écrit un gigantesque livre pour enfants intitulé *Que font les blocs de parpaing toute la journée ?* Ce livre merveilleux contiendrait des diagrammes de tous les aspects du bloc. Mais aussi drôle que puisse être ce livre, ou pas, il ne serait pas le bloc de parpaing.

Alors peut-être que nous aurions besoin d'être un peu brutal avec notre pauvre bloc. Si, d'une façon quelconque, j'étais capable d'estimer chaque particule du bloc, chaque trou dans le bloc, si j'étais capable d'évaporer cela et ensuite de le ramener à son état originel, ou de le tremper dans l'eau, de l'expédier sur le Soleil, de le faire bouillir dans de la confiture – si j'étais capable de faire *tout ce qui est imaginable*, est-ce que je le connaîtrais pour ce qu'il est ? Imaginez une machine extraordinaire, créé par un savant fou, une machine qui me permettrait de voir chaque aspect possible du bloc de parpaing, pas simplement sous forme d'illustrations ou de diagrammes, mais comme des configurations réelles du bloc lui-même. J'utilise la machine. La machine fait tout au bloc.

Alors que je suis assis ici, souriant largement alors que la machine fait son truc, une pensée commence à me narguer. En utilisant la machine, j'ai automatiquement exclu la seule rencontre accidentelle que le concierge a avec le bloc quand, nettoyant les mégots de cigarettes et les verres en plastique après la soirée célébrant le succès de la machine, il se cogne malencontreusement le gros orteil gauche contre le coin du bloc de parpaing et claudique plus loin, sans tenir compte du cataclysme ontologique qui vient de se produire. Avoir toutes les rencontres possibles avec le bloc de parpaing exclut n'avoir qu'*une seule* rencontre avec lui. « Toutes » les expériences du bloc sont réduites à « pas toutes[64] ». Pourquoi ? Parce que ni les milliards de rencontres de la machine, ni l'unique incident du gros orteil du concierge ne sont le bloc ! La raison de cela : *parce qu'il y a un bloc réel*. Il n'y a nulle part de perspective à partir de laquelle je peux voir le bloc tout entier, pas de *sub specie aeternitatis*[65].

En ce sens, même Dieu (s'il ou elle devait exister) a une vue partielle du bloc de parpaing. J'ai eu un jour un ami qui disait qu'il voulait tout essayer, tout faire. Je crois me rappeler que « tuer un homme » était assez haut dans sa liste d'adolescent tardif. Même si tu pouvais tout faire, ai-je répondu, est-ce que ça n'exclurait pas de faire *seulement quelques choses* ? Si tu pouvais tout faire, tu n'aurais pas l'expérience de ne pas avoir fait quelque chose. S'il ou elle devait exister, un Dieu omniscient et omniprésent envirait celui qui n'a qu'un savoir partiel et confus des quelques routes autour d'une banlieue insipide[66].

Les trois approches que j'ai présentées ont quelques ressemblances de famille importantes. La principale est une tentative d'aplanir les incohérences dans notre représentation des objets. Tout au long de ce livre, j'affirmerai que toutes les tentatives pour aplanir les incohérences sont destinées à échouer d'une façon ou d'une autre. Je donnerai une explication pour cela – *les objets eux-mêmes sont incohérents* -. Pour le moment, continuons à aplanir encore un peu, et voyons ce qu'il en sort.

Peut-être ai-je pris la mauvaise approche. Peut-être que j'ai été trop brutal. Peut-être que j'ai été un sadique à la Bacon, détruisant la Nature afin de la connaître. Peut-être que si je m'assois seulement ici et que j'attends patiemment, je verrai le bloc réel. J'attends. Je m'impatiente. Je développe toutes les sortes de pratiques contemplatives pour rester ici à regarder le bloc. Je deviens éclairé. Le bloc refuse toujours de cracher le morceau. J'entraîne un disciple pour continuer à ma mort. Elle ne voit rien du bloc réel, qui a maintenant une large Fissure sur le sommet, à travers laquelle on peut voir. Elle créé un ordre religieux qui transmet avec précaution mes instructions sur comment gérer le bloc. Pendant dix mille ans, les cultures, les peuples, les robots étudient le bloc, qui est maintenant assez ratatiné. Une centaine de milliers d'année plus tard, un robot complètement éclairé est assis à gérer les traces légères de poussière flottant dans l'air où le bloc était autrefois installé. Et toujours pas moyen. Même Bouddha ne connaît pas le bloc dans le sens de « connaître » comme « saisir un concept précis dont la réalité peut être vérifiée sur une chose précise et donnée ». Quand il s'agit de connaître un bloc de parpaing, Bouddha se trompe tout autant que Dieu.

Laissons tomber. Imaginez le bloc de parpaing dans toute son entièreté. Une pensée scandaleuse, peut-être, et sans doute même impossible à penser. Le bloc n'est pas seulement un morceau vide attendant d'être rempli par quelque objet plus élevé (sape par le haut). Le bloc n'est pas un bout de quelque chose de plus gros, ou un ensemble de choses plus petites (sape par le bas). Le bloc est lui-même. Il est spécifique. Il est unique. Nous pourrions tout aussi bien y penser comme une chose réelle unique et spécifique. Le bloc a déjà des qualités, tel qu'un devant, un derrière, etc. Pourtant ces qualités ne sont toujours que ses apparences esthétiques, qu'importe qu'il y ait un autre « observateur » pour le voir ou pas. Pourtant ces apparences sont des aspects réels du bloc : ce n'est pas une pyramide, et il n'a pas de cou de cygne. L'objet lui-même déchiré de l'intérieur entre son essence et son apparence. Cela ne peut tout simplement pas vouloir dire que le bloc de parpaing est un morceau de substance qui a une certaine forme et une certaine couleur et que celles-ci sont ses accidents. Nous avons déjà exclu tout cela. Cela doit vouloir dire que, en lui-même, le bloc (essence) est aussi un non-bloc (apparence).

La conclusion semble magique, mais c'est une sorte de magie très ordinaire. Elle ne requiert aucune caractéristique particulière, pas de survenance de l'âme, pas d'esprit, pas de force animatrice d'aucune sorte. Cela suppose que notre bloc de parpaing n'ait pas de matière cachée planquée à l'intérieur, pas de replis, ou de poches secrètes d'aucune sorte. Cela requiert seulement que le bloc *existe*. Il y a un bloc, dont l'essence est en retrait. *En retrait* ne veut pas dire difficile à trouver ou même impossible à trouver et pourtant pouvant toujours être visualisé, cartographié, ou tracé. *En retrait* ne veut pas dire spatialement, matériellement ou temporellement *caché* et pourtant à même d'être trouvé, ne serait-ce qu'en théorie. *En retrait* veut dire au-delà de toute sorte d'accès, de toute sorte de perception, de carte, de tracé, de test ou d'extrapolation. Vous pourriez faire exploser un millier de bombes nucléaires, et vous ne seriez pas capable de révéler l'essence secrète du bloc de parpaing. Vous pourriez tracer la position et le moment de chacune des particules du bloc (en partant du principe que vous pourriez aller outre le principe d'incertitude d'Heisenberg) et vous ne pourriez toujours pas découvrir l'essence en retrait du bloc. Dix des plus grands dramaturges et réalisateurs de ce monde (disons Sophocle, Shakespeare, Garcia Lorca, Samuel Beckett, Akira Kurosawa, et David Lynch juste à titre d'exemple) pourraient écrire à propos du bloc des tragédies profondes et terrifiantes, des comédies et des films d'action, et pourtant personne ne serait plus proche pour cela de la connaissance de l'essence du bloc. Le bloc lui-même pourrait développer une intelligence divine avec laquelle il aurait un savoir omniscient de lui-même. Le plus petit rat se pointant, tombant du plafond au-dessus du bloc dans l'entrepôt où je le garde pour me rappeler de la persistance obstinée des choses, saisit le bloc d'une façon absurdement limitée, ce qui exclut la possibilité que le bloc omniscient puisse connaître tout sur lui-même.

Ce satané bloc de parpaing commence à me mettre sur les nerfs, peut-être devrions-nous donc changer de sujet. Mais avant de le laisser là-bas, dans l'entrepôt, réfléchissons à la découverte élémentaire et pourtant extraordinaire que nous venons de faire. Nous vivons dans une réalité infinie et non-totalisable d'objets uniques, une réalité qui est infiniment riche et espiègle, enchanteresse, anarchique, malgré des poches de hiérarchie ici et là, exaspérante, pleine d'illusions et d'étrangeté. Dans cette réalité, les objets sont parfaitement francs, sans aspect transcendantal ou caché. Et pourtant, précisément pour cette raison, les objets sont complètement bizarres : ils se cachent en plein air, sous les projecteurs. Leur apparence même est une sorte de miracle.

Nous pourrions même aller jusqu'à suggérer la possibilité de ce que Bryant appelle un *objet sombre*, un objet qui n'a pas de relations avec aucune autre entité quelle qu'elle soit. Ces objets sont strictement impensables, parce que si nous essayons, nous avons déjà forgé une certaine relation avec eux. Nos théories doivent autoriser l'existence d'objets impensables. Mais même en parler nous inclut dans tout un spectacle de contradictions. C'est comme regarder le rideau rouge du théâtre, onduler gentiment, illuminé par les projecteurs. Y a-t-il quelque chose derrière ?

Puisqu'il n'y a pas d'objet supérieur à partir duquel, comme d'une place VIP, nous pourrions avoir une vue d'ensemble sur tout de façon parfaite et adéquate, aucun objet n'est adéquatement ce qu'il est – pas même pour lui-même[67]. L'univers OOO est un univers de l'impropriété, de l'impropre. Pourtant nous savons cela parce que, dans un autre sens, les objets sont *seulement* ce qu'ils sont, rien de plus ou de moins, puisqu'il n'y pas d'objets inférieurs auxquels nous les réduirions. Les objets sont strictement irréductibles, et pourtant incroyablement impropres en même temps. Puisqu'aucun objet n'est exempt du mystère que nous avons découvert dans le bloc de parpaing, aucun objet n'est la pierre philosophale qui rendrait tout parfait, évident, bien organisé et simple.

C'est un monde de Céréales (« Rien d'ajouté, rien de retiré » était la façon dont on en faisait la promotion dans les années 70). Mais un humble bol de cette sorte de céréales fait apparaître le spectacle de lumière le plus étincelant et psychédélique comme pâle et ennuyeux. C'est une réalité dans laquelle la réalité des choses est en proportion directe de leur étrange faux-semblant, la façon dont les choses portent de parfaites répliques d'elles-mêmes, de telle sorte que tout est une mascarade, tout en étant absolument et magnifiquement réel – et ce pour exactement la même raison. Si cela n'est pas assez pour constituer un miracle, attendez de voir comment la causation fonctionne dans cette réalité. C'est le sujet essentiel que ce livre explore.

## La Fissure

Nous devrions maintenant être capables de penser plus précisément l'écartèlement ontologique des objets entre *essence* et *apparence*. Si nous refusons d'accepter cela, nous sommes condamnés à des choix déplaisants. Nous pourrions choisir un monde d'objets réels non-contradictoires dont les qualités seraient collées à eux comme des timbres en pâte-à-modeler : une sorte d'ontologie médiévale par défaut. Mark Heller se met dans ce pétrin : puisqu'il ne peut pas accepter des objets qui auraient des limites imprécises, il est obligé de penser les objets comme « morceaux de matière » insipides, qui vous abrutissent l'esprit, et impossibles à reconnaître comme des cuillères, des comètes ou des briques de Lego[68]. Nous ne perdons pas seulement les gens, et le parpaing et les feux rouges, nous perdons aussi le scintillement saumâtre de l'eau de mer et l'élasticité froide de l'argile. Puisqu'il n'y a pas de véritable façon de distinguer entre une chose et la matière qui l'entoure, Heller réduit graduellement l'univers tout entier à un tas sans forme en extension. Certains préféreraient qu'il n'y ait pas de tables, de quark, de courants océaniques plutôt que d'accepter la Fissure.

Nous pourrions accepter des ensembles de relations non-contradictoires, dans lesquels la « patate chaude » (comme le dit Harman) d'un objet de bonne foi est transmise infiniment tout en bas de la chaîne des relations, sans jamais parvenir à son fond[69]. Ou nous pourrions accepter le nominalisme ou le nihilisme, pour lesquels les objets sont seulement ce que les autres objets en font – ces perspectives sapant par le haut s'effondrent dans une perspective relationnelle de façon plutôt évidente. Nous pourrions être des réductionnistes qui soutiennent que certains objets, c'est-à-dire les plus petits, sont plus réels que ceux qui ne sont pas petits – petits étant un adjectif qui pose une question (petit pour qui ou pour quoi ?). Ou alors, nous pourrions être des holistes qui pensent que les objets sont seulement des manifestations d'un flux plus large, ce qui pose un autre type de question – comment ce flux se manifeste-t-il comme quelque chose de différent de lui-même (la question à laquelle le néoplatonisme essaye de répondre) ?

Ou alors nous pourrions seulement abandonner la nécessité que toute chose dans la réalité se conforme à un principe qui n'a jamais été justifié de façon complètement adéquate, à part dans un sens proche du tabou – tu ne penseras point des choses contradictoires en elles-mêmes, de peur d'être ostracisé de la logique. Si OOO a raison, alors la critique aristotélicienne du matérialisme et son adhésion à différentes sortes de causation, notamment la causation formelle, a quelque chose d'intéressant à nous apporter ; mais ce quelque chose, ce n'est pas l'affirmation originelle que fait Aristote de la LNC (la Loi de Non-Contradiction)[70].

L'intuition qu'il y a quelque chose de tordu dans la LNC quand on en vient aux objets réels est particulièrement forte quand on pense à des objets qui sont particulièrement grands et durables par rapport aux échelles humaines. Par exemple, considérez le réchauffement climatique, une entité qui est faite de la lumière du soleil, du dioxyde de carbone, d'engins brûlant des énergies fossiles, etc. Sept pourcents des effets du réchauffement climatiques seront toujours manifestes dans cent mille ans à partir de maintenant, ayant été lentement absorbés par les roches magmatiques. C'est plus de dix fois toute l'histoire enregistrée pour le moment, un nombre absurdement élevé. C'est presque impossible à concevoir. Et pourtant nous voyons les effets du réchauffement climatique tout autour de nous : nous voyons les graphiques de la NASA qui montrent les hausses de température ; nous sentons la pluie sur notre tête à des périodes de l'année un peu bizarres ; nous sommes témoins de la sécheresse. Aucune de ces expériences n'est directement le réchauffement climatique : elles sont ses effets esthétiques.

Pensez encore aux sombres objets de Bryant, des objets qui n'ont aucune relation que ce soit avec d'autres objets. Que ces objets existent réellement ou non est ouvert à question. Mais le fait que OOO permette leur existence ne fait aucun doute. Le problème est que, quand on pense à des objets, nous sommes sujets à d'extrêmes *effets de sélection d'observation*. Une pensée-à propos d'un objet n'est plus un objet totalement isolé. Au moins un autre objet est maintenant en relation à lui, à savoir ma pensée. Il est tentant de penser que le paradigme hégélien « corrélationniste » émerge d'un tel phénomène – essayer de penser un objet impensable résulterait en un effet de sélection d'observation par lequel l'objet serait limité par la pensée de celui-ci. Le réalisme spéculatif commence par le présupposé selon lequel le monde n'a pas besoin d'être corrélé à certains observateurs (humains) pour exister. Cette sorte de caractère donné n'est pas tout ce qu'on le force à être en l'écartelant, puisque les êtres humains (et les êtres conscients en général) ne sont pas bons uniquement à le dévoiler. Si les étoiles de neutron et le RNA dévoilent aussi le caractère donné, l'existence d'un univers sans êtres humains n'est pas tellement un problème. (Nous verrons, cependant, que dans le contexte de la réflexion sur la façon dont les choses commencent, que les investigations phénoménologiques profondes sur le donné peuvent révéler des idées contre-intuitives et puissantes. C'est un donné profond plutôt que superficiel, mais c'est toujours un donné, et donc il est dans le domaine de l'apparence ou de ce que Harman, suivant Heidegger, appelle la « structure-comme ».)

Il est ironique, donc, que les objets qui, précisément, sont les plus loin des relations, provoquent des réactions relationnistes. Les objets sombres nous présentent un paradoxe – quelque chose de similaire au Menteur ou à la déclaration envoûtante de Lacan : « Ce qui constitue le faux-semblant est que, à la fin, vous ne savez pas si cela est un faux-semblant ou pas[71] ». Les penser revient à penser la possibilité la plus pure qu'ils pourraient peut-être exister. C'est la congruence ultime du retrait et de l'illusion charlatanesque. Y a-t-il quelque chose derrière le rideau ? Les objets sont indicibles et pourtant parfaitement disponibles. Ils ne sont pas seulement des morceaux de quelque chose. Ils apparaissent-comme à chaque instant : comme un bloc de parpaing, comme de la poussière de bloc de parpaing, comme mouillés, sentant le bloc fraîchement moulé. C'est ce que les objets font.

Retournons maintenant aux morceaux de matière de Heller un instant. Heller explore le statut d'une table en tant qu'objet. Vous ôtez de petits copeaux de la table – à quel moment est-ce qu'on ne peut plus l'appeler une table[72] ? C'est une version du paradoxe sorite que j'ai mentionné tout à l'heure. J'ai un tas de sable. J'en retire un grain. C'est toujours un tas. Je peux continuer jusqu'à ce que je n'aie plus qu'un grain de sable. Il n'est pas évident de savoir à quel moment, s'il y en a un, cela n'est plus un tas.

Essayons le contraire. Si j'ai un grain de sable, ce n'est pas un tas. Si j'ajoute un autre grain, cela n'en fait pas non plus un tas. Maintenant je peux continuer avec le même raisonnement indéfiniment – donc je n'ai jamais un tas, peu importe combien de dizaines de milliers de grains j'empile.

Heller essaye d'expliquer l'existence des objets, et pourtant il passe un temps considérable à revenir encore et encore à sa scie sorite. Pourquoi ? Heller pense que c'est à cause de quelque inexactitude dans sa façon de comprendre les tables. Donc Heller renonce et parle d'objets sans la moindre spécificité. Puisque vous ne pouvez pas dire quand une table est une table, vous devez triturer des morceaux de matières bien sages mais complètement insipides. Le moment le plus triste est sans doute quand Heller décide de construire une machine qui fera le boulot à sa place – et retourne de plus belle vers la scie, car comment pourriez-vous concevoir une machine pour comprendre quand la table cesse d'être une table, si vous ne le savez pas[73] ? On vous renvoie à votre perception.

Les paradoxes sorites sont censés dépendre de prédicats vagues : « est un tas », par exemple, ou « est chauve ». Maintenant nous savons grâce à Darwin que « est une espèce » est aussi un prédicat vague. Pourquoi ? Parce que l'évolution est une progression lente, et la différence entre une forme de vie et sa *sœur* mutée n'est pas bien définie. De la même façon « est en vie » est un prédicat vague. Pour briser le cercle vicieux de l'ADN et des ribosomes, nous avons besoin d'une sorte de monde ARN consistant en ARN et en un réplicateur non-organique tel que le cristal de silicate. Les prédicats vagues, autrement dit, ne seraient peut-être pas la preuve d'objets vagues. Il semble que l'ADN soit une composition chimique très précisément déterminée et que les chats soient des mammifères bien déterminés[74]. Je ne vois à coup sûr pas le chat comme une masse informe, vague, mais comme ce chat précis, assis sur ce paillasson. La phénoménologie vient à notre rescousse sur ce point, avec sa découverte des objets intentionnels. Je n'assemble pas le chat à partir d'un agrégat brut de pixels de chat, mais bien plutôt le chat en entier apparaît dans ma conscience. La précision de ma conscience du chat semble être la preuve que les chats sont plutôt précisément déterminés.

Cela suggère qu'il y a des paradoxes sorites non parce que la réalité est vague, mais parce que la réalité est paradoxale. Cela veut dire que les entités ne sont peut-être pas entièrement sujettes à la Loi de Non-Contradiction

(LNC). Donc Heller peut bien construire toutes les sortes de machines pour mesurer quand une table cesse d'être une table. Il n'y arrivera jamais. Pourquoi ? Il y a une raison tout à fait fondamentale si l'on en croit OOO. Parce qu'aucune connaissance de la table (la mienne, celle d'une machine, peu importe) n'est une table. Ça n'est tout simplement pas possible pour ma connaissance des tables de remplacer cette table. Donc, inévitablement, il y a des moments où je sèche et je ne sais pas si je vois une table ou pas. La table se met en retrait.

Si nous allons avoir des tables, du RNA, des blaireaux et de la vase dans toute leur spécificité, nous devrons peut-être abandonner l'idée que nous puissions être certains quant à ce que nous savons d'eux. Si vous voulez être certains, vous allez peut-être devoir accepter un univers aussi exaltant qu'un bout d'avoine froid.

Les paradoxes sorites apparaissent aussi quand on sape par le haut. Par exemple, il existe une tactique courante qui consiste à voir les objets comme faisceaux de qualités : une pomme est seulement quelque chose qui est rond, juteux, sucré, et ainsi de suite (pour ma bouche). Un chat est ce truc à poils ici sur le paillasson, et si je retire la fourrure poil par poil, est-ce que cela reste un chat ? Ou bien, comme Peter Geach l'a proposé, y-a-t-il autant de chats sur le paillasson qu'il n'y a de poils, de façon à ce que, quand on retire le poil, il y a une sorte de chat différent[75] ? La sape par le haut essaye de conquérir le paradoxe sorite de la façon suivante. Supposons que quand je pose une coupe sur ce bidule là-bas, ça devienne une table. C'est une des façons de vaincre le paradoxe sorite. Le problème profond, pourtant, tient à l'existence de ce bidule malgré moi. Bien entendu, c'est « structuré-comme » une table : j'y pense comme étant une table, c'est une table pour les objets autour, ça n'est pas une banane écrasée, et ainsi de suite[76]. Les deux problèmes pourraient bien converger à un certain moment. Supposons que j'aie une table comme une fine gaufrette après avoir retiré $n$ copeaux. Je pose une coupe sur elle, et elle passe à travers. Je pense que c'est une table, mais elle ne peut plus être utilisée comme telle. Ou bien, je suis en train de camper. J'utilise une souche d'arbre bien pratique comme table, même si elle est toute bosselée et que ça rend la tasse un peu branlante. Le bidule, dans chaque cas, est différent, unique. La souche sent la sève et a des insectes grouillant autour. Le meuble mal collé dans ma cuisine, que j'ai maltraité avec mon cutter, sent la nourriture pour bébé et est beaucoup trop poli sur un des côtés.

Peter Unger nous donne une méthode extrême pour saper par le haut dans son analyse du « problème de la pluralité ». Un nuage est cette chose bouffante faite de petites gouttes dans le ciel. Sauf que ce n'est pas le cas : le nuage est fait de toutes sortes de choses bouffantes qui pourraient être vues comme des nuages. Les limites des nuages sont particulièrement ambiguës, comme la part du clou rouillé où la rouille se mélange à la non-rouille[77]. Si nous continuons, nous pouvons faire l'équivalent philosophique du *cloudbusting*. Si nous retirons les nuages plus petits un par un, parce qu'ils ne sont clairement pas le nuage entier, alors, soudainement, nous n'avons plus de nuage[78].

Nous ne pouvons tout simplement pas saper une table en petit copeaux de bois et trouver la table en cela. Pourtant, nous ne pouvons pas non plus saper la table par le haut. Comment se fait-il que je puisse structurer-comme soit le meuble manufacturé soit le tronc d'arbre (dans ma perception, mon langage ou mon usage) comme une table ? Comment se fait-il que le sol le puisse ? Ou cette miette de toast et de confiture ? La réponse OOO est qu'ils sont non-tables. Ce qu'ils sont se met en retrait même quand je pose ma tasse sur elle et que je dis « hey, ça c'est une belle table ! ». Nous devons progresser avec prudence ici, afin d'éviter la pensée de la sape par le haut. Cela ne veut pas dire qu'il n'y a pas de table, mais plutôt que, la façon dont j'utilise une table, notamment la façon dont j'y pense, dont j'en parle, dont je pose ma tasse de thé dessus, n'est pas la table. L'argument c'est que la table n'est pas tout simplement une table-pour (moi, ma tasse de café, le sol, le concept de *table*). Ce n'est pas une non-table au sens où François Laruelle l'entend : ce n'est pas une indicible et radicale immanence dont la philosophie ne peut pas parler – que la philosophie doit bannir de son esprit afin de proclamer ce qui, pour Laruelle, sont ses demi-vérités embrouillées. En disant *non-table* je ne suis pas en train de suggérer que nous devrions rire des tables ou de nous-mêmes pour être en train de penser à une idée aussi stupide qu'un meuble en bois. Mais bien le contraire. La netteté totale et vivante de cette table donnée, cette *tode ti* (Aristote), cette unité, cette être unique ici, ce cousin en bois de l'ami de nombreux philosophes, est ce qui est indicible, insaisissable. Dans cette mesure, OOO tire les conséquences des avancées importantes de la phénoménologie que j'ai expliquées plus haut. Encore une fois, je ne perçois pas un millier de points qui sont semblables-à-un-chat et que j'assemble en un chat, mais plutôt le chat en entier est désigné par mon esprit, juste là et entièrement, un fait qui semble avéré très récemment grâce à la résonnance magnétique permettant de représenter l'activité dans le cortex visuel du cerveau[79].

Nous ne pouvons pas tout simplement dire que les tables sont des morceaux de baratin que nous appelons tables ou que nous utilisons comme tables. Et nous ne pouvons pas tout simplement dire que les tables consistent en de petits morceaux de baratin. Faire les deux en même temps (saper par le haut et le bas en même temps), c'est la façon dont le matérialisme contemporain fonctionne[80]. La perspective OOO nécessite donc d'abandonner l'idée de matière ou de la modifier en profondeur. La matière est toujours matière-pour. Si vous utilisez le terme *matière*, vous avez déjà réduit un unique objet à « matière-brute-pour » une-chose-ou-une-autre. J'allume l'allumette. L'allumette est-elle faite de matière ? Non, elle est faite du bois d'un arbre. L'arbre est-il fait de matière ? Non, il est fait de cellules ? Les cellules ? Et on continue jusqu'aux électrons. Les électrons sont-ils faits de matière ? Non, ils sont faits de... et on continue. Penser « la matière », c'est penser avec des œillères. Cela va bien au corrélationnisme.

Pourtant, pourrions-nous dire qu'une allumette est du bois-pour ? Comme du bois-pour-allumer-un-feu, par exemple ? Ne serait-il pas possible de croire que les objets « faits-par-dessein » sont en effet, au moins dans une certaine mesure, des objets-pour, sans pour autant penser que les objets sont seulement ce qu'ils sont parce qu'ils sont corrélés à quelque nécessité humaine et quelque appareil conceptuel ? D'accord, mais seulement dans la mesure où je pense que vous pourriez imaginer que les objets ont été faits par dessein sans être corrélationnistes. Peut-être aussi longtemps que vous vous rendez compte qu'ils sont des objets-pour « dans une certaine mesure ». A ce moment-là, vous avez déjà fait des progrès vers la concession que l'allumette est aussi du bois-pour pour une particule de poussière qui repose sur elle. C'est aussi du bois-pour pour une fourmi qui monte dessus. C'est aussi du bois-pour pour un joujou fait en allumettes. Une fois que vous avez renoncé à l'idée que c'est « des matériaux-bruts-pour » alors vous n'avez pas de bonne raison de vous accrocher au telos humain des allumettes. Une perspective non-matérialiste mais réaliste pourrait inclure plus d'entités dans sa vision de ce « pour » quoi les choses sont (la structure-comme). Le poème d'Alexander Pope, *Windsor Forest*, admire l'étendue de la belle forêt (laquelle, dans une certaine mesure, existe encore). Voyez, dit le poème, voyez ces potentiels vaisseaux pour la Marine anglaise[81]. La philosophie devrait faire mieux que cela.

Le problème avec la « matière-pour humains » dévoile un problème plus profond, à savoir que la matière est matière-pour n'importe quoi. La matière n'est pas ce qu'on la force à être en l'écartelant, une sorte de substrat réel des choses qui émerge de ces choses. C'est une partie de la structure-comme, ontologiquement seconde par rapport aux objets. « La matière » est corrélationniste en ce qu'elle est toujours corrélée à une certaine entité. La matière est l' « en-dehors-de-ce-dont-est-bâti » d'un objet. C'est le passé de l'objet, ou un objet du passé. Quand vous l'étudiez directement, il cesse d'être de la matière. C'est le problème du matérialisme éliminatif, qui soutient que vous pouvez expliquer ce que vous êtes en train d'étudier en termes des composants matériels supposément primitifs, et que vous pouvez ensuite éliminer la chose plus large que vous êtes en train d'expliquer pour favoriser ces composants. Si vous ne vous arrêtez pas à un substrat métaphysique tel que la matière première, vous finissez avec des équations dans le vide – vous finissez, pour ainsi dire, avec l'idéalisme ou le nihilisme. Puisque le corrélationnisme est hostile à l'idée de métaphysique dogmatique, il risque de finir dans le vide, s'il suit la voie matérialiste. Le vide devient plus réel que d'autres entités.

La chose qui perturbe à propos de la Fissure entre l'apparence et l'essence est que c'est indécidable, irréductible. Nous ne pouvons pas préciser « où » ou « quand » la Fissure « est ». La Fissure signifie que nous sommes confrontés à une réalité pareille à une illusion. Les ramifications de cette réalité pareille à une illusion deviendront plus claires par la suite.

## L'objet appelé sujet

Faut-il alors conclure que ces choses qui sont appelées objets ne sont que des impressions subjectives ? Pas du tout. Dans cette section et dans celle qui suit, je vais utiliser des exemples tirés de ma propre expérience pour démontrer certains faits à propos des objets en général. Sans surprise, nous découvrirons des preuves de la Fissure. Il y a une raison pour laquelle considérer ma propre expérience est une procédure acceptable pour OOO : c'est tout simplement parce que je suis un objet parmi les autres. Maintenant, la réaction la plus courante à la phrase « Je suis un objet » est de se tordre les mains d'horreur, ou une excitation post-humain parce que je suis en train de dire que je ne suis qu'une marionnette. Aucune de ces réactions n'est fondée. Chacune des deux positions du débat sur l'intelligence artificielle (pour ou contre) pense qu'être un sujet est une chose particulière – des sortes de qualia apparaissent dans la conscience ou être une personne est une propriété émergente d'un niveau plus bas des systèmes cybernétiques vrombissant au loin[82]. Nous devons repenser ce que signifie un *sujet*. Mais bien souvent ce qui est appelé un *sujet* et ce qui est appelé un *objet* ne sont pas si différents, surtout à partir d'approches OOO.

Nous sommes conditionnés à penser qu'un « sujet » est une chose, et qu'un « objet » en est une autre. Ici, pourtant, je vais tous les deux les traiter de la même façon. Ce qui est appelé « objet » dans le discours quotidien est tout aussi loin de la perspective OOO que ne l'est le « sujet » conventionnel. Dans cette perspective, ce qui est normalement appelé *sujet* ou *objet* n'est qu'un ensemble de propriétés esthétiques qui sont distribuées d'une certaine façon entre les objets. Que cela signifie que OOO nous oblige à adopter une perspective panpsychiste, c'est-à-dire qui affirmerait que votre brosse-à-dent est consciente, ou que OOO affirme au contraire que votre conscience est pareille à la brosse-à-dent ; cela est un peu au-delà du propos pour le moment, même si nous y reviendrons brièvement.

OOO soutient que tout est un objet, même celui, qui semble un peu spécial, que nous appelons *sujet* : celui auquel nous conférons par rapport aux autres êtres une certaine dignité, ou duquel nous les cachons, comme si nous étions des gardiens de la subjectivité équivalents au Rock'n' Roll Hall of Fame. Au contraire, certains soutiendrons peut-être que les sujets et les objets sont tout à fait différents. Par exemple, la pensée postkantienne tend à privilégier la perspective selon laquelle vous ne pouvez tout simplement pas remettre en cause les états subjectifs, alors que vous pouvez remettre en cause les faits objectifs. Puisque, pourtant, l'art vit dans la dimension causale, la différence entre « subjectif » et « causal » n'existe pas. Dans un univers moderne, nous ne serions pas capables de distinguer des états subjectifs comme supérieurs, inférieurs, ou quoi que ce soit. Nous pouvons seulement le faire en ce qui concerne les données empiriques et soi-même n'est pas une donnée empirique mais un fait transcendantal. Dans l'univers OOO, l'expérience esthétique est réelle et tangible, quoique indicible.

Dans un univers OOO, l'esthétique humaine est une petite île au large d'un vaste océan. L'océan est l'océan causal. Les drogues sont un bon exemple de choses qui semblent enjamber le causal et l'esthétique dans notre discours quotidien à propos des objets. On peut en effet comparer et distinguer différentes sortes d' « expérience » esthétique. En effet, cela rend compte de la façon dont les drogues psychoactives fonctionnent en premier lieu. Elles réfutent par leur existence même la ligne rigide entre faits objectifs et subjectifs. Elles agissent causalement sur votre cerveau, ce qui, esthétiquement, produit toutes sortes de fantasmes. Ce que nous appelons subjectivité est seulement un événement causal qui « nous arrive », que nous arrachons du continuum esthétique de la causalité et que nous appelons signifiant, humain, peu importe. Donc il est parfaitement possible de décrire les états subjectifs en détail, ainsi que de les comparer et d'en discuter. Dans la section suivante, j'essayerai de montrer comment certaines expériences plutôt ordinaires, tel que le jet lag, peuvent être pensées en tant que messages de l'océan causal. Les humains ne sont pas si différents d'autres entités, puisque ce que l'esprit fait n'est pas si différent ontologiquement de ce que font d'autres entités. La conscience est seulement ce que je décrirai brièvement comme *interobjectivité*, l'espace de configuration de la relation. Puisqu'ils placent fortement l'accent sur l'esthétique, et puisque leur esthétique prouve de façon oblique qu'il y a des entités non-humaines (et cela, même au sein des êtres humains), nous pouvons exploiter Kant et Hegel, non pour mieux connaître la façon dont les esprits et les mondes ne peuvent pas se connaître l'un l'autre, mais pour savoir ce que sont les espaces intérieurs des objets et ce que sont les espaces esthétiques entre eux.

## Extraordinaire réalité

Ce que nous considérons être l'objet « derrière » son apparence est vraiment une sorte de piège de la perspective provoqué par une normalisation habituelle de l'objet en question. Les objets ne sont pas seulement eux-mêmes – ils sont extraordinaires : ils sont à la fois eux-mêmes et pas eux-mêmes. C'est ma relation causale habituelle avec eux qui les fait apparaître comme s'ils s'enfonçaient dans le décor. Ce décor n'est rien d'autre qu'un effet esthétique – il est produit, autrement dit, par l'interaction d'objets 1+n. Ce livre désigne ce phénomène par *interobjectivité*. La dimension esthétique suppose l'existence d'au moins un objet en retrait. Pour le dire autrement, afin que quelque chose se passe, il faut qu'il y ait un objet dans les parages qui n'ait rien à voir avec ce qui, justement, se passe – un objet qui n'est pas, autrement dit, pris dans le réseau de relations.

Prenons un exemple pour lequel je m'y connais un peu – moi. Je pense que c'est une technique légitime, puisque Heidegger affirme que « toute ontologie » doit « prendre sa ligne de conduite du Da-sein lui-même[83] ». Autrement dit, en tant qu'objet parmi d'autres objets, j'ai une idée bien commode de leur nature d'objet, dans mon expérience des choses. Ce qui est véritablement extraordinaire chez les objets, leur qualité d'être eux-mêmes et pas eux-mêmes, est facile à tester quand vous voyagez dans un pays étranger. Vous souffrez du jet-lag et tout semble bizarre. La literie et les bruits de la rue semblent vaciller vers vous avec une intimité inconvenante. Quand j'arrive dans un nouveau lieu étranger, l'éclat sensuel des objets semble me sauter au visage en face de ces objets. Les odeurs sont plus précises et plus pénétrantes (les différentes bactéries enrobant d'autres objets jouent avec mon odorat, j'imagine). L'interrupteur et les prises de courant semblent émaner comme des parodies clownesques d'eux-mêmes qui me regardent d'un mauvais œil, se riant de mon incompétence. Se laver ou se raser deviennent une expérience bizarre, un peu séduisante, un peu déplaisante. La réalité semble plus proche de moi que « normalement ». Et puis tout reprend sa place, souvent après quelques nuits de sommeil.

Dans l'état de jet-lag, les choses sont étrangement familières et étranges de façon familière – extraordinaires. Et puis ça vous frappe : c'est la situation par défaut, et non le monde dans lequel les choses fonctionnent normalement, semblant sous-tendre leurs effets esthétiques. Votre maison normale dans votre rue normale est vraiment de cette façon. En vérité, leur fonctionnement sans accroc est seulement un effet esthétique auquel nous avons appris à nous accoutumer. Le monde sans accroc est une illusion ! La bizarrerie clownesque d'une situation extraordinaire dans laquelle vous vous retrouvez, de l'autre côté de la planète Terre, vaseux à cause du jet-

lag et tâtonnant maladroitement pour trouver l'interrupteur, est la réalité. L'idée que je puisse atteindre l'interrupteur à travers une distance que je peux ignorer est une illusion. Ce qui, en réalité, arrive est que l'interrupteur m'est déjà apparu proche de moi de façon dérangeante, me regardant d'un mauvais œil comme un clown de cirque, sans distance du tout.
Mon intention d'allumer la lumière, et l'action mécanique pour le faire, supposent une interpénétration entre moi et l'interrupteur qui est déjà en place, comme un champ de force.

A ce niveau ontologique, il n'y a pas beaucoup de différence entre moi, un humain avec un esprit (je suppose) et ce qu'un crayon-mine fait à une table quand il repose sur celle-ci. Se tenir droit, s'asseoir et penser appartiennent à la dimension esthétique, c'est-à-dire, au règne causal. Il y a un autre règne : le règne des êtres. Des objets de toutes sortes (moi, la coupe, la table) occupent ces deux règnes. Donc le changement, la qualité d'apparition clownesque dont je fais l'expérience dans mon espace phénoménologique est, je l'affirme, commun à la façon dont tout objet apparaît à n'importe quel objet. Tout objet dit « moi-même », comme le dit Gerard Manley Hopkins (voir l'épigraphe de ce livre). Mais en disant « moi-même » l'objet dit aussi « je suis en train de mentir en ce moment-même », « cette phrase est fausse ».

J'ai commencé par me demander pourquoi je détestais vraiment, vraiment, prendre la navette de bus menant à l'aéroport. Bien sûr, il y a l'épuisement dû au fait de se lever très tôt et le fait de supporter d'autres humains alors que la navette s'arrête adresse après adresse (Rien ne vaut le fait de se lever à 3h du matin pour révéler le misanthrope en nous). Mais ça n'est pas ça, ou en tout cas, pas que ça. C'est plutôt que, au cours de la route pour aller chercher ces autres personnes, j'ai un sentiment complètement différent à propos d'où je vis. La navette descend le long de différentes routes dans les ténèbres de la nuit d'une petite ville du nord de la Californie. J'oublie bientôt où diable je suis, même si ça n'est qu'à quelques rues de la « normale ». Le voyage devient une espèce de jazz excitante. Du jazz de ville. Jouant ma ville natale comme un joueur de jazz pourrait prendre votre trompette et la faire sonner différemment de d'habitude. Pas tout à fait différemment, mais d'une façon extraordinairement différente.

La ville devient extraordinaire parce que son retrait devient évident. Ce n'est pas ma ville. C'est comme ce moment où on vous met une nouvelle paire de lunette, mais étiré dans le temps et mettant en jeu des valses de voitures et un petit groupe d'étrangers. Alors vous vous rendez compte à quel point votre monde est seulement un objet sensible. Alors cela vous frappe que votre monde habituel *soit lui-même une sorte de déplacement* de quelque(s) objet(s) réel(s). Le sens de l'emplacement est déjà un déplacement. C'est la place qui est bizarre ; l'espace est une boîte réifiée. Alors que la navette tourne au coin du bloc de bâtiments à quelques rues de vos repères familiers, vous vous rendez compte que votre ville est en retrait de tout accès, de façon irréductible. Que l'intérieur de la navette, comme un rêve étrange, avec les réflexions des lumières extérieures et les bizarres valses de votre corps, *est pareil à ce que c'est*. Plus réel que le rêve dans lequel vous venez tout juste de vivre. Ou une transition à un autre rêve et l'écart ironique entre eux. De façon à ce que, ce qui est le plus extraordinaire est ce sens de *familiarité* que vous venez tout juste de laisser derrière vous. Le jazz que vous pensiez n'être qu'une chanson pop jetable en plastique.

La philosophie a toujours pensé la causalité comme étant à l'œuvre « derrière » la scène. Peut-être y a-t-il une raison existentielle profonde pour laquelle elle le fait. Cette vue semble en effet aller de pair avec la longue histoire que Heidegger appelle l'oubli de l'être, la longue marche vers les morceaux objectivés. Mais pourquoi ? Il y a aussi un parallèle extraordinaire avec ce qui, en psychiatrie, s'appelle la *défense schizophrénique*, dans laquelle le schizophrène imagine toutes sortes de chaînes causales avoir lieu dans son dos. Ce que cela bloque, c'est la façon dont la causalité prend place « en face » des choses. Cet « en face de » ne veut pas dire spatialement quelques centimètres plus loin qu'une chose objective, plus proche de nos yeux. Cela veut dire que la causalité est la façon dont les objets parlent les uns aux autres, s'appréhendent les uns les autres, se comprennent les uns les autres : la causalité est la dimension esthétique.

Certaines formes de réalisme spéculatif imaginent un abysse de dynamisme bouillonnant sous les choses[84]. OOO, à la différence, imagine l'abysse être en face des choses. Quand j'atteins la tasse de café, je suis en train d'atteindre un abysse. En imaginant une mafia causale secrète derrière la scène, peut-être que le schizophrène se défend lui-même contre l'abysse en face des choses, dans la relation entre la tomate et le couteau en dents de scie. L'abysse n'est pas un tourbillon informe, pourtant. Explorons-le un peu.

## L'abysse de l'interobjectivité

Il serait mieux, maintenant, de creuser un peu davantage dans le phénomène que j'ai appelé *interobjectivité*. La dimension causale – qui est la dimension esthétique – est non-locale et non-temporelle, ce qui est une autre façon de dire que les objets sont plus proches qu'ils apparaissent dans le miroir de nos schémas habituels. Les objets sont, d'une certaine façon, emmêlés les uns dans les autres dans la dimension causale-esthétique – j'emprunte l'image de la théorie quantique, dans laquelle quand les objets deviennent très proches, ils deviennent la même chose. Je ne suis pas sûr de ce qui limite la non-localité et la non-temporalité de la dimension causale, si du moins, quelque chose les limite en effet. Il n'y a pas de poches vides dans la réalité physique.

Il y a quelque chose que le phénoménologue José Ortega y Gasset appelle *ingénuité*, mais que nous pourrions aussi appeler *sincérité* suivant Harman[85]. La sincérité signifie que vous êtes irréductiblement englués dans vos « objets intentionnels » (Husserl), vos expériences, ou, dans les mots de Buckaroo Banzai, le personnage du film culte des années 80, « quel que soit l'endroit où vous allez, vous y êtes[86] ». Par exemple, si vous essayez de maintenir une distance critique vis-à-vis d'une expérience que vous avez – vous y êtes, vous distanciant de vous-même. Vous ne pouvez pas simplement sauter en dehors de votre peau phénoménologique ou, comme l'a dit Jacques Lacan dans cette formule fameuse : *il n'y a pas de métalangage*[87]. Nous sommes enveloppés dans la réalité comme sous un film plastique. La réalité est sincère : puisqu'il n'y a pas de métalangage, il n'y a pas de façon de sauter en dehors de celle-ci. Même quand vous effectuez un acte cognitif tel que « devenir méta », en essayant d'obtenir une affirmation, par exemple, *vous y êtes*, en train de le faire. Cela affecte notre perspective sur le langage. En cela, une affirmation est davantage comme une performance dans un ballet ou une pièce – une action (*deed*), dans les termes de Danièle Moyal-Sharrock[88].

Les relations entre objets sont sincères dans cette mesure : ce sont *des sincérités*. Les sincérités sont fondamentalement ouvertes, parce que vous ne pouvez jamais atteindre le fond des choses. Qui sait exactement ce qu'est la façon humaine de marcher ? Et pourtant, vous voilà, vous, un humain, en train de marcher. « Les objets intermédiaires » tels que les *arrière-plans*, le *monde*, l'*environnement*, le *lieu*, l'*espace* et l'*horizon* sont des non-objets, des fantômes que nous (et peut-être d'autres êtres sensibles) employons pour domestiquer cette situation sauvage et sans compromis. En vérité, les objets sont à la fois plus réels et plus illusoires que nous voulons bien le reconnaître. Ailleurs, j'affirme que la conscience écologique consiste précisément en l'évaporation des concepts tels que le *monde* ou le *lieu*, nous laissant derrière de réelles entités qui sont bien plus proches qu'elles n'apparaissent dans le miroir de la conceptualité humaine. De telle façon que, en général, les êtres humains vivent maintenant à travers une introduction à OOO prolongée et urgente, qu'ils le veuillent ou non, chaque fois qu'ils se retrouvent confrontés à des phénomènes tels que le réchauffement climatique et les ressemblances extraordinaires entre formes de vie.

Toute tentative pour réduire les doubles propriétés des objets – ils sont à la fois eux-mêmes et pas eux-mêmes dans le même instant – est condamnée à l'échec. Ces tentatives pour lisser le terrain des choses sont monnaie courante en métaphysique : les objets sont faits d'atomes ; ou bien ce sont des substances décorées d'accidents, ou bien ce sont des composants d'une machine ; ou bien des instanciations d'un processus ; etc. Un tel lissage apparaît également en physique. La non-localité, par exemple, et la cohérence quantique (la façon dont les particules semblent se confondre ou bien occuper différents lieux en même temps) semble réfuter LNC à un niveau fondamental de la réalité matérielle. Donc des théories telles que celle des mondes multiples abandonnent l'incohérence[89]. Le problème est que, ces théories maintiennent LNC au prix d'un nombre d'univers parallèles potentiellement infini qui s'ouvre pour rendre compte des positions incohérentes d'un quantum. C'est un peu comme cacher la poussière sous le tapis. Ça ne mène pas à grand-chose.

Les objets OOO sont simultanément clos et entremêlés dans un éther sensible (interobjectif). Un système métaphysique qui ne prend pas en compte la qualité dialéthéique (doublement vrai) des objets est sujet à l'incohérence au moins dans une partie de ses arguments. Nous explorerons cette question au fur et à mesure de ce texte. La tentative même d'introduire de la cohérence produit des incohérences plus fortes, comme si les objets étaient contagieux, s'améliorant de façon vicieuse face à toute tentative de les museler. Il vaudrait mieux commencer avec les faits – c'est-à-dire le fait que les objets produisent $p \wedge \neg p$. Une telle perspective a l'avantage de ne pas avoir besoin de définir un certain objet originaire en dehors de l'univers, une sorte de premier moteur ou de cause sans cause (Dieu) qui mette le reste en mouvement. Il y a déjà assez de dynamisme dans $p \wedge \neg p$ pour que les choses puissent commencer à se mettre en mouvement d'elles-mêmes. Si vous voulez vraiment être un athée, vous devriez peut-être considérer l'abandon du mécanisme et du relationnisme en faveur d'une perspective orientée vers l'objet.

Pour le moment, ne considérons que le mécanisme. Le fonctionnement comme une machine, ce qui est souvent le présupposé vis-à-vis de la causalité (du moins, depuis Newton et Descartes), doit être seulement une espèce spécifique de la propriété émergente d'une sorte d'océan plus profond, non-local, non-temporel, dans lesquel les choses sont directement d'autres choses. Les machines sont faites de parties séparées, parties qui sont extérieures les unes aux autres par définition. Ce que la causalité *n'est tout simplement pas*, c'est une sorte de fonctionnement mécanique, comme les billes de métal d'un jouet pour cadre. Le bruit sec du clic des billes chaque fois qu'elles se heurtent les unes aux autres est un son qui implique l'existence d'au moins un autre objet – l'air ambiant qui vibre, permettant au bruit d'être entendu. Comment se fait-il que ce clic ou ce clac soit plus réel que d'autres formes de causalité telles que l'attraction, la répulsion, le magnétisme, la séduction, la destruction et l'entremêlement ?

La *causalité clac* suppose une perspective déterministe : deux billes doivent être contigües l'une à l'autre, la causalité ne va que dans une seule direction, et il doit y avoir au moins une raison nécessaire, voire suffisante, pour que le clac dans la bille fasse clac. Et pourtant, si nous descendons de plusieurs niveaux, nous découvrons que le comportement quantique est irréductiblement probabiliste. Qu'est-ce que cela veut dire ? Cela veut dire que l'indétermination est profondément ancrée dans le comportement :

ce n'est pas comme si nous pouvions épousseter notre façon de l'analyser et qu'il aurait alors l'air déterminé. Il y a donc des raisons physiques pour lesquelles le détermine ne marche pas : nous parlons de conditions tout à la fois suffisantes *et* nécessaires qui échouent à un moment donné. Cela veut dire que Hume est dans une situation délicate[90]. Mais il y a une autre raison de ne pas aimer le déterminisme. Quand vous avez une forte corrélation statistique telle que la vraisemblance d'avoir le cancer si vous fumez, et que vous êtes un déterministe, vous pouvez souhaiter que ce fait disparaisse. C'est le problème avec la perspective post-humienne selon laquelle les causes ne peuvent pas être directement observées, seulement de fortes corrélations entre des associations de données[91]. Kant a été le philosophe qui a expliqué avec une raison profonde la vérité de Hume : il y a une fêlure transcendantale entre l'apparaître et la connaissance. OOO s'inscrit en partie dans cette lignée, dans la mesure où il postule des myriades de fêlures transcendantes – la réalité est criblée par la Fissure. C'est la raison pour laquelle les philosophes de l'immanence sont perturbés par OOO : il pense la transcendance, mais non au-delà des choses – la transcendance est dans les fêlures sur une coquille d'œuf dans une boîte d'œufs au supermarché.

Les compagnies de tabac et les climatosceptiques se fondent sur la résistance commune au néant inhérent au fait de se rendre compte qu'il y a des Fissures dans le réel. Il n'y a pas de « lien prouvé » entre le fait de fumer et le cancer – mais ça n'est évidemment pas le sujet. De la même façon, la remise en cause du réchauffement climatique retire une page du carnet déterministe. Puisqu'il n'y a pas de lien évident entre la pluie tombant sur ma tête et le réchauffement climatique, cela ne doit pas être vrai. *Ou alors ma théorie de la causalité est détraquée.* De large systèmes complexes supposent des théories de la causalité qui soient non-déterministes, de la même façon que celles à la très petite échelle quantum. Le fait de faire clac est une illusion qui semble arriver à des objets de taille moyenne, comme les billes de billards, mais seulement quand nous isolons le clac d'un fatras d'autres phénomènes.

La causalité clac est une remise en cause d'une longue histoire d'approches plus subtiles de la causation. Le philosophe arabe Al-Kindi définit toutes les causes comme métaphoriques – à l'exception de Dieu, le moteur immuable (Al-Kindi est un théiste aristotélicien)[92]. Al-Kindi fit cette distinction alors que mes ancêtres étaient en train de faire clic les uns sur les autres (en parlant de clics) avec de grosses armes sommaires, au cours des dernières années du Xème siècle après JC. La causation est métaphorique – ce qui signifie que les causes sont surdéterminées. Les billes sont tenues en place par une armature. L'armature repose sur un bureau. Le bureau est une partie d'une agence dans un grand groupe. Toutes ces entités sont des causes du son clac produit par le jouet du cadre. La surdétermination, la métaphore – cela veut dire la même chose. Ou bien, traduction : la métaphore est seulement le Grec pour traduction puisque *meta* signifie à travers, et *-phor*, signifie porter. C'est une façon de penser la causalité bien plus adéquate que le clac mécanique. Cela justifie le fait que de nombreuses formes de causation observées empiriquement soient probabilistes. La surdétermination est particulièrement évidente dans les cas d'omission et de prévention. Comment pouvons-nous dire « son incapacité à intervenir a provoqué l'accident » sans considérer le père en train de lire son courrier, ne prêtant pas attention à l'enfant courant dans la rue, la voiture sans frein de qualité roulant trop vite dans cette même rue, etc. [93] ? Si nous soutenons qu'il y a des causes non-métaphoriques, alors les omissions et les préventions sont seulement contrefactuelles, et n'existent que des causes données ontiquement : notre théorie de la causation est donc positiviste. Omissions et préventions sont donc seulement des raccourcis pour parler des chaînes causales. Dans la perspective ici établie, pourtant, il est entièrement possible que quelque chose soit affecté en étant seulement laissé seul : omission et prévention sont bien ancrées dans la théorie de la causation, plutôt que d'être seulement des fantômes contrefactuels. La méditation, par exemple, pourrait être définie comme laisser seuls les objets. Ce fait, laisser seul, est une omission qui a des effets réels. En autorisant les objets à rester incohérents, plutôt qu'en les réduisant à des apparences (pour moi), j'agis de façon non-violente. Etc.

Un objet joue d'un autre. Cette bouteille de jus d'orange vide joue la table dans l'aéroport, chancelant d'avant en arrière alors que la table vacille à cause d'un pied branlant. Les objets sont partagés par de nombreuses entités dans un espace sensible commun. Cet espace partagé est un vaste espace de configuration non-local. Les phénomènes tels que la subjectivité humaine – phénomènes « intersubjectifs » s'il en est – occupent de petites régions de l'espace de l'interobjectivité. Tout phénomène interobjectif suppose 1+*n* objets réels. Cela signifie que pour tout système interobjectif, au moins un objet réel est en retrait. Considérez un rythme. Un rythme apparaît quand un ton est annulé par un autre. Vous faites un rythme en coupant un ton continu. L'écart entre les deux est un rythme.

Tout événement dans la réalité est une forme d'inscription dans laquelle un objet laisse son empreinte sur un autre. La réalité interobjective est seulement la somme totale de toutes ces empreintes s'enchevêtrant partout. C'est non-local par définition et temporellement fondu. L'empreinte d'une patte de dinosaure dans la boue est vue comme un trou en forme de patte dans la roche par des êtres humains 65 millions d'années plus tard. Il y a une sorte de connexion sensible, donc, entre le dinosaure, la pierre et l'humain, malgré l'immense différence dans les échelles temporelles[94].

Quand nous retournons dans notre esprit au temps du dinosaure lui-même, nous découvrons quelque chose de très bizarre. Tout ce que nous trouvons là-bas est une autre région de l'espace interobjectif dans lequel les impressions du dinosaure sont transmises – des marques de dents dans une proie malchanceuse, le regard froid du dinosaure alors qu'il regarde sa prochaine victime, le contact doucement écailleux de sa peau. Plus d'empreintes de dinosaures même quand le dinosaure est en vie. Même le dinosaure ne se connaît pas lui-même entièrement, seulement une grossière traduction qui prélève des échantillons de son être. Un moustique ou un astéroïde ont leur propre échantillon unique de la dinosaurité, et ces échantillons ne sont pas des dinosaures. Pourquoi ?

*Parce qu'il y a un dinosaure réel*, en retrait de tout accès même celui venant de lui-même. Les trous noirs sont juste ici, dans les magazines et sur internet, sous forme de jpeg et d'articles colorés de vulgarisation scientifique ou sur des films de SF. Et pourtant ils ne sont pas là, à l'évidence. Mais même si vous pouviez vous jeter dans l'un d'entre eux, avec une vidéo, vous ne sauriez pas tout des trous noirs. Pourquoi ? Parce que votre vidéo du trou noir ne serait pas un trou noir. *Parce que les trous noirs sont réels.*

La somme totale de tous les événements qui produisent des échantillons par lesquels un objet s'inscrit lui-même sur d'autres objets est une histoire, dans les deux sens de ce terme grec merveilleusement ambigu – puisque histoire peut vouloir dire événement et enregistrement. Des gouttes de pluie éclaboussent le sol de l'ouest de la Californie. Elles enregistrent l'histoire de La Niña, *un système climatique massif dans le Pacifique. En particulier, elles enregistrent la façon dont le tsunami japonais de 2011 a ramassé une partie de La Niña et l'a balancée sur les arbres, et les collines, et d'autres objets sur cet objet appelé les USA.* La Niña elle-même est *l'empreinte d'un objet gigantesque appelé le réchauffement climatique. Une autre empreinte a bien pu être le tremblement de terre japonais lui-même, puisque le changement de la température océanique a bien pu changer la pression sur la croûte terrestre, ayant pour conséquence un tremblement de terre.*

Le tremblement de terre a détruit quatre réacteurs nucléaires. Des quantums de ces réacteurs, connus comme particules alpha, bêta et gamma, se sont inscrits dans le doux tissu autour du monde. Nous sommes des agendas vivants du réchauffement climatique, de matières nucléaires, entremêlés dans la calligraphie interobjective.

## Une causation sans clac

Nous commençons à voir comment faire sans une théorie mécanique de la causation : tant mieux, puisque les théories mécaniques ont échoué à intégrer la relativité ou la théorique quantique[95]. Il y a une raison ontologique pour laquelle nous devons éviter le mécanisme. Si tous les objets sont uniques, il n'y a pas de raison pour laquelle nous pourrions spécifier un niveau mécanique qui, d'une façon ou d'une autre, se traîne en-dessous des objets. Cela nécessiterait des parties de machine cohérentes, et si l'on en croit la perspective OOO, nous ne vivons tout simplement pas dans cette sorte de réalité.

Un problème bien plus profond demeure. Si tous les objets sont uniques et fermés à tout accès, on ne peut jamais vraiment dire qu'ils se touchent l'un l'autre. Harman soutient donc une théorie OOO de la *causation indirecte*. Cela peut sembler absurde à première vue, mais l'est-ce vraiment ? Considérez un instant la théorie quantique. Si les objets se touchaient vraiment l'un l'autre au niveau quantique (en dessous de la longueur de Planck à $10^{-33}$cm), ils *deviendraient l'un l'autre*[96]. Au-dessus de ce niveau, ce que nous considérons comme toucher concerne la façon dont les objets *résistent* les uns aux autres. Le fait que je puisse poser ma main sur un bloc de parpaing signifie que les quantums dans mes doigts échouent à passer à travers la résistance de la surface du bloc. D'un point de vue physique plutôt direct, les objets ne se touchent pas à la façon qui nous semble donnée par notre expérience. Quand quelque chose touche quelque chose, même quand il semble pénétrer ce quelque chose, ça ne fusionne pas. *Ses quantums échouent à fusionner avec cet objet.*

Toucher, peu importe à quel point c'est intime, suppose une distance esthétique nécessaire. Les gens pensent habituellement la causalité comme un clac qui brise l'écran esthétique, comme la botte du Docteur Johnson. Cette sorte de clac est un phénomène esthétique parmi de nombreux autres. Je suis touché, par exemple, à ce moment-même, par des ondes de gravité venues du début de cet univers. Une solution chimique peut être touchée par un catalyseur. Un doux tissu est touché par des photons à haute énergie, tels que les rayons gamma, donnant naissance à des effets mutagènes.

Deux profondes traditions philosophiques ont exploré la façon dont la causation peut être indirecte : la façon dont la causation peut ne pas impliquer un toucher direct. L'une de ces traditions est islamique, l'autre est bouddhiste. Nous avons considéré Al-Kindi brièvement, voyons maintenant Al-Ghazali, que Harman cite comme un faire-valoir pour sa théorie de la causation indirecte. Al-Ghazali était un occasionnaliste – il soutenait que seul Dieu pouvait faire que quelque chose se passe. Le feu ne brûle pas réellement un morceau de coton – d'une façon ou d'une autre, Dieu intervient magiquement et utilise le feu comme une occasion pour que le coton prenne feu[97]. Pourquoi est-ce important pour nous ? Parce que si les objets sont en retrait les uns des autres, il doit y avoir une façon indirecte par laquelle ils s'affectent l'un l'autre. Nous n'avons pas besoin que ce soit Dieu – en réalité, nous n'avons pas besoin de Dieu du tout. Tout l'aspect indirect que nous souhaitons peut être trouvé dans la dimension esthétique dans laquelle les choses sont empêtrées.

Tout cela est remarquablement similaire à un argument qu'on trouve dans le bouddhisme mahayana. Même l'exemple est identique – il implique du feu et un combustible. Nagarjuna, le grand philosophe du vide bouddhiste (*shunyat*), affirmait qu'une flamme ne touchait jamais vraiment son combustible – et qu'elle n'échouait pas non plus à le toucher. (On retrouve ici la dialetheia, encore une fois). Si elle le faisait, alors le combustible serait la flamme, ou le contraire, et aucune causalité ne pourrait advenir[98]. Pourtant, si elles étaient complètement séparées, aucune combustion n'aurait lieu. Nagarjuna affirme que si quelque chose devait advenir à partir de lui-même, alors rien n'arriverait. Pourtant si quelque chose devait advenir à partir de quelque chose d'autre qui ne serait pas lui-même, alors rien n'arriverait non plus. Un mélange de ces perspectives (l'un-et-l'autre ; ni-l'un-ni-l'autre) est également possible, puisqu'un tel mélange serait sujet aux défauts de chacun des deux combinés. Par exemple, selon cette perspective, l'idée que les choses ne puissent advenir ni d'elles-mêmes, ni de quelque chose d'autre, est ce que Nagarjuna appelle nihilisme, selon lequel rien ne peut arriver. La logique des explications causales, affirme-t-il, est circulaire[99]. Le vide n'est pas l'absence de quelque chose, mais la non-conceptualité de la réalité : le réel est au-delà du concept, parce qu'il est réel.

Qu'est-ce qui explique la combustion ? Le bouddhisme est non-théiste, donc ce n'est pas Dieu. A la place, c'est le vide. Autrement dit, le manque d'un être purement donné, intrinsèque et non-contradictoire signifie que les objets peuvent s'influencer l'un l'autre. Nous voyons des flammes jaillir des bougies tout le temps, mais si la bougie était touchée par la flamme, elle serait simplement une partie de cet objet, et une flamme ne peut pas brûler – elle est l'acte de combustion. Pourtant, si la flamme et la bougie étaient séparées, nous ne verrions jamais de flammes danser au-dessus de la mèche. La causalité, selon cette perspective, est comme une exposition magique – il n'y a pas de raison physique pour laquelle cela se passe. Ou plutôt, la raison est esthétique (magique, exposée). En outre, l'illusion magique apparaît d'elle-même, en retrait de toute perception.

Il n'y a pas de « causation » en tant que telle – c'est une illusion superficielle, une présence-à-portée-de-main, dirait Harman. Comme Al-Ghazali, pour qui Dieu fournissait les liens causaux entre les objets impossibles à relier, une forme de magie apparaît (sans Dieu) et nous voyons des flammes émerger des mèches, et des billes de billard s'entrechoquer. Il n'y a rien en-dessous de cette exposition. Et l'exposition advient, que « nous » l'observions ou non.

Qu'est-ce que cela veut dire ? Cela veut dire que la causalité est *esthétique*.

## Le problème avec le faux-semblant

Le terme « en retrait » suggère ce que les escargots et les tortues font – se retirer dans quelque chambre sombre étroite, dans laquelle il est difficile de les voir. Cela suggère une sorte de dimension spatiale derrière, au-delà ou dans le visible : se tirer en dedans, se retirer. J'aime plutôt cette vision. J'ai passé la plupart de ma vie académique jusqu'à présent à prendre le parti de l'introversion – Dieu seul sait ce que le discours environnemental sain et jovial pourrait faire avec un comportement plus proche de celui de l'escargot. Mais *le retrait* en tant que terme OOO ne veut pas vraiment dire « se déplacer dans un lieu derrière la position actuelle ».

En parallèle du terme *en retrait*, ce livre emploie l'imagerie associée à la magie, l'illusion et l'exposition. Le retrait est ce qui arrive sous votre nez, parce que, pour citer Lacan encore une fois « Ce qui constitue le faux-semblant est que, à la fin, vous ne savez pas si cela est un faux-semblant ou pas[100] ». La causalité est *comme une illusion*. Si nous savions ce qu'était une illusion, cela ne serait pas une illusion, parce que nous serions sûr de son statut ontologique.

De nombreuses cultures indigènes pensent à la nature non pas comme une réalité en-dessous des choses, mais comme le faux-semblant en face des choses. Les machinations n'arrivent pas sous un faux-semblant. Les machinations sont le faux-semblant. La causalité arrive « à partir de ce qui est en face » de l'objet. C'est pourquoi il est si difficile de la voir. La réalité est un escroc, et les objets se comportent comme des garnements qui s'amusent – même le trou noir au centre de la voie lactée, annihilant tout sur son passage. Une telle perspective est entraperçue dans les théories apophatiques de l'allégorie. Moïse Maïmonide affirme que le niveau littéral est superficiel. Le niveau figuratif est comme une pomme d'or contenue dans un filigrane extrêmement fin d'argent[101]. Si l'on regarde à une certaine distance, c'est comme si l'on voyait une pomme en argent. Ce que nous voyons réellement est un fin filet qui semble seulement être solide. C'est ce filet qui repose en face des objets. Ce caractère interconnecté des choses est un tissu finement tressé qui flotte en face de ce qu'ailleurs j'ai appelé les étranges étrangers : toutes les entités, du polystyrène et des ondes radio aux cacahuètes, serpents et astéroïdes, toutes sont extraordinaires de façon irréductible[102]. Pour le dire dans les mots de Harman, ce filet est un éther sensible. Les objets réels sont les étranges étrangers[103].

Le problème c'est que, quand vous avez seulement cette maille, ce masque, sans la possibilité qu'il y ait quelque chose de réel en-dessous, alors vous n'avez pas de jeu, pas de faux-semblant, pas d'illusion, pas d'exposition, pas de magie. Vous *savez* que c'est une illusion – donc ça n'est pas une illusion. Vous *savez* qu'il n'y a pas d'essence – et cela *devient* une essence, une forme confuse et inversée de cet essentialisme même auquel vous essayez d'échapper. C'est le problème avec les performances artistiques, ou du moins avec les manifestes d'art conceptuel. En niant la différence entre l'art et le non-art, en refusant consciemment les artistes conscients et professionnels, l'art conceptuel ignore la Fissure entre l'essence et les apparences, réduisant l'ontologique à du simple ontique. Une atmosphère générale de cynisme blasé plane au-dessus de tout cela[104].

A la différence, si vraiment « il n'y a pas de métalangage », comme la théorie lacanienne et celle poststructuraliste l'ont répété pendant des décennies, même si vous êtes conscient que c'est une illusion, l'illusion fonctionne encore[105]. Un phénomène (en grec, *phainesthai*, apparaître) est tout à la fois une apparence et une fausse apparence[106]. C'est pourquoi un film d'horreur peut être tout aussi effrayant la seconde fois qu'on le regarde. Si vraiment il n'y a pas de métalangage, même si vous savez que « c'est une illusion », cela marche toujours. Pour que la causalité se produise, les objets n'ont pas besoin de tromper d'autres objets complètement. Comment le pourraient-ils ? L'accès total leur est refusé. La causalité est un jeu pareil à une illusion, précisément en raison de cette Fissure fondamentale entre son essence en retrait et son apparence esthétique, un « lieu » d'une ambiguïté profonde dans l'être de la chose. C'est pourquoi la causalité fonctionne.

*L'objet se retire de lui-même.* Même l'objet lui-même n'est pas une expression de lui-même adéquate, puisqu'il y a une Fissure profonde entre l'essence et l'apparence. Ce n'est pas du tout l'ontologie aristotélicienne de base dans laquelle on est resté bloqués pendant des siècles, en incluant l'ontologie cartésienne et ce qui suit. Ce n'est pas la différence entre substance et accidents. D'un point de vue OOO, la substance est une autre « traduction » d'un objet en retrait par quelque autre entité : disons une paire de balances qui mesure le poids d'un cupcake, mais pas son goût ou son attrait sexuel. D'une certaine façon, « nous » avons décidé que les substances étaient des choses ennuyeuses et fades comme d'insipides cupcakes, et que les accidents sont esthétiques et donc superficiels comme des bonbons dont on les soupoudrerait. Chaque fois qu'on cherchera l'essence, nous ne la trouverons pas – parce qu'elle existe.

OOO est une forme de réalisme. C'est seulement que toute tentative pour réifier l'essence devient une préférence ontothéologique d'un être ontique sur un autre. Les êtres sont tous des apparences, et les apparences sont toujours des apparences-pour (quelque autre entité). Pourtant, les apparences ne sont pas simplement des pom-pom-girls d'une équipe d'essences sans visages. La Fissure entre essence et apparence elle-même est ce qui nourrit la causalité. Un objet n'est pas une illusion. Mais ce n'est pas une non-illusion. Bien plus menaçante que chacune de ces options est la réalité, c'est-à-dire un objet qui est complètement réel, *essentiellement* lui-même, dont la réalité même est formellement insaisissable. Pas de trappes cachées, seulement un masque avec quelques plumes dont le mystère s'extirpe, dans votre face. Un miracle. Un miracle réaliste. Cela veut dire que les talents du critique littéraire et de l'architecte, du peintre et de l'acteur, du menuisier et du compositeur, du musicien et du designer de software peuvent être utilisés pour donner naissance au fonctionnement de la causalité.

## L'histoire de la substance

Maintenant nous pouvons prendre un peu de recul et juger où nous en sommes arrivés. Malgré le fait que la physique depuis 1900 ait donné de bonnes raisons de penser que la réalité avait une composante esthétique essentielle, l'esthétique n'est pas en forme dans le domaine des Humanités. Si vous voulez une bonne défense de l'art, ne demandez pas à un humaniste – ou même potentiellement à un artiste. Ils sont susceptibles de vous dire que l'art est un mensonge, une belle illusion, un saupoudrage trompeur sur le gâteau sec et grisâtre du réel. Ils vous diront que, telle la cavalerie, ce saupoudrage est amené une fois que le gâteau tombe en miettes. Le saupoudrage agit comme une sorte de poudre de fée minable qui pourrait peut-être tromper des bidasses un peu naïfs dans les tranchées, mais pas les officiers supérieurs sur la colline, surveillant la lutte idéologique, de loin, à une distance infinie. Est-ce que les humanistes en général, malgré leur extraordinaires et créatives façons de penser les causes à l'œuvre, ont décidé en faveur de la causalité clac par défaut, une causalité qu'aucune explication de phénomènes à l'échelle quantique ne soutient ?

Peut-être les humanistes vous diront-ils que la réalité est réellement une sorte d'art particulière, ruisselante, suintante, une forme d'art pareille aux lampes magma. Ce qui fait fonctionner les lampes magma n'est pas de l'art, pourtant : c'est de la chaleur, des liquides, de la viscosité et d'autres propriétés physiques. Ce que ces matérialistes veulent dire est que cette perspective particulière – une perspective officiellement soutenue que nous voyons partout de nos jours – est la seule et véritable perspective. Par conséquent, le relationnisme du processus devient une façon de policer ce qui compte comme bon ou mauvais art. Cela peut être à propos des lampes magma, mais ça n'est pas vraiment différent du réalisme socialiste : il y a une façon officielle de voir la réalité, et malheur à vous si vous n'y adhérez pas. Ou vous dites que cette perception esthétique est seulement une question de goût. Il répond, Non : c'est de science dont il s'agit, du réel. C'est comme si la plupart des humanistes ne souhaitaient pas défendre l'art pour lui-même, sans parler des humanités elles-mêmes. La défense récente la plus forte des humanités est venue de la physique théorique, qui a soutenu la pensée critique enseignée dans les classes d'humanités[107]. Quelques professeurs d'humanités étaient bien embarrassés avec tout cela, s'étant dépeints eux-mêmes dans un coin : si l'art n'est qu'un beau mensonge, alors à quoi bon ? Les défenses des humanités commencent à partir de cette position, ce qui explique pourquoi elles finissent par être, au mieux, anodines[108].

L'art est en difficulté, et la raison pour laquelle c'est le cas a une longue et profonde histoire. Cette histoire est intimement connectée au triste récit de l'ontologie – comment la pensée s'en est éloignée. Jusqu'à présent le mouvement philosophique du réalisme spéculatif a écrit le récit du trépas des Humanités depuis le corrélationnisme kantien, la restriction de la philosophie au corrélat humain-monde. Pourtant l'origine du problème remonte plus loin, à la division qui a eu lieu au début de la Renaissance, entre la logique et la rhétorique. La logique était autrefois considérée comme la première et seconde parties de la rhétorique : la *découverte* et *l'arrangement*, ce que vous allez dire, et la façon dont vous allez l'argumenter. Puis, Pierre de la Ramée et d'autres séparèrent la logique de la rhétorique. D'un côté, la rhétorique fut limitée au simple style (en latin, *elocutio*) ; la science comme discipline séparée était née, de même que l'esthétique. Quand nous disons de nos jours que quelqu'un a de la *rhétorique*, nous voulons dire qu'il a du style mais pas de substance.

L'attitude vis-à-vis de la rhétorique a profondément affecté la longue histoire de la philosophie. Considérez tout particulièrement la séparation de la rhétorique de l'invention et de l'agencement, ou, comme on aurait pu les présenter, de la science et de la logique. Cette séparation, un événement majeur dans l'histoire du monde, a défini les métaphysiciens précédents comme des chicaneurs scolastiques. De nos jours, cette pensée signifie que l'on peut tout aussi bien, quand on entend le mot « métaphysique » imaginer une section de librairie qui devrait être évitée par les « vrais » penseurs qu'imaginer la philosophie elle-même. La séparation de la logique et de la rhétorique a donné naissance à la science comme discipline distincte et a réduit la rhétorique au seul style – et donc, a causé les flétrissements qui ont suivi, du style à la tropologie, et de la tropologie à la métaphore. La stratégie freudienne, nietzschéenne et déconstructive est de trouver une forme de style (*elocutio*) au sein de la découverte (*inventio*), le domaine de la science, et de l'agencement (*ordo* ou *dispositio*), celui de la logique : ce pour subvertir la logique et la science en montrant comment elles incluent ou excluent des gestes rhétoriques, étroitement considérés comme du style. La stratégie matérialiste éliminative ignore avec insouciance la rhétorique comme un citoyen de troisième classe dans la république du savoir[109]. De façon significative, la déconstruction et le matérialisme éliminatif partagent donc la même attitude vis-à-vis de la rhétorique. Donc quand nous lisons un Dawkins, ou un de Man, un Dennett, ou un Derrida, nous lisons toujours quelqu'un de complètement pris dans le flipper ramiste qui sépare le style de la substance.

La restriction de la rhétorique à une sorte de bonbon décoratif sur la surface du sens est allée de pair avec la restriction de la philosophie. En effet, les deux sont intimement liées. Descartes a tracé une ligne entre lui-même et ses prédécesseurs retirant de façon polémique tout aux choses, si ce n'est leur simple extension, et faisant confiance à la science pour prendre les rênes ontologiques. Pourtant Descartes lui-même chancelait sous le poids de la tradition ontologique. Exactement au moment où il pensait qu'il s'échappait de la scolastique, il s'embourbait justement plus profondément en elle[110]. La perspective cartésienne dominante (encore maintenant) de la « présence objective constante » a été garantie par les mathématiques et la physique. Cette présence était consciente grâce à son *intellectio* plus que sa *sensatio* (en grec, *aisthēsis*)[111]. Penser la réalité suppose donc précisément de retirer la dimension esthétique. L'esthétique devient donc la simple « personnalisation » des objets, « équipant par conséquent les êtres avec des prédicats[112] ». Comme un criminel professionnel, la pensée proto-corrélationniste qui transforme les objets en constante objective non-contradictoire ne laisse aucune trace : nous supposons seulement que c'est ainsi. OOO a encore du chemin à faire puisqu'il doit s'attaquer non seulement à deux siècles de corrélationnisme postkantien, mais aussi à cinq siècles de trituration cartésien – triturant, en plus, une bille qui est vieille de plus de deux mille ans, cette bille blanche de la substance décorée d'accidents.

Cela affecte tout. Cela concerne la façon dont l'ontologie est devenue un tabou. Cela concerne la façon dont l'esthétique est devenue une dimension distincte, et même hostile, de la rhétorique (voyez l'opposition que fait Kant à la rhétorique[113]). Cela concerne la façon dont la philosophie est devenue obsédée par cette idée d'arguments parfaits plutôt que de travail cognitif évocateur, comme le dit Harman[114]. C'est la raison pour laquelle la seule alternative à des arguments parfaits complètement gelés et asséchés est le jeu tropologique pur. C'est la raison pour laquelle il existe une recherche vigoureuse pour des formes de métaphysiques nouvelles et améliorées, telles que la promotion sur les matérialismes lampes de lave en ce moment, bien que, selon la perspective présentée ici, de tels matérialismes régressent même plus loin que l'alternative entre la perfection gelée et asséchée et le vide en poudre.

OOO nous amène loin de la machine qui a séparé la substance des accidents et la rhétorique de la logique. C'est précisément la raison pour laquelle il imagine le style comme un aspect élémentaire de la causalité plutôt que comme un bonbon au sommet de morceaux de trucs s'entrechoquant indifféremment. Les apparences ne sont tout simplement pas les pom-pom-girls de l'équipe de football sans visage des essences. *Penser l'art c'est penser la causalité.*

La séparation de la rhétorique et de la logique, puis la scission entre l'esthétique et la science, nous aident à briser le verrou que le théisme avait mis sur le savoir et l'art. Pourtant d'étranges choses continuent de déborder, un peu comme une gueule-de-bois, de la période précédente qui avait été surnommée de façon désespérée *médiévale* par la modernité qui s'efforçait de la dépasser. D'abord, la notion d'espace infini, qui a commencé comme une condamnation en 1277 par l'archevêque de Paris, avec la bénédiction du pape Jean XXI, des doctrines qui limitaient le pouvoir de Dieu : tu n'imagineras point que Dieu ne puisse pas créer ce qu'il souhaite. Dieu est assez puissant pour créer un vide infini ; donc il l'a fait[115]. Il a fallu attendre 1900 pour que la physique et la logique inductive viennent à bout de ce morceau théiste. Maintenant, nous concevons l'espace-temps comme une propriété émergente des objets, grâce à Einstein, et non comme un bol gigantesque dans lequel les objets flotteraient. Pourquoi est-ce important ? Parce que le vide infini garantit l'atomisme et donc le mécanisme. De plus, puisque la dimension causale n'est pas mécaniste, OOO nous donne une perspective vraiment non-théiste, et non pas un univers-jouet qui a pu être remonté par un horloger intelligent. OOO fait le ménage dans ce désordre, et ce, en retournant de façon paradoxale à une époque où la logique et la rhétorique pouvaient être pensées de concert. Comme nous le verrons, la théorie rhétorique nous donne un modèle de travail de plusieurs aspects de la causation. Si on veut vraiment dépasser la période moderne, c'est ce que l'on doit faire. Abandonner la bataille pour la valeur de petits morceaux de bonbons humains. Voir la dimension esthétique comme le sang de la réalité.

Dans le début de la période moderne, l'esthétique est devenue tout ce que les humains perçoivent et, par la suite, fut restreinte à la façon dont les humains perçoivent des objets spécifiques, à savoir les œuvres d'art[116]. Disparue l'honorable pragmatisme d'une théorie rhétorique parvenue à maturité. Disparue l'application de la rhétorique à une vaste variété de questions. Si nous retournons à une vue plus équilibrée de la rhétorique, une vue en effet qui considère la rhétorique comme causalité, nous allons être accusés de scolastiques. Car c'est précisément l'usage du terme *scolastique* qui dénote que nous sommes dans la modernité. La scolastique, comme le terme *mauvaise herbe*, signifie quelque chose que vous ne voulez pas avoir dans les environs : de la philosophie au mauvais endroit, à propos du mauvais truc. C'est à peu près la même position piteuse que l'ontologie dans le programme des choses. A part Heidegger, qui d'une façon ou d'une autre a réussi à être autorisé dans le club d'élite des philosophes modernes, l'ontologie rappelle des anges dansant autour des sommets des pins, des mobiles immobiles et autres sphères célestes. Cela rappelle, autrement dit, une époque où Aristote était pris très au sérieux. Et pourtant, si les humains doivent quitter la modernité – ce que l'urgence écologique actuelle semble nécessiter – alors les philosophies qui apparaissent vont commencer à apparaître plutôt aristotéliciennes.

Après tout, c'est Aristote qui défendait différentes formes de causalité plutôt qu'une simple efficacité clac, qu'il ne pense être qu'une des quatre autres causes : la matérielle, la formelle, l'efficiente et la finale. Nous pouvons probablement nous accorder à penser que, dans une époque post-darwinienne, les causes finales ne reviendront pas du tout. Nous pouvons abandonner la téléologie, ce qui signifie qu'une bonne part du théisme s'évapore, tout simplement. A leur tour, les causes matérielles peuvent être considérées avec divers arguments que je présente ici. En résumé, les « matières brutes » sont précisément, comme le dit Marx, des choses qui entrent à un bout de la porte de l'usine : peu importe ce qu'elles sont, tant que l'usine travaille dessus. La matière, donc, est toujours relationnelle – c'est de la matière-pour. Les causes matérielles sont des métonymies, des tropes, qui évoquent indirectement une autre chose : une chaise *en bois*, un copeau *de silicone*. Voilà pour les causes matérielles.

Ce sont les causes *formelles* qui vont faire leur retour de façon significative. La causation formelle et la causation indirecte sont deux parties du même phénomène. Pourtant la science dite « moderne » a eu tendance, depuis le 17ème siècle, à tout éliminer à part les causes matérielles et efficientes. Mais la théorie quantique nécessite un retour à la causation formelle. Un électron passe à travers le trou d'un doughnut d'électromagnétisme et il répond comme s'il était dans le doughnut. Il répond probablement à l'aspect, à la forme, l'esthétique du champ : c'est l'effet Bohm-Aharonov, l'une des premières sortes de non-localité observées[117]. De la même façon, les oiseaux détectent la signature quantique d'un champ électromagnétique, et non les ions[118]. La non-localité implique que quelque chose de très important dans notre monde est formel, et non pas efficient ou matériel – c'est-à-dire que ce quelque chose est esthétique. La causation formelle est seulement indirecte, dans un univers sans matière per se ou *telos*. Un autre terme pour la cause formelle est la « dimension esthétique ».

Si les oiseaux se déplacent en détectant la signature quantique non-locale des vagues électromagnétiques, leur sens de la direction est formel. Que sont les causes formelles ? Les choses qu'on étudie dans les écoles d'art et les programmes de littérature : *l'aspect* des choses. Prenons des atomes donnés dans le vide, une causalité qui se concentre sur l'efficacité peut vous dire comment ils tournent sur eux-mêmes et s'entrechoquent. Mais nous ne sommes pas des atomes donnés dans le vide. Nous recevons une soupe quantique dans laquelle l'espace-temps lui-même est une propriété émergente des objets d'une certaine taille. Nous sommes des planètes, des trous noirs donnés, qui émettent l'espace et le temps comme des pierres formant des vaguelettes sur la surface d'une mare. Nous sommes des formes de vie qui adoptent un certain aspect selon la façon dont leur génome s'exprime. Nous avons la lumière du soleil, des ballons, du beurre d'amande, et des peupliers. Nous avons des objets qui tapent, font plouf, étincellent et scintillent.

C'est comme si la science contemporaine et OOO étaient toutes les deux chargées de faire revivre la causation formelle, de minimiser les causes matérielles ou même de les éliminer. Le résultat est que la « matière » est seulement ce à quoi une chose unique ressemble quand elle est en train d'être utilisée/exploitée/travaillée par une autre chose. L'efficience est seulement une propriété émergente des relations formelles. Pourtant, pour avoir une idée du tabou contemporain vis-à-vis des causes formelles, regardez seulement le sort de Rupert Sheldrake, dont le livre publié en 1981 sur ce qu'il appelle la causation formative subit le courroux de l'éditeur éliminativiste de *Nature*, tant et si bien que l'éditeur pouvait se comparer lui-même, de façon extraordinaire, avec l'Eglise catholique persécutant Galilée. Si on a l'impression que c'est là le matérialisme éliminatif se tirant dans le pied, cette impression est tout à fait justifiée[119] !

Donc quand Harman a décidé que la seule façon d'expliquer la causalité, étant donné le retrait des objets, était à travers une sorte de processus esthétique qu'il appelle *allure*, c'était en effet un geste théorique assez téméraire et contre-intuitif. Quand un objet a un effet sur un autre, cela doit être seulement à travers une sorte de dimension esthétique. Donc quand le dinosaure que nous avons croisé plus tôt marche dans la boue, il laisse une empreinte de patte. Il *traduit* la boue en dinosaurité. Il l'a dinausorisomorphise, de la même façon que nous, humains, nous l'anthropomorphisons inévitablement quand nous y mettons notre main, ou quand nous en parlons. Soixante-cinq millions d'années plus tard, une paléontologiste inspecte une empreinte de dinosaure fossilisée. Elle coexiste avec le dinosaure et la boue ancienne dans une configuration de l'espace qui est non-temporelle et que j'ai appelé *interobjectivité*. Elle peut influencer l'empreinte et l'empreinte peut l'influencer elle, dans cet espace sensible partagé. C'est comme si le niveau de réalité était un vaste filet de lignes, de marques, de symboles, de hiéroglyphes, de devinettes, de chants, de poèmes et d'histoires qui s'entrecroisent.

Cette sorte de causalité qui décrit au mieux les objets est une question de flux d'information, de copiage, d'échantillonnage et de traduction. Un espace dans lequel la forme esthétique d'un objet peut exercer une influence causale. Cela signifie que la *causalité clac* – le clic de la boule de billard que nous visualisons dès que nous entendons la phrase « cause et effet » - est seulement une sorte d'événement dans une dimension esthétique bien plus large qui inclut toutes sortes d'autres événements. Nous pouvons échanger les vides théistes et nihilistes pour le retrait. L'infinité et l'éternité, qu'Aristote a rejetées (et que les philosophes arabes ont aussi rejetées, au contraire des philosophes européens qui n'ont pas écouté), implique un espace vide, dans lequel des objets claquent les uns contre les autres comme les billes d'acier inoxydable d'un de ces jouets de bureau.

La causalité a été imaginée comme une sorte de clac mécanique pendant des siècles. La relativité et la théorie quantique ont beaucoup miné la causalité clac. Même l'électrolyse et l'électromagnétisme l'ont miné. Mais la causalité clac marche bien avec un dédain pour ce qui est appelé scolastique, c'est-à-dire tout ce qui ressemble à une tentative pour produire une explication ontologique de la réalité. Mais nous continuons à penser un matérialisme mécaniste façon clac, dans lequel un souterrain plein de machines vrombissantes et où tout n'est qu'une image manifeste, une sorte de bonbon sur le sommet de cette machinerie. La causalité clac réduit violemment les quatre causes aristotéliciennes à une seule : la pure efficience. Nous pensons que nous connaissons ce dont la réalité est faite – la matière. Et nous pensons que la forme est une apparence esthétique, seulement une décoration sur la surface. Nous avons déjà accepté une ontologie par défaut qui ne veut pas même s'appeler ontologie.

Comme je l'ai dit plus haut, le philosophe arabe Al-Kindi a fait une belle critique de la causalité clac : un clac est toujours seulement une métaphore. La bille claquant la bille est aussi maintenue à sa place par des fils attachés à la structure métallique. Ces fils sont aussi la cause du clac. La structure est installée sur le bureau du cadre. Le bureau est une partie d'une société mondiale. Et ainsi de suite, jusqu'au moteur immobile : la causation est *métaphorique*. On pense bien mieux à la causalité quand on la conçoit comme traduction.

Accepter cela change profondément notre perspective. Le clac est seulement un des éléments d'une vaste variété possible de traduction. Nous avons décidé que le clac était plus réel que le fait de magnétiser, de séduire, d'induire, de catalyser ou d'entremêler. Pourquoi est-ce que le son clac serait la seule métaphore véritable de la causalité ? Une véritable métaphore de la métaphore – c'est absurde.

De nombreux lecteurs du travail d'Harman disent qu'ils acceptent, ou du moins, qu'ils sont prêts à admettre, la possibilité d'objets en retrait. Mais l'*allure* comme moteur de la causalité ? La cause et l'effet comme métaphore, comme traduction ? Cela, ils le trouvent difficile à admettre. Et pourtant, c'est la partie de OOO que je trouve intuitivement la plus intéressante et la plus convaincante. Pas seulement ça : l'explication esthétique de la causalité est complètement en accord avec les théories scientifiques les plus profondes de la réalité physique. C'est ce morceau essentiel de OOO que *La magie réaliste* explore, en trois moments qui correspondent à la façon dont les objets viennent à l'être, persistent et cessent d'être.

## Les objets sont hypocrites

Commençons par expliquer dans les grandes lignes comment nous pourrions utiliser la théorie rhétorique pour penser la causalité. Nous pourrions réécrire le tout de la rhétorique comme orientée vers l'objet en *renversant l'ordre implicite des cinq parties de la rhétorique aristotélicienne*. Les cinq parties sont l'invention (ou la découverte), l'agencement (ou la disposition), le style, la mémoire, et la performance. Au lieu de commencer avec l'invention et de procéder ensuite avec la disposition jusqu'à l'élocution, puis la mémoire et la performance [en anglais *delivery*, ndT], nous devrions plutôt partir de *la performance*. La performance est précisément la dimension physique du *rhēma*, du discours. Démosthène avait l'habitude de pratiquer sa performance en remplissant sa bouche de cailloux et en gravissant des collines. Cailloux et collines jouaient un rôle dans la rhétorique de Démosthène. Mais la rhétorique est bien plus proche des entités non-humaines que cela.

Inverser l'ordre explose la téléologie implicite qu'on trouve dans les présupposés courants vis-à-vis de la rhétorique (courants, par exemple, dans les présentations à l'université) : d'abord, vous avez une idée, puis vous trouvez comment l'argumenter, puis vous saupoudrez dessus quelques mots doux à l'oreille, puis vous le récitez ou le téléchargez ou n'importe quoi. Les objets en retrait n'existent pas afin-de quoi que ce soit. Nous supposons souvent que la performance est secondaire à la rhétorique, un peu comme le bouton pour contrôler le volume ou l'égaliseur sur une stéréo – c'est une façon de contrôler ce qui est extérieur à la rhétorique. Mais ce n'est pas ce que Démosthène et Cicéron pensaient. Alors qu'on lui demande quelles sont les parties les plus importantes de la rhétorique, Démosthène répond : « premier, la performance ; deuxième, la performance ; troisième, la performance » - à ce moment son interlocuteur craqua, mais Démosthène était prêt à continuer[121].

Si nous repensons la performance non pas comme une bouteille dans laquelle l'argument déjà existant est versé comme un liquide, ni comme une enveloppe qui délivre le message comme un courrier, mais comme un *objet* physique et son *medium sensible*, nous la penserons alors comme Quintilien qui dit des grands comédiens qu' « ils ajoutent tant de charme même aux plus grands des poètes, que le vers nous touche bien plus quand on l'entend que quand on le lit, alors qu'ils arrivent à tenir leur auditoire en haleine même avec les pires auteurs, ce qui a pour résultat que ces derniers sont bien accueillis sur scène et pas dans les bibliothèques »[122]. L'explication orientée vers l'objet de cela est que la voix, un objet avec sa propre richesse et ses profondeurs cachées, traduit les mots qu'elle dit – une évocation troublante du *cœur* encrypté des objets non pas à travers la révélation, mais à travers l'obscurité – comme si (comme si, prenez garde) elle était en train d'invoquer une dimension obscure du langage. Quintilien considère ainsi le cas de Quintus Hortensius dont la voix devait avoir « possédé quelque charme » pour que les gens ne le considèrent inférieur qu'au seul Cicéron, malgré la nullité de ses discours écrits[123]. Maintenant avant que le lecteur ne m'accuse de logocentrisme, rendez-vous bien compte que ce n'est pas que la voix donne véritablement accès à la profondeur caché du sens |85] – c'est que la voix est un objet comme les autres, vibrant avec des connotations extraordinaires. Comme l'ekphrasis (description frappante et intense), comme la métaphore, la voix bondit vers nous, relâchant sa densité et son opacité. La voix a ce que Harman appelle l'*allure*, l'énergie sensible de la dimension dans laquelle la causalité se produit[124].

Nous pouvons poursuivre, de l'idée que la voix est un objet comme les autres, à l'affirmation qu'un stylo reposant contre l'intérieur d'une tasse en plastique est une performance d'un stylo, une certaine forme de posture physique similaire à une voix forte ou à un gémissement cajoleur. Une maison est une performance, distrayant ses occupants, et ses salles, et son jardin dans des configurations variées. Un tourne-disque est une performance, comme l'est un MP3. Un livre est une performance. Une chute d'eau est une performance. Un jeu vidéo est une performance. Une cuillère est une performance. Un volcan est une performance. Un ruban est une performance. Un trou noir est une performance. En prenant à rebours les cinq parties de la rhétorique à partir de ce sens étendu de la performance, nous finirions avec l'*inventio*. Nous pourrons dire que l'*inventio* est en réalité la mise en retrait de l'objet – une *inventio* sombre et inversée, « la couverte » plutôt que la « découverte ».

La rhétorique orientée vers l'objet n'est plus la longue marche vers l'explicite, mais un champ gravitationnel qui nous aspire de la performance au retrait, du sensible dans le secret et le silence implicites. *La Rhétorique* d'Aristote dépend du silence, parce que la rhétorique a besoin d'une audience : ainsi, la seconde partie de sa grande œuvre est dédiée à l'élucidation minutieuse de différentes sortes d'affect, différents genres d'écoute. Harman affirme que la métaphore fait apparaître même les qualités sensibles des objets, qui nous semblent immédiatement accessibles, comme étant en retrait[125]. Ce que la métaphore fait, donc, n'est pas comme les autres tropes, ce que les vieux manuels appellent *obscurum per obscures* : décrire quelque chose d'obscure *en la rendant encore plus obscure*[126]. Percy Shelley aimait beaucoup ce trope – ses images obscurcissent plutôt qu'elles n'éclairent[127]. Si nous généralisons cela à l'ensemble de la rhétorique, la rhétorique orientée vers l'objet devient la façon dont les objets s'obscurcissent, dans les plis et les recoins de mystérieuses robes, cavernes et forteresses de solitudes, dans l'encre des pieuvres. La découverte et la fermeture sont, comme l'affirme Heidegger, très proches l'un de l'autre[128].

Alors que *penser à* un objet nous amène de la performance à la (dé)couverte, être un objet est l'affaire de toutes les différentes parties de la rhétorique à l'œuvre en même temps. Au lieu de regarder aux cinq parties de la rhétorique comme des étapes successives d'une recette pour rendre le sens explicite (« d'abord, choisissez un sujet, ensuite, organisez votre argumentation... »), nous pourrions les voir comme des aspects *simultanés* de n'importe quel objet qui rendent cet objet mystérieux et étrange, quoique direct et là, devant vous. En rendre compte de cette façon nous permet d'éviter de les distordre en tant qu'entités sous-la-main (Heidegger, *vorhanden*) ou que substances métaphysiques décorées d'accidents : c'est une tasse en plastique, et maintenant nous ajoutons de la couleur, maintenant nous voyons qu'elle a une certaine forme, et ainsi de suite. Cette simultanéité des aspects rend compte de ce que les musiciens appellent *timbre*, un mot qui fait apparaître la substantialité du bois [en anglais *timber*, ndT]. Une note jouée sur une tasse en plastique sonne différemment qu'une même note jouée sur un cylindre en bois poli avec soin. Le timbre est l'apparence sensible d'un objet pour un autre objet, par différence avec les notes de Xavier Zubiri, qui sont seulement des aspects de la dimension cachée d'une chose[129]. Donc la rhétorique, dans un sens orienté vers l'objet, est la façon dont le timbre d'un objet se manifeste.

Si nous commencions avec la performance, la disponibilité d'un objet sensible, nous déroulerions immédiatement un hôte de qualités mystérieuses qui évoquent avec d'étranges murmures un objet dont elles sont des aspects. La performance déforme tout à la fois ce qui est performé, et celui ou celle à qui est destinée la performance, les bégayant, les caricaturant, les remixant et les remastérisant[130]. En travaillant à contre-sens, l'objet sensible persiste (*memoria*), il offre un « style » unique (*elocutio*), il organise ses notes et ses parties (*dispositio* et *ordo*), et il contient ce que Harman appelle « un *cœur en fusion* » qui se retire de tout contact (*inventio*)[131]. La tasse en plastique le fait au crayon. Le jardin le fait à la maison. La tasse en plastique le fait aussi à elle-même. Les parties de la coupe « performe » le tout d'une façon plus ou moins distordue, rendant compte d'aspects divers de son histoire et présentant la tasse dans un certain style, articulé selon certains arrangements formels – et, finalement, ces qualités elles-mêmes sont extraordinairement indisponibles pour l'inspection de ce qui est présent-à-portée-de-main.

Le *cœur en fusion* d'une chose est enveloppé dans la performance. Le latin nous donne un indice de cela quand, en traduisant le grec pour performance, *hypokrisis*, soit par *actio* ou par *pronuntiatio*[132]. Nous obtenons le mot « hypocrisie » d'*hypokrisis*[133]. Il est dérivé du verbe *juger* ou *interpréter* – les objets s'interprètent eux-mêmes. Et pourtant en faisant cela, ils sont comme des acteurs, se masquant et générant un ensemble d'objets entièrement nouveau – comme un orchestre « interprète » une partition en la jouant. Par exemple, *hypokrisis* peut signifier le ton ou la manière dont un animal pousse des cris. Le cri exprime l'animal, et pourtant, il est également un objet en lui-même. *Pronuntiatio* est plus comme l'apparence manifeste d'un objet à un autre objet. Il évoque la partie qui se dissimule de *l'hypokrisis*. *Actio* donne plus à voir l'exécution (le *Vollzug* heideggérien), le déroulement sombre de l'essence cachée d'un objet. *Actio* évoque la façon dont les objets écument avec l'être.

Les objets, donc, sont hypocrites, scindés en deux de l'intérieur, pour toujours. J'aime autant vivre dans un univers hypocrite que dans un univers qui serait cynique. Nous avons déjà trop connu cela, un symptôme de la façon dont le jeu philosophique de base a été pendant deux cents ans : « tout ce que tu fais, je peux le faire en méta ». Pendant cette époque, la philosophie a plus ou moins tacitement accepté que sauter par-dessus les objets dans leur au-delà est la marque de la véritable philosophie et de l'intelligence.

Est-il impossible d'imaginer qu'une théorie rhétorique orientée vers l'objet puisse rendre compte de la causation indirecte, la seule forme de causation possible entre des objets ontologiquement scellés par le vide ? Harman parle d' « éléments » ou encore « d'objets qualité » - les aspects d'objets sensibles qui d'une façon ou d'une autre communiquent entre eux[134]. Mon étrange retournement de la rhétorique pourrait-il offrir ici un modèle ? Est-il possible alors qu'un élément ressemble à une phrase ou à une période rhétorique ? Harman indique que le trope linguistique de la métaphore pourrait bien avoir une allure attrayante parce qu'elle nous donne un avant-goût d'une sorte de causalité plus profonde[135]. Pouvons-nous imaginer l'interaction entre un stylo et une table en bois comme faite de phrases et de périodes rhétoriques, où les éléments d'un objet persuaderaient l'autre ? Considérez un instant la racine latine de persuasion (*suadeo*), laquelle a affaire avec la façon dont un objet pousse, incite, provoque, ou influence un autre[136]. L'esthétique, en d'autres mots, n'est pas un bonbon superficiel enrobant le réel, elle est plutôt le graissage, l'énergie et la glue de la causalité en tant que telle. Penser cela consiste vraiment à abandonner la machine ramiste.

## Le jeu du phénomène

Les objets sont des formes de performance, ce qui signifie que *les objets sont hypocrites* – ce qui, à son tour, signifie qu'ils sont des comédiens. La façon la plus large de penser la causalité est de penser au théâtre. Explorons les conséquences ardues et surprenantes que cette hypothèse soulève.

Dans son essai « Expérience », Emerson écrit à propos de « l'évanescence et du caractère glissant des objets qui leur permet de nous glisser entre les doigts quand nous les serrons aussi fort que nous pouvons[137] ». Ce n'est pas seulement une description de la façon dont les êtres humains connaissent les objets (et échouent à les connaître), mais c'est aussi une image élégante de ce qui arrive entre tous les objets quels qu'ils soient. Dans ce qui ressemble maintenant à une blague OOO, Emerson dit que cette dynamique par laquelle notre tentative pour saisir les objets les fait glisser loin de nous est « la partie la moins 'charmante' [en anglais *unhandsome*, ndT] de notre condition ». Il y a ici un jeu sur la notion d'à-portée-de-main [en allemand *Zuhandenheit* ; en anglais *handiness*, ndT] qu'on ne peut pas manquer si on fait de l'ontologie orientée vers l'objet. Dans son analyse des outils, Heidegger établit une distinction entre les outils qui sont *zuhanden* (à portée-de-main) et *vorhanden* (sous-la-main). Heidegger affirme que quand nous utilisons seulement un outil, il disparaît dans son fonctionnement, il apparaît quand une cassure (ou notre construction esthétique de l'objet) l'isole de l'arrière-plan. Harman développe cela pour l'appliquer non seulement aux marteaux et équivalents, et entre humains (et équivalents) et marteaux (et équivalents), mais aussi entre et au sein de n'importe quelle entité[138]. Harman affirme qu'afin d'arriver à la version la plus cohérente de l'analyse des outils, nous devons accepter que n'importe quel événement quel qu'il soit – notamment l'usage d'un marteau comme outil, l'exemple qu'Heidegger exclut spécifiquement – est une traduction d'un objet en une parodie *vorhanden* de lui-même.

Vous errez avec un ami dans la galerie d'art du Tate Britain à Londres. Vous vous y connaissez tous les deux en art et vous avez étudié l'histoire de l'art et la critique. Vous arrivez à l'énorme et extraordinaire collection des tableaux de Turner. Vous vous arrêtez en face de *Rain, Steam and Speed*, un tableau d'un train émergeant du brouillard. Le train est pareil à un fantôme, enveloppé dans des nuages prismatiques de couleur. Vous discutez du tableau. Votre ami dit : « Turner célèbre 'l'ère du chemin de fer' et l'affirmation du progrès incarné par une locomotive avec une allégorie développée depuis le Baroque et dans un style dérivé d'une étude de Rembrandt ». Mais vous n'êtes pas d'accord – vous répondez : « Le tableau est une protestation de Turner contre la spoliation qu'effectue la machine vis-à-vis de son environnement, dans le cas présent une charmante partie de la Tamise, tendrement chérie par le peintre[139] ».

Que se passe-t-il ici ? Avez-vous tous les deux raison en même temps ? Cela n'impliquerait-il pas une contradiction, une dialetheia ? Les amateurs d'Aristote se méfient de la violation de la LNC. Vous cherchez donc une autre raison de justifier la contradiction. Peut-être devriez-vous être relativistes. Peut-être appartenez-vous à différentes communautés interprétatives, comme le critique littéraire Stanley Fish l'a affirmé[140].

Mais cet argument pose deux problèmes. D'abord, il ne fait que reculer le problème d'un cran. Maintenant, vous devez expliquer comment ces communautés interprétatives existent. Deuxièmement, et plus sérieusement, est-ce que vous appartenez vraiment tous les deux à différentes communautés ? Vous êtes allés dans la même école, vous avez été amis pendant deux décennies, vous avez étudié avec les mêmes enseignants, et ainsi de suite. C'est une expérience courante, quand on regarde les tableaux, ou qu'on lit de la poésie, ou qu'on écoute de la musique. La différence ne serait pas possible s'il n'y avait pas une forme d'accord de fond. Donc vous écartez la solution de Fish. Après tout, un des plaisirs de la contemplation des tableaux est le désaccord éclairé.

Il apparaît donc que certaines contradictions de critiques artistiques sont vraies[141]. Pourquoi ? La réponse OOO est qu'il y a une ambiguïté ontologique profonde dans les objets eux-mêmes.

Retournons donc à la rencontre entre vous et votre ami dans le Tate Britain. Vous vous rappelez qu'Immanuel Kant fait certaines observations similaires dans sa *Critique de la faculté de juger*. L'expérience de la beauté est paradoxale, parce qu'il semble que la beauté émane de l'objet, et non de vous-même. L'expérience est universalisable : c'est comme si vous pouviez l'appliquer à tout le monde, quiconque a un *cœur* qui bat devrait aimer ce que vous aimez. Vous voulez envoyer des cartes postales du tableau à tous vos amis. Pourtant, vous vous rendez bien compte que cela ruinerait leur expérience, voire la vôtre, si vous les forciez à aimer ce que vous aimez. C'est comme si vous étiez prêt à dire que le goût est relatif. Mais non – en raison du premier critère, qui est que la beauté semble émaner de l'objet. Cela le gâcherait si vous le sentiez venir de vous. Donc, peut-être que vous pourriez évaluer quels neurochimiques sont à l'œuvre et faire une drogue qui vous donnerait la même expérience, ou le double, ou le triple. La beauté évite également le relativisme à cause d'une troisième composante, une qualité non-conceptuelle. Il y a un *je-ne-sais-quoi* de la beauté : Kant affirme qu'aucun élément dans l'image ne peut être isolé et étiqueté beau. Je ne peux pas trouver un « ingrédient actif » de la beauté.

Est-ce que cela ne veut pas dire que les belles choses sont irréductibles ? Nous ne pouvons pas les réduire à leurs parties parce que cela reviendrait à isoler un ingrédient actif. Nous ne pouvons pas les « réduire par le haut » à l'ensemble, parce que cela voudrait dire que les parties du tableau sont des composantes dispensables de la machine. Le tableau est beau, mais la beauté ne se trouve nulle part en lui. C'est une étrange et extraordinaire situation. Nous avons une expérience puissante qui nous donne la chair de poule, nous fait pleurer. Et pourtant, quand nous considérons la source de l'expérience, nous ne pouvons pas la trouver. Pourtant la source est seulement cette peinture, ce morceau de musique, et pas celui-ci. Que se passe-t-il ?

N'y a-t-il pas ici un écho de quelque chose un petit peu orienté vers l'objet dans Kant lui-même, le père du corrélationnisme ? Ne peut-on pas dire que la beauté prouve que la réalité n'est pas un solipsisme, ou même en son *cœur*, relativiste, puisque la beauté est la preuve de l'existence d'au moins un (autre) objet secret ? En effet, l'expérience de la beauté est une sorte d'évidence interne de quelque chose en moi qui n'est pas tout à fait moi. Cela semble venir automatiquement, et il n'y a rien que je puisse faire pour le manipuler. Pour Kant, il est possible d'avoir une expérience qui ne soit pas fondée sur l'ego – l'expérience de la beauté, est précisément cela, c'est la raison pour laquelle, peut-être, il la voit comme une partie cruciale du projet des Lumières, et pour laquelle Schopenhauer a fait une progression assez logique de Kant au bouddhisme. La liberté découverte dans la beauté est profondément impersonnelle, et par conséquent, elle est « semblable à l'objet », à condition de séparer « objet » de « balle en plastique dur » ou quoi que ce soit d'autre. Cela signifie au-delà de ton ego.

Et le voici, le beau tableau, et je ne peux pas vraiment vous dire ce qui est beau en lui. Une sorte de fusion de l'esprit est en train d'arriver, une sorte de lien entre l'objet et moi. Et l'expérience est universalisable, c'est-à-dire que je peux la partager parce qu'elle est fondée sur la possibilité que tout le monde puisse l'avoir. Même si je ne vous impose pas mon expérience, je peux coexister avec vous sans violence, puisque nous faisons tous les deux l'expérience de notre espace intérieur. L'expérience esthétique que nous, humains, appelons maintenant « beauté » est une expérience nue des relations entre entités : entre le tableau de Turner et moi ; parmi les coups de pinceau sur le tableau ; entre vous et moi, alors que nous faisons tous deux cette expérience ; et ainsi de suite. Pourquoi ce je ne sais quoi ? Je propose une solution hégélienne plutôt surprenante à ce problème : parce que *la signification de tout ensemble de relations est dans le futur*. La signification contient un ingrédient vital de pas-encore, d'à-venir. Le sens d'un objet est un autre objet[142].

Un événement causal est un ensemble de relations entre objets. Toute relation est esthétique, pas seulement celles entre des humains et des objets comme les tableaux de Turner. Par conséquent, nous devons explorer avec prudence l'esthétique pour ce qu'elle dit sur le « sens » d'événements (artistiques), puisque cela nous donnera un indice quant à la façon dont les objets fonctionnent en réalité. Peut-être une raison pour laquelle il est difficile de saisir la causalité en acte à moins de tenir une sorte de vue indirecte ou dialethéique est que la seule chose qui ne peut pas être faite aux relations entre les objets est de les saisir « avant » ou « pendant » l'événement de leur mise en relation. Comme n'importe quel professeur d'humanités le sait, le sens est *rétroactif*. Personne ne se tenait, caché, dans un coin de rue de Naples au 12ème siècle, en train de discuter la façon dont ils allaient ébranler le monde de l'art : « Commençons donc, d'accord ? On invente la perspective, on voyage autour de l'Afrique, on trouve les îles des épices et on redécouvre le platonisme. On va appeler ça la Renaissance, ça sonne bien ».

Si la causalité est esthétique, alors les événements « prennent seulement place » après qu'ils soient advenus. Dire cela revient à utiliser l'argument hégélien selon lequel pour que quelque chose advienne, il doit advenir deux fois. Dans la prose brillante de Percy Shelley, celui-ci décrit les poètes comme « les hiérophantes d'une imagination incomprise, les miroirs d'ombres gigantesques que l'avenir jette sur le présent[143] ». Un hiérophante est quelqu'un qui fait apparaître le sacré, peut-être un chaman plutôt qu'un prêtre. Ce que cette section achevant la *Défense de la Poésie* proclame est que la signification d'une œuvre d'art est à venir. Le poète est une sorte de canal ou de medium qui fait rayonner d'une façon ou d'une autre le futur dans le présent.

Et pourtant, Shelley soutient une telle position à partir d'une perspective qui ne pourrait pas être plus physicaliste ou matérialiste. Chaque personne (peut-être même « tous les êtres conscients ») est une sorte d'« harpe éolienne », un instrument à vent qui est joué par les stimuli extérieurs, et qui module ou transcrit ces stimuli dans son timbre propre unique. Presque toutes les maisons un tant soit peu respectables en avaient une au 18ème siècle, de la même façon que nous avons maintenant des iPods avec des enceintes. Qu'entendez-vous quand vous entendez le son d'une harpe éolienne ? Vous entendez le vent, modulé à travers les cordes et le corps en bois de la harpe. Vous entendez deux objets dans leur mise en relation. Maintenant la harpe peut seulement produire du son après que le vent a interagit avec elle, et vice versa – et après que vous avez entendu les vagues de pression créées par la vibration, traduites par un transducteur dans votre oreille interne, laquelle transforme les vagues de pression en signal électrochimique. La signification de la relation est dans le futur. En ce sens, aussi étrange que cela puisse paraître, les relations sont des messages dans des bouteilles venues du futur. Leur signification n'est constamment pas-encore.

Heidegger soutient une thèse très proche de celle-ci à propos du vent : nous n'entendons jamais le vent directement, seulement la porte d'entrée, la cheminée, l'arbre[144]. La perception directe n'est pas une garantie du donné. Nous avons tendance à penser que la réalité repose en ce qui est évident, mais *La magie réaliste* affirme que la réalité repose en ce qui est oblique et mystérieux. Il n'est pas possible d'attraper le vent dans l'acte avant qu'il ait été modulé par quelque chose. Le son du vent est dans son futur. Il devrait être possible de voir comment le début apparemment matérialiste de l'essai de Shelley s'accorde avec sa fin apparemment idéaliste. C'est-à-dire que, si nous abandonnons les notions de matière et d'idée et que nous adoptons à la place la perspective orientée vers l'objet, nous pouvons voir que Shelley et Heidegger affirment seulement que, en elles-mêmes, les entités sont en retrait : ce que nous considérons comme leur « identité » est déjà elle-même une sorte de parodie. Et la causalité n'est rien d'autre que ce processus parodique. La harpe éolienne de Shelley est extraordinairement appropriée pour les besoins de notre réflexion, puisque c'est un objet esthétique. Il semblerait que la signification d'un événement esthétique soit dans son futur.

Rien n'évoque davantage la qualité des relations en tant que futur que le phénomène des rêves. Il y a quelque chose de profondément ambigu à propos d'un rêve, souvent même de façon dérangeante. Pourquoi ? Parce que, comme l'affirme Freud, les rêves peuvent être interprétés indéfiniment parce que le contenu profond des rêves est profondément latent, inconscient[145]. Cependant, l'interprétation du rêve est déjà en train d'advenir alors que vous rêvez, par exemple dans l'attitude que vous avez vis-à-vis du rêve. Le génie de l'analyse freudienne, c'est qu'elle décide de ne pas prendre en chasse les symboles (tels que ceux phalliques), mais d'enquêter sur la forme du rêve, comme un critique littéraire enquêterait sur la narratrice : qui est-elle, quelle attitude a-t-elle, quelle est son humeur, quelle harmonisation ? Il y a déjà une relation dans le rêve lui-même, une relation entre les images de rêve et le rêveur. Le contenu profond du rêve est latent, c'est-à-dire, il est en retrait. Comme n'importe quel bon kantien, Freud soutient que le contenu profond n'est pas accessible, parce que si vous y accédez, cela devient un nouveau contenu manifeste, donc cela est relationnel : c'est un ensemble de relations entre un contenu et un détenteur de contenu, une fois de plus.

Mais alors que faire si toutes les relations entre tous les objets sont pareilles aux rêves, et non pas seulement des relations sentientes ou humaines entre images et créateur d'images ? Considérez encore une fois deux photons entremêlés. Ils « ne savent pas encore ce qu'ils sont » : ils doivent être « mesurés », c'est-à-dire que l'un d'entre eux doit être polarisé dans une certaine direction, afin que leur signification puisse être révélée. Il y a réellement deux photons. Et puis, ils sont réellement interprétés, c'est-à-dire physiquement ajustés. Les ajustements physiques, l'interprétation, la causalité, l'esthétique, tous ces termes disent la même chose. Ce n'est pas un monde idéaliste dans lequel les photons ne sont pas réels tant qu'ils ne sont pas perçus. Non, c'est précisément le contraire, encore plus contraire à l'explication matérialiste ou réaliste habituelle. C'est-à-dire que la perception en tant que telle est une intervention physique dans le monde, ce qui signifie que la causalité est profondément esthétique.

La beauté kantienne est une relation entre entités. Ce que Kant appelle le sublime est l'irréductibilité vertigineuse d'un objet à un autre objet. Pour Kant, le sublime est provoqué par une autre entité (telle qu'un infini mathématique ou la vaste étendue de l'univers), ce qui fonctionne comme déclencheur, une sorte d'irritant, qui renvoie l'esprit en lui-même[146]. Quand cela advient, un abysse de liberté s'ouvre. Vous faites l'expérience de l'étendue brute de votre intériorité. Cette expérience est comme la quintessence de la non-conceptualité que l'on entrevoyait dans l'expérience du beau. Le beau et le sublime ne sont pas tant des opposés qu'ils sont en relation comme le *cœur* liquide et la coquille fragile d'un chocolat. Le beau est l'expérience esthétique basique, dont l'essence est la liberté inconditionnelle du sublime. Ne serait-il pas possible d'affirmer alors que la liberté transcendantale que Kant trouve dans le sublime est simplement un écho de l'essence d'une certaine entité ou d'un objet, c'est-à-dire nous-mêmes ? Et que s'il n'y a pas de grande différence, d'un point de vue ontologique, entre nous et un bloc de parpaing, l'ouverture de tous les objets, à la façon du Tardis, est ce qui se manifeste comme sublime dans notre expérience humaine spécifique ?

Puisque cette ouverture est un aspect irréductible de la réalité d'un objet, la seule façon d'avoir une prise expérientielle sur l'un d'entre eux est d'être relié à cette chose. Pourtant, être relié à cette chose veut dire être pris dans un ajustement, dans une harmonisation entre moi-même et l'objet. Cette harmonisation est ce que Kant appelle une vibration, une oscillation potentiellement violente entre mon intériorité et l'objet. Cette vibration nous donne ce vertige que Kant décrit comme sublime. Notre liaison avec les objets ouvre l'abysse de la liberté parce que chaque relation est une danse sur un volcan, l'émission du vide opaque d'un objet. Les relations sont extraordinaires et vaines parce qu'elles dansent au bord des volcans.

Le temps émerge des relations entre les choses. Le sens d'un objet est dans son futur, dans la façon dont il est lié à d'autres objets, notamment ces objets qui constituent ses parties. Les relations sont évidées de l'intérieur par le caractère extraordinaire des objets entre lesquels elles jouent. Cette vanité est seulement le temps. Se rendre compte de ce qu'est une relation suppose de construire une autre relation. Les relations contiennent donc une nullité qui s'effondre en avant alors que d'autres relations sont construites sur les premières. Cette nullité qui chute est ce qu'on appelle le temps. Parce qu'elles sont à-venir, les relations évoquent un sentiment de processus : d'où l'illusion que les choses sont des processus, que le relationnisme processuel est la description la plus adéquate de la façon dont sont les choses. Pourtant parce que le temps émerge des relations nous ne pouvons jamais spécifier à l'avance ce qu'elles seront. Le relationnisme processuel est une tentative ontique ou ontothéologique pour saisir ce que sont les choses au moyen de ce que OOO voit comme une parodie inévitable de ce que sont les choses :

des événements causaux. Le relationnisme processuel essaye de réduire l'ambiguïté intrinsèque des relations entre les choses. Ces relations sont contradictoires de façon inhérente, comme les relations que vous avez avec une peinture de Turner dans le Tate Britain, vis-à-vis de celles de votre ami.

Pour que les relations soient ambiguës, elles n'ont pas besoin d'être quoi que ce soit. Nous n'avons pas besoin d'imaginer qu'un éléphant puisse faire pousser des fleurs sur son dos quand il arrose son dos. C'est là notre vieil ami ECQ (*ex contradictione quodlibet*), autrement connu comme *explosion* : l'idée que si nous acceptons que (quelques) contradictions sont vraies, alors tout pourrait arriver. Il est évident, par exemple, que nos deux lectures de *Rain, Steam and Speed* par Turner sont meilleures que celle-ci :

*Rain, Steam and Speed* est l'histoire d'une tomate appelée Ronnie qui jongle avec des œufs durs sur Titan.

Bien que la causalité soit esthétique, je soutiens que l'occurrence de n'importe quoi n'est pas inévitable[147]. Le problème est que nous ne serons jamais capables de spécifier une chaîne causale à l'avance sans recourir à l'ontothéologie ou sans introduire clandestinement nos préjugés ontiques sur ce qui compte comme objet ou comme événement causal. Comme le dit Harman, « un caillou peut détruire un empire si l'empereur s'étouffe à diner[148] ». Si nous sommes prêts à nous débarrasser des relations causales non-contradictoires nous devons être ouverts à la possibilité que n'importe quoi puisse advenir.

Quand nous retirons la distorsion corrélationniste kantienne, nous voyons que l'expérience kantienne de la beauté est possible tout simplement parce qu'une relation entre objets a pour base une étrange non-conceptualité, un *je ne sais quoi*. Cette non-conceptualité requiert une autre relation, une interprétation, pour rendre compte de cela, ce qui en retour requiert une autre relation. Puisque toutes les relations sont des interventions physiques, toutes les interprétations esthétiques sont pareilles à ce que la psychologie appelle *le passage à l'acte* : elles ne savent pas ce à propos de quoi elles sont. La causalité est comme une pièce ou un mime. Imaginez un mime qui ne sache pas ce qu'il est en train de mimer. Il est en train de faire des gestes désespérés dans votre direction, vous demandant de donner du sens à ce qu'il est en train de faire. Voilà la nature de la causalité. Comme l'écrit Emerson, une fois encore dans « Expérience », « il y a une certaine magie de l'action la plus correcte d'un homme qui stupéfie vos pouvoirs d'observation, de telle façon que bien que ce soit fait devant vous, vous ne vous en rendez pas compte. L'art de la vie a une pudeur et ne sera pas exposée[149] ». OOO généralise simplement cette observation à toutes les entités quelles qu'elle soient. Parmi les différents types d'explications philosophiques des phénomènes, les explications de la causalité tendent souvent à ôter au monde son mystère. J'affirme que ce mystère est une composante essentielle de la causalité en tant que telle, tellement essentielle que l'éliminer reviendrait à échouer dans la compréhension du fonctionnement de la causalité. Pourquoi ? Parce que la signification de toute action est à-venir. Le temps, l'espace, et d'autres aspects de la causalité adviennent en raison d'une ambigüité profonde dans les choses.

La causalité est comme un drame. Il n'est pas surprenant que le *drame* signifie tout simplement « les choses qui sont faites » où « faire » (en grec), de la même façon qu'*opéra* signifie « les travaux » ; et que, de la même façon, opéra et drame comportent tous les deux des « actes ». Considérez une nouvelle fois le positivisme par défaut de la causalité clac. Il y a un problème supplémentaire avec la causalité clac. Ses adeptes semblent justement vouloir à tout prix exclure la dimension esthétique en l'identifiant, par exemple, au domaine de « la pseudo causation » (Wesley Salmon). Cela est profondément symptomatique de la conscience extraordinaire du fait que la dimension esthétique contamine le matérialisme positiviste que nous sommes venus à accepter comme l'ontologie par défaut. A une plus petite échelle, les phénomènes esthétiques sont seulement physiques et vice-versa : mesurer c'est, à un certain niveau, « percuter avec un photon », comme l'est « voir ». La sorte de choses que la causalité clac veut exclure sont les ombres, les sons, les lumières et les phénomènes électromagnétiques : une partie conséquente de la réalité.

Mais outre cela : il semble souvent que les théories de la causalité clac veulent attraper la causalité en acte sans avoir à interférer avec elle, un fantasme que la théorie quantique a rendu complètement impossible. C'est comme si l'événement causal idéal était totalement invisible et inaudible. Pourtant nous savons à partir des phénomènes tels que l'imbroglio et la superposition que de tels événements, étrangement et ironiquement, réfutent le clic d'autres façons, par exemple en produisant des actions dites à distance. Avant qu'ils ne soient mesurés, deux photons peuvent être confondus alors qu'ils émergent d'un certain laser : ils sont capables d'agir instantanément à partir du spin et du momentum de l'autre, et ainsi de suite[150].

Les conditions idéales pour que le clic ait lieu sont précisément ces conditions dans lesquelles toutes sortes de choses effrayantes qui ne cliquent pas adviennent. Je ne peux pas marquer les photons avec un x (comme le voudrait Salmon, par exemple) afin de prouver qu'ils sont les mêmes quand ils émergent du laser alors qu'ils sont confondus. Faire cela les altérerait de façon signifiante. Il y a une incertitude irréductible ici : en effet, le fait que « marquer » constitue la causalité est la base du principe d'incertitude d'Heisenberg : la « mesure » au niveau quantum signifie « altération (du momentum ou de la position) par les moyens d'un autre quantum[151] ». Nous pouvons nous élever au niveau d'objets de taille intermédiaire et trouver toutes sortes de parallèles. A coup sûr, je peux marquer une balle de cricket avec un x pour montrer que c'est la même balle que je lance à travers le terrain. Salmon se retrouve obligé d'essayer de distinguer entre cette sorte de marque et une interaction causale. Ne serait-il pas plus efficace d'admettre tout simplement que j'ai déjà trafiqué la balle en la marquant ? Même à ce niveau macro, la balle de cricket idéale viendrait spontanément atterrir dans la main de Salmon et dire « hey, tu sais que je suis la même balle que tu as lancée de l'autre bout du terrain, non mais, vraiment, c'est moi – fais-moi confiance. » Ou peut-être que la balle est capable de communiquer son identité à travers le temps par télépathie. D'une façon ou d'une autre, Salmon pourrait bien savoir spontanément que la balle était la même. Ce qui pose la question : toute une région de la causalité clic est de rendre compte de la façon dont les choses apparaissent pour rester les mêmes à travers le temps.

Cela devrait nous alerter du fait que la dimension esthétique, c'est-à-dire la dimension de la lumière, du son et de la vibration et, en outre, de leur appréhension par toutes sortes d'entités, des oreilles pour ceux qui parlent fort, aux plaques photographiques pour les neurones humains, sans parler du couteau qui fait le x sur la balle de cricket, est un aspect irréductible de la dimension causale. En effet, comme je vais continuer à le montrer, la dimension esthétique est seulement la dimension causale.

Des problèmes conséquents se posent donc pour les théories positivistes clac de la causation. Certains phénomènes tels que les lumières mouvantes, les ombres et ainsi de suite, peuvent exercer des effets causaux réels, pourtant c'est ce dont la causalité clac positiviste essaye de se débarrasser[152]. Cela est évident, puisqu'ils sont eux-mêmes les effets de certaines causes, et nous devrions nous attendre à ce qu'elles agissent sur les choses en retour. Une ombre peut frapper une diode sensible à la lumière et allumer une lampe de nuit. La raison pour laquelle ça n'est pas reconnu comme un événement causal me dépasse. La raison pour laquelle ça n'est même pas mentionné dans la littérature traditionnelle est symptomatique d'un angle mort stupéfiant. Le projecteur touche une surface – disons, le rideau rouge effiloché d'un cabaret un peu miteux dans une petite ville à quelques kilomètres de la métropole. Les pupilles de l'audience se contractent pour recevoir l'éclat du cercle rouge brillant de la partie illuminée du rideau. Pourquoi n'est-ce pas un événement causal ? Cela n'importe pas de savoir si nous croisons la lumière avec une autre lumière ou si on change le filtre ou les autres sortes d'exemples que les partisans du clic veulent que nous utilisions. La chose surprenante est la raison pour laquelle ils ne voient pas d'emblée la simple action du projecteur comme un événement causal[153].

Afin que la lumière touche le rideau, le filament électrique ou l'halogène dans l'ampoule doit atteindre une certaine température pour que les atomes soient suffisamment stimulés pour relâcher les photons. La lumière à cette échelle est comme les ondes : elle fait seulement clac et éclabousse autour. Afin d'illuminer le rideau, les photons ne sont pas tous absorbés par les quanta sur la surface du rideau. Cela a l'air plutôt causal pour moi mais, encore une fois, la causalité clac veut l'exclure. Cela me déroute.

Phil Dowe donne l'exemple de quelqu'un courant le long d'un projecteur mouvant, tenant un filtre rouge de telle façon que la lumière soit marquée comme la balle de cricket[154]. Pourtant cette marque ne peut pas être définie comme « sur » la lumière. Pourtant s'il n'y avait pas de marque, nous ne pourrions pas être sûrs que c'est la « même » lumière alors qu'elle se déplace sur le rideau. Dowe admet qu'avec cet exemple, le présupposé d'une différence fondamentale entre réel et pseudo causalité s'effondre. N'est-ce pas cela le problème réel : la compulsion à réduire l'inconsistance aboutit pourtant en davantage d'inconsistances. Pourquoi ? Toute la discussion semble absurde, jusqu'à l'exemple lui-même : alors que le positivisme lutte pour policer la limite entre les événements physiques et esthétiques, il produit les démons esthétiques clownesques qui confondent ses principes. Les freudiens prendraient note de ces faits que le positivisme produit en se policiant lui-même : le Sydney Opera House, un spectacle de lumière, une ombre[155].

Je suggère que la raison pour laquelle davantage d'inconsistances apparaissent alors qu'on essaye de distinguer la causation physique de la pseudo-causation est qu'il existe un aspect esthétique irréductible de la causalité. Essayer de saisir la causalité en acte sans cette dimension esthétique produit des paradoxes et des apories importants dans la théorie positiviste. Tout cela semble revenir au fait que les phénomènes esthétiques requièrent des entités $1+n$ supplémentaires – un champ d'énergie, dilatant et contractant les pupilles, des surfaces sur lesquelles on peut marquer, toutes sortes d'entités muettes et pourtant importantes qui ne sont ni à l'intérieur, ni à l'extérieur du processus causal que la causalité clac essaye d'isoler. Le $1+n$ suggère une région d'entités dont nous ne pouvons pas rendre compte directement. Une fois encore, cela nous dit quelque chose de profond à propos de la causalité. De façon encore plus fondamentale, les problèmes surgissent quand la philosophie essaye d'adoucir la Fissure, intuitivement évidente, entre un objet et ses propriétés afin d'éviter les paradoxes logiques et théoriques qui semblent violer la Loi de Non-Contradiction (LNC)[156]. Voyez par exemple : si un objet était totalement différent de son objet sensible, nous aurions une situation nihiliste dans laquelle une pomme pourrait être saisie comme un œuf ou un grille-pain pourrait être une pieuvre. Au contraire, si un objet était totalement le même que son objet sensible, alors nous aurions une ontothéologie identitariste sur les bras et rien ne pourrait advenir. En outre, nous aurions une situation dans laquelle les êtres sont ultimement déterminés par certaine(s) forme(s) de ce que j'ai appelé un *objet supérieur*.

Selon la perspective proposée dans cet ouvrage, LNC ne peut pas saisir les objets, car il y a une coupure radicale entre un objet et ses qualités sensuelles, et cela prend la forme d'une contradiction $p \wedge \neg p$. Si nous pouvons seulement accepter que ces paradoxes soient avérés, alors nous aurons moins de problèmes à rendre compte de la causalité. Bien entendu, cela veut dire qu'il faut montrer que l'existence de la contradiction à ce niveau n'implique aucune de ces vieilleries – le trivialisme, ou *ex contradictione quodlibet* (ECQ). Par chance, comme je l'ai affirmé plus haut, il y a de bonnes raisons de supposer que ECQ n'est pas maintenu si nous nous débarrassons de LNC[157]. Une coupure entre l'objet et ses manifestations à d'autres objets ne signifie pas que la manifestation peut être quelconque.

Prenez le phénomène basique du mouvement. Les théories causales positivistes ont du mal avec le simple fait de l'inertie : la façon dont un objet continue de se mouvoir alors qu'on n'interfère pas avec lui, formalisé dans la Première Loi de Newton[158]. Dans le chapitre 3, j'affirmerai que l'on pense bien mieux le mouvement en tant que résultant d'une ambigüité inhérente aux objets. Si nous refusons de penser de cette façon, nous risquons de nous retrouver alourdis avec toutes sortes de bagages « ontiques » insatisfaisants – des préjugés que nous avons fait entrer clandestinement dans notre ontologie à partir d'un ailleurs inexpliqué.

La causalité prend lieu dans une dimension esthétique qui consiste dans une sorte de scène mobile, comme un théâtre qui voyagerait. Il y a tout un ensemble de média qui implique des scènes, des rideaux, des accessoires et une lumière qui produisent l'événement causal – j'utilise le terme *produire* dans un sens pleinement théâtral. Notez que je ne suis pas en train de dire qu'il doit y avoir une audience humaine, ou des comédiens humains qui se produisent. L'audience peut tout aussi bien consister de poissons, de Martiens ou de particules de poussières. Les comédiens peuvent bien être des trous noirs, des photons ou l'orchestre symphonique de San Francisco. Cela pourrait également être l'une de ces pièces dans lesquelles l'audience est incluse dans le drame.

Quel est ce sentiment de menace ou d'étrangeté qui vous saisit quand vous entrez dans un cirque ou dans un théâtre ? Est-ce vraiment un espace fantaisiste où les règles normales sont suspendues ? Ou est-ce parce que vous vous rendez compte que *l'illusion est de l'autre côté* de la tente du cirque, dans le monde extérieur que vous considérez comme réel et que ce que vous observez quand vous regardez le drame (en grec, l'action) c'est le drame de la causalité ? Est-ce que vous ne considérez pas le monde extérieur à la tente comme réel précisément parce que vous traitez ses qualités esthétiques comme secondaires à ses qualités physiques et causales ?

Il y a de nombreuses pièces et de nombreux films qui, une fois qu'on les a vus, vous amènent à voir le monde de cette façon, pour un instant. Les graphiques rotoscopiques de *A Scanner Darkly*, par exemple, oblige l'audience à voir le monde en dehors du cinéma de cette façon, au moins pendant quelques minutes qui vous désorientent[159]. Que révèle exactement la dynamique de cette sensation ? Est-ce parce que nous retournons à la réalité réelle ? Ou parce que nous surimposons une distance et une normalité socialement acceptable sur le monde, une fois qu'on l'a déshabillé sans façon dans le théâtre ? Ou plutôt, nous avons retiré l'illusion de profondeur et de distance, l'illusion qu'il y a un mécanisme en dessous du spectacle. Le drame sape la perspective faussée qui montre les choses comme advenant réellement contre un arrière-plan neutre. Vous vous rendez compte que la causalité advient devant vous, plus proche qu'une respiration.

Reprenons donc les deux façons principales que j'ai évoquées d'éviter OOO :

1. La sape par le bas. Les choses sont réductibles à des entités plus petites telles que les particules. Ou bien les choses sont seulement des instanciations de processus plus profonds.

2. La sape par le haut. Les objets sont des morceaux blancs avec leurs apparences collées sur ses surfaces, ou bien ajoutées par un quelconque « observateur ». Vis-à-vis de ces deux perspectives, les objets sont simplement du baratin jusqu'à ce qu'ils interagissent avec d'autres objets. A la place, j'aimerais davantage repérer une Fissure entre apparence et essence au sein de l'objet lui-même. Les objets, dans cette perspective, frémissent de vitalité. Mais pour parvenir à cela nous devons accepter une sorte de logique para-cohérente, potentiellement dialéthéique, la sorte de logique proposée par Graham Priest, une logique qui autorise les choses à être ce qu'elles semblent et ce qu'elles ne semblent pas, simultanément. Autrement, nous serions renvoyés à des substances enduites d'accidents par défaut.

Maintenant, nous pouvons discerner une troisième façon d'éviter OOO. Ce serait d'affirmer le contraire de (2) :

> 3. Il n'y a pas de substances, mais uniquement des apparences-pour. Tout est esthétique jusqu'au bout[160].

Je veux préserver la Fissure entre l'apparence et l'essence. Pourquoi ? Parce que cela préserve, paradoxalement, l'aspect tout à fait esthétique de la dimension esthétique. Considérez cela de cette façon. Si la réalité était « esthétique jusqu'au bout », alors nous pourrions *savoir* que c'est « seulement » une illusion : alors ce ne serait pas une illusion. Nous pourrions savoir que ce n'est qu'un faux-semblant – alors ce ne serait pas un faux-semblant. Nous aurions une sorte d'ontothéologie inversée d'affects purs sans substance. Citons Lacan une fois de plus : « Ce qui constitue le faux-semblant est que, à la fin, vous ne savez pas si cela est un faux-semblant ou pas ». Tant que la pensée n'est pas capable d'accepter que les objets puissent être intrinsèquement instables, étant à la fois essentiels et esthétiques, nous sommes bloqués avec les options (1)-(3), qui ne sont que des façons d'éviter OOO.

Une fois que nous acceptons cette instabilité inhérente, la Fissure entre l'essence et l'apparence, nous n'avons plus besoin d'avoir des objets mis de côté par des processus ou des particules, ou par les perceptions de ces objets que d'autres ont. Ils peuvent fonctionner tout seuls. Cela semble être le cas avec un quantum seul, qui apparemment occupe plus d'une place à la fois, pour « respirer » selon les mots du physicien, Aaron O'Connell[161]. Dans ce cas, en guise de règle un peu artisanale, posons que la causalité advient en trois actes, exactement comme une pièce de théâtre – si nous incluons la dimension esthétique il peut être approprié de voir des phénomènes esthétiques comme des évidences archéologiques de la causalité[162]. Le premier acte est la façon dont les choses commencent. Et le spectacle continue.

Aristote remarque que les drames ont un début, un milieu, et une fin[163]. Quand il dit cela, il ne veut pas seulement dire la première page, la dernière page, et le nombre total de pages divisé par deux. Aristote veut dire qu'il y a des qualités phénoménologiquement distinctes dans le début, la durée, et la fin. De la même façon, j'ai divisé ce livre en trois chapitres qui se suivent et qui correspondent au début, au milieu et à la fin d'une entité. Pourquoi ? Je veux dire, y a-t-il un fait plus profond dont cet arrangement rend compte, ou est-ce seulement utile en termes d'organisation formelle ? Il semble, en effet, qu'il y ait une sorte de coupure ontologique entre émerger, durer, et cesser. Cela semble tellement vrai que j'affirme qu'il est difficile, sinon impossible, de spécifier que la « même » entité est impliquée dans l'émergence, la stabilité, et la cessation. Ce n'est qu'une des inconsistances et des double-vérités auxquels nous devons nous habituer dans une approche ontologique orientée vers l'objet du réel. Le début, le milieu et la fin sont, après tout, des parties formelles différentes du roman, de la pièce de théâtre ou du film. Les réalisateurs d'Hollywood parlent instinctivement d'acte un, deux, ou trois d'un film. Je pense qu'il y a une bonne raison de le dire ainsi : ils parlent, bien que d'une façon distordue, de la façon dont la causalité fonctionne.

D'une façon quelque peu provocante et quelque peu opposée à mes propres intuitions, j'ai décidé d'appeler les phases d'un objet : « naissance », « vie » et « mort ». Cela ne signifie pas que je suggère que les objets soient « vivants », au cas où cela vous amènerait à croire que je suis un vitaliste. Pourtant, il me semble que la compréhension ordinaire et banale de ce que sont les objets est bien trop mécaniste et réifiée. Je suis d'accord avec Jane Bennett qu'il pourrait bien être utile, au moins afin d'imaginer les choses de façon plus ouverte, d'injecter un petit peu d'animisme dans la discussion[164]. Pour des raisons que je vais donner au fur et à mesure, il nous faudrait un terme qui ne se rattacherait ni avec le vitalisme, ni avec le mécanisme. Cette approche semble assez cohérente avec ce que nous savons des formes de vie, à savoir qu'elles sont faites de non-vie[165]. Et cela semble cohérent avec ce que dit OOO des objets : ce ne sont pas seulement des morceaux insipides. La meilleure chose à faire serait d'ajouter une sorte de négation à la vie et à la mort, afin que les objets non-vivants deviennent aussi non-morts, ou morts-vivants. Mais expliquer cela prendrait beaucoup de temps : la naissance, la vie et la mort restent donc dans les titres de chapitres.

Le chapitre suivant, « La naissance magique », explore l'origine d'un objet. Cette exploration se fait selon deux voies intimement liées : à travers une expérience de pensée qui imagine une crèche pour objets de la forme de la mare située au bout de ma rue ; et à travers une analyse des ensembles transfinis de Cantor, laquelle restaure les paradoxes dialéthéiques que certaines interprétations s'efforcent d'omettre – l'exemple le plus remarquable, de nos jours, est l'ontologie d'Alain Badiou qui est fondée sur l'interprétation Zermelo-Fraenkel de Cantor. Le chapitre se déplace alors vers un compte-rendu phénoménologique alien d'un début d'un objet, dérivé des théories esthétiques du début (*aperture*) et du sublime. (La « phénoménologie alien » est un terme de Ian Bogost). Le chapitre 2 affirme que la façon dont un objet commence consiste, en somme, dans l'ouverture d'une nouvelle Fissure entre l'essence et l'apparence. Pour Badiou, l'existence d'une entité signifie qu'elle est identique avec elle-même. Dans *La magie réaliste*, pourtant, l'existence d'une entité est l'existence de la Fissure au sein de l'identité.

Le chapitre 3, « La Vie magique » rend compte de la persistance des objets. Puisque le temps est une propriété émergente des objets, la persistance n'est pas seulement une flânerie au petit bonheur la chance dans la rue préexistante appelée « Avenue de la temporalité ». Tout objet « temporalise » au sens d'un verbe intransitif, tel que « marche » ou « rit ». Le moment présent, que de nombreux systèmes philosophiques (tel que celui d'Augustin) considèrent plus réel que le passé ou le futur, est ici examiné comme trompeur, comme une zone fluctuante de *suspensions*. La théorie musicale et narrative est utilisée pour élucider la présence, laquelle n'est jamais aussi objective et donnée que certains le pensent. A son tour, l'existence du mouvement, et en particulier l'inertie (continuant à exister en tant que mouvement continu), devient explicable au sein du paradigme OOO. La persistance des choses, c'est ce que je soutiens, est la *suspension de la Fissure* entre l'essence et l'apparence qui constitue un objet.

Le chapitre 4, « La Mort magique » rend compte de la façon dont un objet finit. La fin d'un objet est tout simplement la *fermeture de la Fissure* entre l'essence et l'apparence, et donc la réduction d'un objet à son apparence seulement. Cela nous amène à un fait contre-intuitif de façon surprenante, à savoir que l'apparence d'un objet est le *passé* de cet objet, alors que l'essence d'un objet est le *futur* de cet objet. Si le terme principal de la phénoménologie alien du chapitre 3 était la suspension, le terme principal du chapitre 4 est la *fragilité*. Je donne une définition OOO de la fragilité, fondée sur une interprétation du théorème d'incomplétude de

Gödel, lequel est dans la lignée de la découverte des ensemble transfinis par Cantor, explorée dans le chapitre 2. Badiou suppose que la fin d'un objet est le terme de son identité à lui-même. Parce qu'il s'accroche à la LNC, une peste de paradoxes du Sorite menace d'éclater : quand une chose est presque morte, à quel point est-elle identique à elle-même ? Où est la limite ? La perspective selon laquelle finir est la fermeture d'une Fissure, un retour à la cohérence – au moins dans une certaine région de la réalité – n'est pas touchée par ces paradoxes, parce qu'elle n'imagine pas des objets de manière positiviste.

*La magie réaliste* s'achève avec une brève conclusion à propos de ce qui a été accompli. Je conclus que l'ouvrage équivaut à un retour à un étrange Aristote non-théiste, moins préoccupé par les causes finales et la Loi de Non-Contradiction. Cet Aristote est convoqué au moment où les humains deviennent conscients de leur impact écologique sur Terre.

## Chapitre 2

## La naissance magique

> Qui est-ce ?
>
> – Shakespeare, *Hamlet*

Brekekekex, ko-ax, ko-ax ! Les grenouilles croassaient dans la mare près de la maison. Il devait y en avoir des dizaines de milliers. Les humains entendent le croassement et le traduisent par le mot croa, par exemple. Aristophane le traduisait par le fantaisiste mais rythmé *brekekekex, ko-ax, ko-ax*[166]. *Croa* ou *ko-ax*, ce n'est pas si mal comme traduction, ou pour utiliser le terme précis de cette figure de style, comme onomatopée. Les grenouilles ne font pas bouing ou clac. Elles croassent. D'une façon ou d'une autre, ces sons non-humains étaient passés dans le langage humain, altérés mais raisonnablement préservés. Une nouvelle traduction est apparue. Une Fissure fraiche s'est ouverte entre l'apparence et l'essence. *Un objet est né.*

Un mur de croassement remplissait l'air nocturne. Pendant de chaque côté d'une tête humaine, une paire d'oreilles entendait le son errant au-dessus de la mare vers la banlieue dans l'obscurité. Un mécanisme de pensée décousu décomposait le mur du son, visualisant des milliers de grenouilles. Une image exacte de grenouille, plus ou moins vive, traversa l'imagination. Les douces ténèbres invitaient les sens à sonder avec espoir toujours plus loin dans la nuit chaude. Avec la brise venait le mur du son, sans compromis, vibrant comme le son de petits pois gelés cliquetant dans une bouteille de lait propre, multiplié des dizaines de milliers de fois.

Alors que l'auteur écrivait la phrase précédente, un goût saugrenu pour la métaphore appréciait le lien établi entre le son des grenouilles et celui de légumes gelés. (Pas facile d'être vert, pas vrai ?)

L'air était amené à prendre la forme d'un sac élastique au fond de la bouche de la grenouille. Les poumons poussaient et le sac enflait et quand il se relâchait, le croassement s'en extirpait. L'air était moulé par les tissus de la grenouille, échantillonnée brièvement et remballée, revenant à l'atmosphère ambiante, comme un son rauque et grave avec des harmoniques aigües. Le son était fait de myriades de vagues s'entrecroisant dans l'air. Les odeurs fétides du marais humide au bord de la mare erraient indifférentes au *chœur* de grenouilles, atteignant le nez d'une petite fille qui dit qu'elles lui rappelaient la mer. L'air transportait le son, l'odeur et un doux toucher sur la peau.

Une seule vague de son d'une certaine amplitude et d'une certaine fréquence chevauche les molécules d'air à l'intérieur de la bouche de la grenouille. La vague était inaudible à un moustique volant juste à côté des lèvres de la grenouille, mais ressentie plutôt comme une fluctuation dans l'air. La vague transportait des informations à propos de la taille et de l'élasticité de la bouche de la grenouille, la taille de ses poumons, sa jeunesse et sa vigueur. La vague se propageait comme une ondulation, s'évanouissant peu à peu alors qu'elle délivrait son message toujours plus loin dans l'air alentour. Dix mille pieds au-dessus de la mare, les passagers d'un avion ne parviennent pas à entendre la vague de son, bien qu'une faible lueur des lumières d'atterrissage de l'avion était visible, comme un léger reflet de couleur miroité à la surface de l'eau. Parvenant aux oreilles d'une femelle grenouille non loin, pourtant, la vague de son était bientôt traduite en hormones qui lui indiquait la proximité d'une grenouille mâle. Le mur de croassement a fait vibrer doucement les herbes du pavé non loin de la mare.

Les doigts allument un magnétophone MP3 au-delà de la maison de banlieue. Le devant de la vague entre dans le microphone avec d'innombrables autres cousins soniques. Le software d'un sampler reçoit 44,000 petites impressions du son par seconde et les enregistre dans la mémoire du dispositif.

Alors que le devant de la vague avançait, la forme de la vague restait plutôt constante cependant que, une molécule après l'autre, elle se traduisait en sa propre vibration. Le devant de la vague s'étendant s'échoue contre le bord le plus extérieur de la toile d'araignée, amenant l'araignée à détecter à ses pattes la possible présence du prochain repas. Comme une corde de violon pincée, un fil de la toile a bougé légèrement d'avant en arrière[167]. Il y a eu de minuscules différences momentanées de pression sur chaque côté du fil. Une petite goutte de rosée tomba du fil vibrant, s'échouant sur la surface de pierre en-dessous, exposant des millions de microbes à l'air ambiant. Quelques moments plus tard, l'auteur d'un ouvrage nommé *La magie réaliste* se rappelait le son des grenouilles dans la mare et se demandait ce qui avait bien pu se passer dans et autour de ce son.

Des choses réelles et vraies adviennent à de nombreuses échelles et impliquent de nombreux agents, comme l'avant de la vague de son venue de la bouche d'une grenouille qui traverse la mare jusqu'à mes oreilles. La vague s'imprime dans l'air, sur la toile d'araignée, dans l'oreille humaine. Chaque paquet de molécules d'air traduit la vague d'elle-même jusqu'au paquet suivant : traduire signifie « transporter à travers », ce qui est également le sens d'une *méta-phore*. J'espère que vous commencez à voir la façon dont la causalité et « l'information » esthétique sont complètement ficelées ensemble.

Chaque objet est un enregistrement et une trace archéologique extraordinaire de tout ce qui lui est arrivé. Cela ne veut pas dire que l'objet est seulement tout ce qui lui est arrivé – une surface sur laquelle on peut inscrire quelque chose, comme un disque dur ou une feuille de papier n'est précisément *pas* l'information dont elle porte la trace, pour la raison OOO qu'elle se met en retrait. Pour cette raison précise, nous pouvons avoir des enregistrements, MP3s, disques durs et troncs d'arbres. Nous pouvons aussi avoir l'univers – l'objet le plus large que nous connaissons. La preuve de cela apparaît partout – un pourcent de la neige visuelle est la radiation du fond diffus cosmologique laissée par le Big Bang. Plus l'indice d'une chose est répandu dans la forme d'autres choses, plus son pouvoir est grand et profond son passé. Donc plus le trait de caractère est basique, plus lointain est le passé dont il provient. Cinq protéines trouvées dans toutes les formes de vie sont l'indice du DACU, le Dernier Ancêtre Commun Universel, imaginé comme une créature océanique gigantesque avec des cellules très poreuses. Ces protéines sont maintenant manufacturées différemment qu'elles l'étaient dans DACU, mais c'est comme si nos corps – et les corps des geckos et des bactéries – continuaient à les reproduire malgré tout, comme des passages de la Bible tissés dans le discours quotidien d'un athée du 21ème siècle. De la même façon, Heidegger pensait que la philosophie avait oublié l'être si profondément dans le passé que la preuve de cet oubli devait être comme partout et nulle part à la fois.

Si nous pouvions seulement lire chaque trace correctement, nous trouverions alors que le plus petit fil de la toile d'araignée est une sorte d'enregistreur des objets qui l'ont bousculé, de la vague de son produite par la patte de l'araignée, à l'aile de la malheureuse mouche, à la goutte de rosée. Un enregistreur fait en toile d'araignée. Jakob von Uexküll mentionne ces *marques* (*Merkmalträger*) de la mouche dans le monde de l'araignée[168]. Bien que les deux mondes ne se croisent pas – l'araignée ne peut pas connaître la mouche en tant que mouche, et vice versa – il y a des marques et des traces en veux-tu en voilà. Ainsi, Giorgio Agamben, interprétant le propos de Uexküll, écrit à propos d'une forêt :

> « Il n'existe pas une forêt comme environnement objectivement fixé : il existe une forêt-pour-le-garde-forestier, une forêt-pour-le-chasseur, une forêt-pour-le-botaniste, une forêt-pour-le-voyageur, une forêt-pour-l'amoureux-de-la-nature, une forêt-pour-le-charpentier, et, enfin, une forêt de conte dans laquelle le petit chaperon rouge a perdu son chemin[169] ».

OOO ajoute : certes, mais n'oublions pas la forêt-pour-l'araignée, la forêt-pour-la-toile-d'araignée, la forêt-pour-l'arbre, et enfin mais ce n'est pas des moindres, la forêt-pour-la-forêt. Même si elle pouvait exister dans son petit coin, une forêt exemplifierait le fait que *l'existence n'est qu'une coexistence*. Dire que l'existence est coexistence ne veut pas dire que les choses se réduisent simplement à leurs relations. Cela revient plutôt à affirmer qu'en raison du retrait, un objet ne s'épuise jamais dans ses apparences – cela signifie qu'il y a toujours quelque chose qui reste, comme c'était, un excès qui pourrait bien être expérimenté comme une distorsion, un fossé ou un vide. En eux-mêmes, les objets sont « un petit monde astucieusement fabriqué » comme l'écrit John Donne[170]. Ceci s'explique par la Fissure : l'être des choses est évidé de l'intérieur. C'est cette Fissure qui nourrit leur naissance.

## La causalité comme échantillonnage

Retournons donc à l'avant de cette vague du croassement de grenouilles. On dirait que chaque entité échantillonne la vague d'une façon différente. Il y a l'avant de la vague comme échantillonnée par le moustique de la même façon qu'un pur changement de pression par exemple. Le fil vibrant de la toile d'araignée annonce la présence d'un repas possible dans la toile de l'araignée qui patiente. Pourtant, une seule entité, la vague, est ce qui est échantillonné à chaque instant. C'est comme une chanson pop. Vous pouvez obtenir le CD, le vinyle, la cassette, le MP3, le remix pour dance de 12 pouces, l'AIF, le WAV – ou vous l'entendez un jour beuglée par un transistor de mauvaise qualité vrombissant à cause des interférences. Dans chaque cas vous avez un échantillon, une trace, de la chanson. La chanson a une forme. Le vinyle a une forme. Les outils spéciaux marquent le vinyle de la forme de la chanson. Un laser fait des petits trous dans la surface plastique d'un CD, traduisant la chanson en une séquence de trous et de non-trous.

Analysons donc l'enregistrement MP3 des grenouilles qui croassent. C'est une traduction du son de la grenouille comme l'est le mot « croa » ou celui, sophistiqué, qu'Aristophane propose : *brekekekex, ko-ax, ko-ax*. Sélectionnons d'abord deux secondes de ce croassement. Un écran d'ordinateur traduit le son en une image visuelle de vague. Une application software spéciale introduit des zéros dans la vague de façon à ce que chaque petit morceau de la vague devienne visible entre des séquences spatiales de plus en plus étirées. Un petit morceau de la vague qui correspond à deux secondes de croassement de grenouilles est une séquence composée de bruits secs distincts. Accélérez ces bruits distincts et vous avez un croassement. A une très petite échelle, la vague est une série de battements, comme les battements d'un tambour. Ces battements arrivent quand un son en interrompt un autre. Pensez à une ligne. Introduisez maintenant une rupture dans la ligne – interrompez-la : vous avez deux lignes. Cet espace entre elles est un battement. Dans la composition musicale sur software, un échantillon peut être décomposé selon le rythme d'un autre, donnant lieu à un effet communément appelé « gating ». Une voix, par exemple, peut être décomposée en crépitements de battements hi-hat ou de coups de caisse claire de façon à ce que qu'un « Ah » apparemment régulier devienne « A-a-a-a-a-ah ».

Pensez à une ligne droite. Puis brisez-la en deux en retirant le tiers du milieu. Vous avez maintenant un battement, l'espace entre les lignes ; et deux battements correspondant aux lignes. Puis retirez le tiers du milieu de chacune de ces lignes. Vous avez déjà quelques battements de plus. Et quelques lignes correspondant à des battements de plus. A la fin, vous finissez avec le *Cantor Dust*. Elle est appelée ainsi en l'honneur de Georg Cantor, le mathématicien qui a découvert les ensembles transfinis – des ensembles infinis de nombres qui semblent être plus larges (infiniment plus larges) que d'autres ensembles de nombres infinis. Cantor Dust est bizarre, parce qu'il contient une infinité de pulsations et une infinité de non-pulsations. Une infinité de battements et une infinité de lignes correspondant à des lignes : $p \wedge \neg p$. Ce fait paradoxal est la sorte de découverte que les réinterprétations de Cantor ont parfois amené à supprimer, surtout la théorie Zermelo-Fraenkel qui a la préférence d'Alain Badiou[171]. Nous avons vu cette formule auparavant dans notre première incursion dans le monde des objets fondamentalement inconsistants. Il n'est pas surprenant que nous la rencontrions de nouveau. Pourquoi ?

L'amalgame de battements et de non-battements est aussi ce qui arrive à une plus petite échelle physique. Chaque vague en brise d'autres qui la brisent également. Le son déchire le silence. Le silence déchire le son. Nous sommes arrivés en un lieu bien étrange. Afin que le croassement des grenouilles se produise, quelque chose doit être là, et pourtant doit manquer ! Des flots continus, disons le souffle d'une grenouille à travers sa bouche, doivent être interrompus d'une façon ou d'une autre pour produire un battement. Il doit toujours y avoir au moins un son en trop ou un non-son que le battement puisse déchirer[172]. Pour ceux qui ont un attrait pour les mathématiques, cela rappelle l'incroyable preuve diagonale des ensembles transfinis faite par Cantor, à savoir celle des « infinités » plus larges que l'infinité de nombres entiers normaux, ou de nombres rationnels (des nombres entiers et des fractions). Disons que nous observons chacun des nombres entre zéro et un. Cantor imagine une grille dans laquelle nous pourrions lister chaque nombre entre zéro et un dans des séries de bas en haut et de long en large. Pourtant, chaque fois que vous faites cela, un nombre apparaît dans la ligne diagonale qui traverse la grille à quarante-cinq degrés, un nombre qui n'est pas inclus dans l'ensemble de nombres rationnels. De façon étonnante, quelque chose est toujours laissé en dehors des séries[173] !

Nous pourrions affirmer que Cantor avait découvert quelque chose à propos des entités de toutes sortes ou, comme il les appelle ici, des *objets*. Cantor a découvert que les objets tels que les ensembles contenaient des profondeurs et des ombres infinis et infinitésimaux, des zones obscures qui s'éloignent chaque fois que vous essayez d'en prélever un échantillon. L'ensemble des nombres réels contient l'ensemble des nombres rationnels, mais est infiniment plus large puisqu'il contient des nombres tels que pi et la racine carrée de 2. Il semblerait qu'il n'y ait pas de continuité lisse entre de tels ensembles. L'ensemble de nombres réels contient donc un ensemble qui n'est pas entièrement un membre de lui-même – l'ensemble de nombres rationnels se tient de façon ambiguë au sein de l'ensemble de nombres réels et c'est ce paradoxe qui rendait les logiciens tels que Russell furieux. Leur « solution » est de décider que cette sorte d'ensemble n'en était pas un – ce qui revient à complètement manquer ce qui est en jeu.

Pour revenir à notre grenouille qui croasse, peu importe le nombre de fois que vous échantillonnez sa voix – en l'enregistrant avec un lecteur MP3, en l'écoutant à travers la patte de l'araignée, en l'appréciant comme membre indistinct d'un *chœur* fort d'un millier de voix – vous ne l'épuiserez pas. Et ce n'est pas tout. Le croassement lui-même contient des traductions inépuisables et des échantillons d'autres entités telles que la trachée de la grenouille et ses hormones sexuelles. Le croassement lui-même n'est pas identique avec lui-même. Et aucun échantillon de croassement ne lui est identique. Il n'y a pas de totalité dont ces parties seraient les sommes, ou qui serait plus grande que leur somme. Il ne peut tout simplement pas y en avoir. Quelque-chose nous échappe toujours, quelque chose est toujours laissé de côté pour qu'un battement puisse advenir. Un « battement » implique « un objet en retrait ».

Qu'est-ce qui arrive quand vous prenez la plus petite unité du battement pensable ? C'est ce que les physiciens appellent un *phonon*. Un phonon est un quantum de vibration, de la même façon qu'un photon est un quantum de lumière. Quand on passe un phonon à travers un matériel suffisamment sensible pour enregistrer sa présence, tel qu'une petite fourche en métal en surfusion visible à l'œil nu, on voit cette fourche vibrer et ne pas vibrer *en même temps*[174]. Rappelez-vous qu'Aaron O'Connell, qui a mis au point cette expérience, décrit cet état avec la jolie expression de « respiration ». Cette respiration est visible pour les humains. O'Connell emploie l'analogie de quelqu'un de seul dans un ascenseur : cette personne est alors capable de faire toutes sortes de choses que l'inhibition lui interdirait en public[175].

Pour finir cette magie, vous devez passer le phonon à travers un qubit. Un qubit, contrairement à l'interrupteur classique, peut être sur ON, OFF, ou ON et OFF à la fois. Comme pour défier notre désir de réduire les objets à ses particules élémentaires, la plus petite quantité de vibration possible, quand nous préservons son être fragile en le passant à travers le qubit vers un réseau cristallin (métal) juste en dessous de zéro Kelvin (le zéro absolu), cause quelque chose et rien à la fois, les deux se superposant. C'est comme si le battement et le non-battement advenaient en même temps. Une autre couche de mystère surgit juste devant nos yeux ; cette expérience peut être vue par des humains sans aide prothétique, ce qu'il la rend extrêmement étrange, étant donné ce que nous supposons habituellement quant à l'échelle à laquelle les phénomènes quantiques devraient arriver.

L'unité de vibration n'arrive pas « dans » l'espace ou « dans » le temps si par cela nous entendons quelque contenant rigide qui serait extérieur aux choses. On dirait que le temps et l'espace eux-mêmes sont produits de ces différences, de ces battements, partout[176]. Mais en raison de la régularité de nos dispositifs pour mesurer le temps, nous, humains, nous nous attendons paradoxalement à ce que les choses se comportent mécaniquement, même si la physique nous dit que cela ne peut tout simplement pas être le cas, du moins pas d'une façon fondamentale. L'entrée d'un sampler s'ouvre et se ferme en un quarantième de millième de seconde. Il enregistre et inscrit un certain bout de croassement. Un cristal de quartz dans une montre digitale sur l'enregistreur MP3 vibre. Ça vous dit que le croassement de grenouille a été enregistré à tel et tel moment. Cela vous dit le temps en quartz, exactement de la même façon que les roues en métal et les ressorts, dans une vieille horloge à coucou, vous dit le temps en roues et en ressorts. « Dire le temps » est une expression qui révèle plus qu'on ne pourrait le croire.

Dire, c'est parler et donc traduire – des vibrations quartz électroniques en humain, par exemple. Dire, c'est aussi compter ou battre le temps. Les clics périodiques des grenouilles nous révèlent des battements mesurés. La réalité, en ce sens, est une mare gigantesque dans laquelle des milliers de milliards d'entités pareilles à des grenouilles sont en train de croasser à différentes vitesses, les unes en face des autres, les unes à travers les autres, se modulant et se traduisant les unes et les autres.

En passant à l'échelle supérieure, la petite mare de la nuit, avec son *chœur* et sa douce valse de roseaux et d'herbes, peut être perçue comme un satellite espion en orbite géostationnaire. Un photon intemporel rebondit sur l'œil de la grenouille. Le photon est renvoyé dans l'espace où il passe à travers le dispositif à échantillonner de la caméra satellite. A cette échelle, l'information disparait à la vitesse de la lumière dans l'Univers en un cône gigantesque, un cône que Hermann Minkowski appelait le cône de lumière. Si un vaisseau spatial alien équipé de télescopes était capable de recevoir des photons de l'œil de la grenouille, les aliens seraient capables de se rendre compte du moment où les photons ont rebondi sur le globe oculaire et d'où leur vaisseau se trouve vis-à-vis de ce globe oculaire. Mais si le vaisseau alien quitte le cône de lumière émanant de la grenouille qui croasse, il est insignifiant pour eux de savoir si la grenouille croasse dans leur passé, leur future ou leur présent. Il n'y a aucune façon simple de le déterminer. A cette échelle macro, donc, on dirait que l'univers se comporte comme si ses objets étaient mystérieusement en retrait – les événements commencent à perdre leur comparabilité entre eux de telle sorte que nous ne pouvons plus dire quand et où ils adviennent à moins que nous ne soyons à l'intérieur d'une certaine portée définie comme cône de lumière. Si Einstein a raison, alors cette prise de conscience a aussi des conséquences pour la grenouille elle-même. Placez une petite horloge sur la langue de la grenouille. Elle indiquera une heure différente de la petite horloge que vous placez sur l'aile du moustique qui passe en voletant.

La théorie quantique et la théorie de la relativité posent toutes sortes de limites à la vision de notre mare qui en ferait une machine intriquée. Les machines ont besoin de parties rigides qui opèrent de façon fluide dans un contenant spatio-temporel vide. Les matérialistes, parmi la foule des partisans de l'Univers-infini et du contenant-spatiotemporel-vide, ont adapté à partir d'Augustin et d'autres théologiens, qui étaient les premiers à affirmer l'existence d'un espace infini – un argument qui a été soutenu par le Pape lui-même[177] – ce qui était, paradoxalement, une partie néo-pythagoricienne du mysticisme. Maintenant, la théorie du Big Bang est bien établie, mais la plupart des physiciens post-newtoniens ont supposé que l'Univers devait être éternel. Pourtant quelques siècles auparavant, un aristotélicien arabe, qui n'était donc pas sujet aux édits papaux, s'en était déjà rendu compte. Ce métaphysicien spéculatif, al-Kindi, avait utilisé un morceau d'Aristote et un peu de clairvoyance rationnelle pour affirmer que l'Univers ne pouvait pas être infini ou éternel. En utilisant Aristote contre Aristote lui-même, il démontra rationnellement que puisqu'une chose physique ne peut pas être infiniment large, et puisque le temps est un aspect de l'Univers physique, alors l'Univers physique ne pouvait pas être éternel[178]. (Aristote lui-même pensait que puisque le mouvement des cieux était parfait, alors l'Univers devait être éternel). Si l'Univers était éternel, cela aurait pris un nombre infini de jours pour arriver à ce jour-ci. Cela signifie qu'aujourd'hui n'aurait pas pu arriver. Et donc que l'Univers n'est pas éternel.

La physique du dernier siècle laisse penser qu'il serait extrêmement improbable que notre mare soit une machine, à moins qu'on entende cela d'une façon très saugrenue. Peut-être que le croassement de cinquante mille grenouilles vous rappelle un peu le grand magasin plein de jouets mécaniques qui fonctionnaient simultanément – quoique mal –. Il y a une périodicité, une répétition régulière des battements qui fait apparaître ce qu'il se passe comme mécanique. Et la biologie aime utiliser la machinerie pour imaginer la façon dont les formes de vie font des choses comme le croassement. Mais du point de vue de la physique fondamentale, cette machinerie n'est, à dire vrai, seulement qu'une assez bonne métaphore.

Pourtant, pendant une assez longue période, au moins depuis le dix-septième siècle, les humains ont eu l'habitude de penser que la causalité avait quelque chose de mécanique, comme des roues mécaniques s'engrenant les unes les autres, ou comme de petites billes s'entrechoquant dans un jeu de cadre de bureau. Pourtant, même quand vous examinez les roues et les billes, ce que vous trouvez est bien plus étrange que cela. Par exemple, si vous faites vraiment de petites roues à l'échelle nano, quand vous les placez ensemble, vous trouverez peut-être qu'elles ne tournent pas parce qu'elles sont devenues, à toutes fins utiles, un objet. Les forces de Casimir les ont engluées ensemble bien qu'elles ne les aient pas touchées à proprement parler. Quand une toute petite bille heurte un réseau cristallin, elle peut alors rebondir, ou elle peut y pénétrer – ou bien, elle pourrait même faire les deux.

Comme nous l'avons vu dans cette introduction, quand nous pensons à la causalité, ce que nous pensons relève d'une sorte de clic. Mais pensez aux hormones dans le système endocrinien de la grenouille. Dans un système chimique, il se peut qu'il n'y ait aucune partie qui ne se meuve de façon évidente, pourtant un catalyseur peut bien faire advenir une réaction. Peut-être n'est-ce pas la meilleure chose que de penser à la stimulation sexuelle de la grenouille comme une boule unique qui en heurterait une autre (veuillez excuser l'ambiguïté un peu gênante de cette phrase). Il serait peut-être préférable de penser à un transfert d'information – il serait peut-être préférable de penser à la causalité comme un processus *esthétique*.

Nous avons vu la façon dont les événements commençaient à travers un certain phénomène esthétique. Ce n'est pas une notion désuète. En fait, c'est peut-être beaucoup moins désuet que les images de la causalité clac. Comment se fait-il que les roues à l'échelle nanoscopique puissent être engluées ensemble à travers les forces Casimir ? Comment se fait-il qu'une petite fourche réglée puisse vibrer et ne pas vibrer en même temps ? Comment se fait-il que le « passé » et le « futur » soient dépourvus de sens en dehors du cône de lumière ? Est-ce que tous ces phénomènes ne suggèrent pas de manière saisissante la possibilité que, quand on cherche la causalité comme quelqu'un qui ouvre le capot d'une voiture pour inspecter la machinerie en-dessous, nous sommes en fait en train de chercher au mauvais endroit ? La magie de la causation, en d'autres termes, pourrait bien être magique en ce sens qu'elle se passe juste devant nos yeux, dans la dimension esthétique. Comme je l'ai dit auparavant, le meilleur endroit pour dissimuler quelque chose est bien en face des caméras de sécurité. Personne ne peut croire ce qu'il se passe. Ce qu'il reste à expliquer, autrement dit, n'est pas la mécanique aveugle en-dessous du capot, mais le simple fait que des choses se passent, ici même.

Se pourrait-il que la quête d'une machine causale en-dessous des objets soit une réaction défensive vis-à-vis du fait que la causalité soit un mystère qui se passe juste sous notre nez mais qui serait inexplicable sans le recours à l'esthétique et sans sérieusement revoir tout un tas de présupposés que nous avons sur le monde depuis le dix-septième siècle ? La restriction graduelle de la philosophie à une île de signification humaine se réduisant de plus en plus en un vide gigantesque ne servit seulement qu'à confirmer ces présupposés. Parallèlement à cette triste aventure, les arts et la dimension esthétique de la vie sont de plus en plus largement perçus comme une sorte de bonbon plutôt plaisant mais, au fond, inutile soupoudrant la surface de la machinerie. Je démontrerai exactement le contraire. La machinerie est une fantaisie humaine et la dimension esthétique est le sang véritable de la causalité. Un effet est toujours un effet esthétique. C'est-à-dire qu'un effet est une sorte d'événement perceptif pour quelque entité, peu importe que cette entité ait de la peau, des nerfs ou un cerveau. Comment puis-je même commencer à suggérer quelque chose d'aussi excentrique ?

Une raison pour laquelle il pourrait être pertinent et même raisonnable de penser de cette façon apparaît quand on se demande s'il y a quelque chose de si différent dans ma perception et dans la perception d'une grenouille, ou, peu importe, la perception d'une araignée ou même d'une toile d'araignée. Plutôt que de suivre la route qui consiste à proclamer que les blocs de parpaing ont des esprits, suivons l'autre voie – imaginons qu'être soucieux de quelque chose est comme être un bloc de parpaing. Nous pouvons nous appuyez ici sur la partie la plus ardue de la théorie évolutionniste hardcore. Si nous pensons la perception comme une sorte de prix bonus accordé pour être hautement évolué alors nous ne sommes pas de bons darwinistes. C'est une notion téléologique et s'il y a une chose que Darwin a faite c'est de mettre un grand pieu en fer, de façon quelque peu impolie, dans le *cœur* de la téléologie. La grenouille croassant dans la mare est tout aussi évoluée que je le suis. Pour ce que j'en sais, elle pourrait même avoir plus de gènes. Les drosophiles ont plus de gènes que les humains. La mutation génétique est un pur hasard par rapport au besoin présent. Les cerveaux sont des bricolages à la va-vite maintenus ensemble à travers des millions d'année d'histoire de l'évolution. Peut-être faut-il en déduire que quand un cerveau perçoit le monde à sa façon bien à lui, ce n'est pas bien différent de la façon dont un bloc de parpaing perçoit le monde à sa façon propre. Pourquoi ?

Quand j'écoute le croassement de la grenouille, mon ouïe évide l'essence des bouts audibles de croassements de grenouille d'une façon anthropomorphique quelque peu cavalière. Quand l'enregistreur MP3 prend un échantillon troué du même son quarante mille fois par seconde, il MP3-morphise le croassement de façon aussi impitoyable que je l'anthropomorphise moi. Le croassement est entendu comme mes oreilles l'entendent, ou comme l'enregistreur l'enregistre. Entendre, c'est entendre-comme. Voici un exemple de ce que Harman, via Heidegger, nommait la structure-comme. Mes oreilles humaines entendent la grenouille comme des oreilles humaines. L'enregistreur digital entend la grenouille comme un enregistreur digital. La toile d'araignée entend la grenouille de façon toile-morphisante. Les oreilles otomorphisent, l'enregistreur enregistreur-morphise. Quand vous entendez le vent, vous entendez le vent dans les arbres – les arbres dendromorphisent le vent. Vous entendez le vent dans la porte, la porte porte-morphise le vent[179]. Vous entendez le vent dans la cheminée : la cheminée échantillonne le vent à sa façon propre.

## L'interobjectivité revisitée

Une autre façon de le dire consiste à dire que le vent *cause* le bruit de la cheminée. Le vent *cause* le doux gémissement de la porte d'entrée. Le vent *cause* le silence et l'agitation des arbres. La grenouille *cause* les mouvements pareils aux vagues de la toile d'araignée. La grenouille *cause* la vibration de mon tympan. Tout cela est parfaitement clair. *La causalité est esthétique.*

Ce fait signifie que les événements causaux ne font jamais, au grand jamais, clac, parce que faire clac implique une séquence temporelle linéaire, un contenant dans lequel une bille de métal peut glisser jusqu'à une autre et la heurter dans un clic. Pourtant *avant* et *après* sont strictement secondaires à cet échange d'information. Il faut qu'il y ait toute une disposition qui suppose un de ces jeux de cadre, un bureau, et une salle et probablement au moins un cadre qui s'ennuie avant que ce clic puisse arriver. La causalité clac est une réification fétichiste, non pas une causalité sensible !

Les objets semblent être intriqués entre eux à un niveau esthétique. De nos jours, l'intrication quantique commence à devenir un phénomène tout à fait familier. Vous pouvez intriquer deux particules, tels que des photons ou même des molécules plus petites, de façon à ce qu'elles puissent se comporter comme si elles étaient télépathiques. Sur des distances arbitraires (certains pensent qu'il n'y a pas de limite), vous pouvez dire à une particule une information et l'autre particule semble recevoir cette même information simultanément[180]. Les différences spatiotemporelles sont insignifiantes quand on en vient à l'intrication quantique. Et si cela était également le cas avec la salière et les doigts, les mares et l'air de la nuit, ou bien les MP3 et le son des vagues ? La causalité c'est la façon dont les choses s'intriquent les unes dans les autres. La causalité est ainsi distribuée. Aucun objet n'est responsable de la causalité. On ne cesse jamais de se refiler le bébé, parce que la causalité signifie que le bébé est à plusieurs endroits à la fois. Cela fait deux jours que j'ai entendu pour la première fois ces grenouilles, et je suis là, écrivant toujours à leur propos. L'intrication se répand à travers le temps. Ou plutôt, je *dis* le temps selon les rythmes des croassements avec lesquels je suis intriqué. « Hier » est une relation que j'ai avec le quartz, le lever du soleil, la gravité et un mal de gorge persistant.

Une autre façon de dire cela consiste à dire que la causalité est interobjective. Nous avons commencé à explorer cette question dans le chapitre précédent. Réitérons : nous sommes plutôt familiers avec le terme *intersubjectivité*. Cela signifie que des choses sont partagées entre des sujets. Par exemple, je suis quelqu'un que plusieurs personnes désignent comme Tim. Tim est un phénomène intersubjectif. Les enfants en bas-âge parlent d'eux-mêmes à la troisième personne parce qu'ils n'ont pas encore internalisé ce fait. Ils se réfèrent à eux-mêmes comme à quelqu'un d'autre, et ce faisant, ils disent la vérité. Mais ici, je prétends que l'intersubjectivité – et en fait, ce que nous appelons subjectivité en quelque sens que ce soit – est un morceau que l'homme a façonné à partir d'un ensemble bien plus vaste : l'interobjectivité. Cela a des implications très importantes. Il y a de nombreux effets quand on décrit les phénomènes tels que *subjectivité* et *esprit* comme des choses interobjectives. Un cerveau dans un seau, un cerveau sous drogue, un cerveau dans un homme en bonne santé d'une quarantaine d'année : ce sont différents états interobjectifs. L'intersubjectivité n'est qu'une petite partie de la signification humaine dans un vaste océan d'objets, communiquant tous les uns avec les autres et recevant tous des informations des uns et des autres, comme des grenouilles dans la mare du réel. Penser l'esprit comme une substance « derrière » le domaine du sensible interobjectif, une tradition commencée par Théophraste, conduit à toutes sortes de problèmes, comme le philosophe arabe Ibn Rushd l'a bien souligné[181].

L'interobjectivité signifie que quelque chose de nouveau peut arriver à tout moment parce que dans n'importe quelle situation – dans n'importe quelle configuration des objets – il y a toujours 1 + $n$ objets de plus que nécessaire pour un partage d'information. Le croassement de la grenouille voyage à travers la mare. L'eau aide à la transmission en douceur des vagues de son dans l'air ambiant autour de la mare. Mais les herbes au bord de la mare absorbent une partie du son, y imprimant leur fin bruissement en l'assourdissant un peu. Quand j'entends le croassement alors que je tourne la clef dans la porte du garage, je suis en train d'entendre une histoire qui concerne l'air, les herbes, l'eau et les grenouilles. C'est un croassement de grenouilles plus $n$ objets. Le son ne voyage pas dans un espace vide. Il voyage à travers un objet dans lequel résident d'autres objets. Par exemple, le son voyage à travers un cône de lumière dans lequel diverses planètes, galaxies et fluctuations de vide existent. Le son voyage à travers la banlieue de la côte ouest des Etats-Unis. Le son voyage à travers une société de grenouilles. Il n'y a pas de *monde*, à proprement parler – pas d'*environnement*, de *nature*, de *décor de fond*. Il y a seulement des termes commodes pour les objets $n$ qui parviennent à établir des relations interobjectives avec ce qui advient autour d'eux, quoi que ce puisse être. Il y a seulement une assemblée plénière d'objets, pressant de tous les côtés, nous lorgnant comme des personnages déments de la foule dans un tableau expressionniste quelconque.

L'interobjectivité est l'utérus dans laquelle la nouveauté croît. L'interobjectivité garantit véritablement que quelque chose de nouveau peut arriver, parce que chaque échantillon, chaque vibration de la toile d'araignée, chaque empreinte des objets sur d'autres objets, est lui-même un tout nouvel objet avec un nouvel ensemble de relations aux entités qui l'entourent. L'évidence de la nouveauté coule en cascade autour du nouvel objet. Le croassement de grenouille selon l'humain m'inspire un chapitre dans mon ouvrage sur la causalité. Le croassement de grenouille façonné selon le MP3 se tapit dans la puce de l'enregistreur, éjectant d'autres données sur son passage. Le croassement de grenouille façonné selon la toile trompe l'araignée pendant une demi-seconde, l'appâtant vers la source du désordre. Et un globe oculaire humain demeure indifférent au croassement, concentré qu'il est sur le cil qui est venu à la dérive sur sa surface humide et laiteuse. Les objets sont prêts pour ce qui est nouveau, parce qu'ils ont toutes sortes de poches, de redondances et de dimensions supplémentaires. En somme, ils contiennent toutes sortes d'autres objets, 1 + $n$.

Si les débuts d'un objet étaient le début d'une histoire, cela serait appelé *ouverture*. Puisque la causalité est esthétique, ouverture est précisément le terme par lequel nous la désignerons quand un nouvel objet est né. Qu'est-ce que l'ouverture – que pouvons-nous apprendre des objets esthétiques avec lesquels nous sommes familiers ? Pouvons-nous extrapoler à partir de cela pour penser d'autres sortes d'objets et des interactions objet-objet ? Pour cela, nous pouvons facilement revenir à Aristote. Sa notion de cause formelle est particulièrement utile pour penser aux œuvres d'art en tant que substances, c'est-à-dire, en tant qu'objets avec une forme distincte, un contour et une ligne distincts. La raison profonde pour laquelle cela sera utile pour nous est que les œuvres d'art font des origamis avec la causalité, la pliant dans toutes sortes de formes que nous n'avons pas l'habitude d'étudier.

## Ouverture : un début pareil à une distorsion

Pensez à une histoire d'une certaine forme. Aristote avait raison concernant les histoires. Elles ont un *début*, un *milieu* et une *fin*, affirmait-il[182]. Quand j'ai lu cela pour la première fois, je me suis senti agacé. Dis-moi quelque chose que j'ignore, Aristote ! Regardez, voici le début d'une histoire (page 1). Voici le milieu (on divise le nombre de pages par deux). Et voici la fin (la dernière page). Bien sûr, ce n'est pas ce qu'Aristote veut dire. Ce qu'il veut dire c'est que les histoires ont un *sentiment* de début (ouverture), un *sentiment* de milieu (développement) et un *sentiment* de fin (clôture). Selon l'histoire, ces sentiments peuvent être plus ou moins intenses et durer pendant des périodes plus ou moins longues.

Les débuts, les milieux et les fins sont sensibles. En d'autres termes, ils appartiennent à la dimension esthétique, l'éther dans lequel les objets interagissent. Toute tentative visant à déterminer un début, un milieu ou une fin pré-sensible ou non-sensible aboutit à des apories, des paradoxes et des impasses. Puisque les objets aiment à se cacher, adopter le dicton bien connu d'Héraclite quant à la nature, chasser la façon dont ils commencent, continuent ou finissent revient à essayer de trouver le savon dans le bain.

Qu'est-ce donc que l'ouverture, le sentiment de commencement ? Peut-être que de réfléchir à cela peut nous donner quelques indices quant à la façon dont les objets commencent. Les histoires commencent avec des lueurs d'incertitude. En tant que lecteur, vous ignorez qui est le personnage principal. Vous ignorez ce qui est un petit ou un grand événement. Vous ignorez si l'insistance d'un premier chapitre sur un salon dans la banlieue londonienne de la fin de la période victorienne sera signifiante par la suite. Chaque détail semble bizarre, flottant dans un bain de signification potentielle. Vous ne savez pas si l'histoire à proprement parler a déjà commencé. Est-ce seulement le prologue ?

Imaginez que vous écoutez une histoire à la radio. Imaginez que vous changiez de chaîne à un moment donné et que vous tombiez sur un bout de cette histoire. Seriez-vous capable, seulement à la façon dont le narrateur raconte cette histoire, de dire si c'est un début, un milieu ou une fin ? Si l'histoire se trouve être une histoire réaliste, écrite d'environ 1790 à nos jours, vous auriez peut-être une chance. Il y a des règles plutôt précises quant à l'écriture de l'ouverture, du développement et de la clôture dans une narration réaliste. Maintenant, évidemment, je ne vais pas affirmer que la réalité réelle correspond à une narration réaliste. Mais le réalisme esthétique nous donne quelques outils utiles pour penser la façon dont l'art transmet un sens de la nouveauté, de la familiarité et de la finalité. Et puisque la causalité est une forme d'art, cela suffit pour que nous menions une enquête sur cette question. Notez, toutefois, qu'un roman réaliste n'est pas nécessairement réaliste de la façon dont une ontologie est réaliste. C'est seulement que les romans réalistes ont des paramètres clairement définis quant à ce qui fait office de début, de milieu et de fin.

Nous avons passé quelque temps dans une nurserie pour objets, la mare sur le chemin de ma maison. Voyons maintenant ce qui arrive quand nous assistons à la naissance d'un objet. Comment les objets commencent-ils ?

Crack ! Soudain l'air est plein de verre brisé. Les fragments de verre sont des objets tout frais, des nouveau-nés d'un verre de vin brisé. Ces objets agressent mes sens et, si je ne fais pas attention, mes yeux pourraient bien être coupés. Il y a des fragments de verre. Qu'est-ce qui arrive ? Combien ? Comment est-ce arrivé ? Je fais l'expérience du donné profond du début comme une *anamorphose*, une distorsion de mon espace cognitif, psychique et philosophique[183]. La naissance d'un objet est la déformation des objets aux alentours. Un objet apparaît comme une fêlure dans le réel. La distorsion arrive dans le domaine sensible, mais en raison de ses éléments nécessaires de nouveauté et de surprise, elle miroite avec le réel d'une façon distordue. Les débuts sont ouverts, perturbants, merveilleux, horribles.

Les questions étonnées qui me viennent nécessairement au début d'une histoire sont toutes des marques de *l'ouverture*, le sentiment du début. Puisque l'esthétique joue un rôle fondamental dans l'ontologie orientée vers l'objet, pensons à l'esthétique du début. Le sentiment du début est précisément cette qualité d'incertitude, une qualité bien établie au début d'*Hamlet*, dont la première phrase est la question : « Qui va là ? »[184]. N'est-ce pas le problème quintessentiel au début d'un drame, qu'il soit dans un film ou dans une pièce ? Qui est le personnage principal ? Qui est-ce que nous regardons maintenant ? Sont-ce des personnages majeurs ou mineurs ? Comment savoir ? Nous ne le pouvons pas. Ce n'est que lorsque le film ou la pièce a commencé depuis un moment que nous pouvons le deviner.

L'ouverture est une distorsion (une anamorphose), l'absence d'un point de référence. Rien n'est arrivé pour le moment, puisque « arriver » est paradoxal : cela suppose au moins que deux choses adviennent, comme l'a affirmé Hegel. En outre, l'ouverture est flexible. Elle peut être étirée ou comprimée. Vous pouvez avoir des débuts qui vous jettent tout droit dans l'histoire sans que vous ayez besoin de savoir qui est qui : les films d'action sont de bons exemples. Vous pouvez avoir des débuts qui contaminent le film entier. Le début n'est pas mesurable mais il est défini – il a des cordonnées précises mais ces cordonnées sont esthétiques et non pas spatiales ou temporelles.

Quand vous commencez à lire une histoire – n'importe quoi qui ait un narrateur – quelques questions vous viennent à l'esprit. Qu'est-ce qui est réellement un événement dans cette histoire ? Suis-je au courant d'un événement majeur ou insignifiant ? Il y a des façons traditionnelles de faire cela, par exemple la *mise-en-scène*. L'ouverture est le sentiment d'incertitude quant aux vitesses et aux tempos relatifs de l'histoire. Comment pouvons-nous savoir pourtant ? La vitesse et le tempo sont relatifs et donc nous avons besoins de séquences d'événements pour comparer. De la même façon, la naissance de seulement un objet est tout simplement une distorsion de la plénitude des choses, quoique légèrement. La nouveauté est garantie dans un univers OOO, puisque l'arrivée d'une nouvelle chose détraque le rapport des choses les unes aux autres, de la même façon que l'addition d'un nouveau poème change les poèmes écrits auparavant. Une nouvelle chose est une distorsion des autres choses.

Il y a quelques astuces que les romanciers réalistes utilisent pour commencer leurs histoires, pour évoquer l'ouverture. Ces astuces valent la peine d'être étudiées car elles nous disent quelque chose de la façon dont la causalité fonctionne. Considérez le début du *Portrait de Dorian Gray* :

> L'atelier était plein de l'odeur puissante des roses, et quand une légère brise d'été souffla parmi les arbres du jardin, il vint par la porte ouverte, la senteur lourde des lilas et le parfum plus subtil des églantiers.
>
> D'un coin du divan fait de sacs persans sur lequel il était étendu, fumant, selon sa coutume, d'innombrables cigarettes, lord Henry Wotton pouvait tout juste apercevoir le rayonnement des douces fleurs couleur de miel d'un aubour dont les tremblantes branches semblaient à peine pouvoir supporter le poids d'une aussi flamboyante splendeur ; et de temps à autre, les ombres fantastiques des oiseaux fuyants passaient sur les longs rideaux de tussor tendus devant la large fenêtre, produisant une sorte d'effet japonais momentané, le faisant penser à ces peintres de Tokyo à la figure de jade pallide, qui, par le moyen d'un art nécessairement immobile, tentent d'exprimer le sens de la vitesse et du mouvement[185].

« L'atelier[186] ». Avec un minimalisme de génie, Wilde commence l'histoire avec un article défini : *il y a déjà un atelier*. Quel atelier ? Hein ? D'accord. C'est le sentiment du début, l'ouverture. Dire *l'atelier* c'est faire référence à un atelier qui d'une certaine façon préexiste au récit dans lequel il apparaît.

Imaginez la façon dont vous vous sentiriez si Wilde avait commencé son histoire avec « Un atelier... ». Nous nous sentirions comme « en dehors » de l'histoire. Nous nous sentirions en charge de tout. A la place, nous nous trouvons jeté dans une situation déjà en cours. *Il y a déjà au moins un objet.* Ça, c'est précisément le « sentiment » d'ouverture. Si nous devions lui donner un nom, nous l'appellerions « plus un », empruntant le terme d'Alain Badiou : en s'ajoutant à l'assemblée plénière des objets, l'objet « plus un » perturbe l'univers.

Il y a une façon plus traditionnelle de commencer une histoire : « il était une fois, *un atelier...* ». La phrase d'ouverture nous prend par la main pour nous introduire dans le domaine du récit. L'usage réaliste de l'article défini, d'un côté, nous réveille violemment *in medias res*, comme le dit Horace[187]. Et n'est-ce pas la façon dont les objets commencent ? Le pouvoir captivant du récit lui-même n'est-il pas un écho des objets réels, des objets qui sous-tendent leur disponibilité-comme, leur usage-comme, leur perception-comme ? Des objets qui préexistent leur structure-comme ? *Le début d'un objet est la distorsion.* D'autres objets, comme les lecteurs d'un récit réaliste, se retrouvent soudain au milieu d'eux, dans le domaine du plus-un. Pour cette raison, l'idée d'une complétude soignée ne peut être imposée à l'assemblée plénière des objets que de façon arbitraire.

Notre analyse du récit n'est d'aucune façon un aperçu superficiel d'un fait trivial se rapportant aux constructions humaines. Plutôt, la qualité toujours-déjà-là de l'ouverture a des implications ontologiques. En regardant une vidéo de verre volant en éclat, mise à l'envers très lentement, nous ne serons jamais capables de discerner précisément le moment où le verre devient ses morceaux. Nous nous trouvons face à un paradoxe du sorite assez proche du problème de la table qu'on pouvait mettre en morceaux dans notre Introduction. Nous sommes seulement capables de positionner l'existence des fragments de verre de façon rétroactive. Le verre en train de se fragmenter ne se fragmente pas dans un quelconque contenant temporel neutre. Les morceaux de verre créent leur propre temporalité, leur propre vortex temporel qui irradie autour d'eux vers n'importe quel objet dans les environs qui veut bien être affecté. Un objet entièrement nouveau est né, une entité étrangère, du moins en ce qui concerne le reste de la réalité, un éclat de verre voyageant à haute vitesse dans l'air. *Il y a* des fragments de verre ; l'atelier... L'assemblée des objets est illuminée par l'objet plus-un : l'assemblée comme assemblée n'est jamais un tout entier stable et circonscrit. L'assemblée plénière est 1+n, un infiniment vaste étalage d'objets dont l'impression d'ensemble est celui d'une foule anarchique d'étrangers vous dévisageant, comme les personnages sur les tableaux de James Ensor.

Emmanuel Levinas est le grand philosophe de l'infini contre la totalisation : de la façon dont une seule entité, le véritable autre, l'étranger, sape la cohérence de mon soi-disant monde. Pourtant Levinas est aussi le grand philosophe du *il y a*[188]. Avec une prose envoûtante et évocatrice, Levinas décrit le *il y a* comme ressemblant à la nuit révélée à un insomniaque, un sentiment inquiétant d'être encerclé, non par rien, mais par l'existence pure. Maintenant ce *il y a* est quelque peu inadéquat en ce qui concerne OOO. Le *il y a* est seulement toujours un élémentaire et vague « éclaboussement » ou « grondement », un environnement incomplet qui semble vous envelopper. Ce vague rend l'idée de Levinas bien différente de la spécificité rafraîchissante qui heurte votre bras avec ses échardes de verre, vous faisant saigner ; ou bien de l'atelier qui semble suinter son charme séduisant sur tous les phénomènes qu'il contient et qui y résident – le jardin, les oiseaux, les rideaux, les amateurs d'art, les tableaux, les sofas et Londres.

Néanmoins, le *il y a* fonctionne en quelque sorte pour nous en décrivant l'effet d'ouverture. A coup sûr, c'est la raison pour laquelle Coleridge commence son chef d'œuvre *The Rime of the Ancient Mariner* avec « C'est un ancien marin... » (vers 1)[189]. Soudain, il est là, avec une mauvaise haleine, l'air bourru, un aspect abject qui vous étouffe, se cachant comme un sans-abri à l'entrée d'une église. Le *il y a* n'est pas une vague soupe mais un objet *distinct* de façon fracassante. Levinas écrit : « L'un affecté par l'autre – traumatisme an-archique »[190]. C'est tellement distinct que ça n'a pas de nom (pour le moment) ; c'est complètement unique, une sorte de Messie qui traverse « le temps homogène et vide » de la répétition pure qui constitue la réalité quotidienne[191]. Cette percée du plus-un fracasse la cohérence de l'univers. De la même façon, l'idée selon laquelle l'histoire prend place dans un tube de temps est ce qu'Heidegger appelle une « illusion vulgaire[192] ». Les révolutions mettent cette illusion à nue.

## Les sublimes débuts

Si nous voulons un terme pour décrire l'esthétique du début, il n'y aurait pas pire choix que d'utiliser le terme *sublime*. La sorte de sublime dont nous avons besoin ne vient pas de quelque au-delà, parce que cet au-delà se trouve être une sorte d'illusion d'optique du corrélationnisme, la réduction de la signification au corrélat monde-humain depuis Kant. OOO ne peut pas penser un au-delà, puisqu'il n'y a rien en-dessous de l'univers des objets. Ou pas même le rien, si vous préférez penser de cette façon. Le sublime réside dans la particularité, non pas dans quelque au-delà loin de nous. Et le sublime est généralisable à tous les objets, dans la mesure où ils sont tous *d'étranges étrangers*, c'est-à-dire, étrangers à eux-mêmes et les uns aux autres de façon irréductible[193].

Des deux théories dominantes du sublime, nous avons le choix entre l'autorité et la liberté, entre l'extériorité et l'intériorité. Mais les deux choix sont corrélationnistes. C'est-à-dire que les deux théories du sublime ont à voir avec l'accès subjectif humain aux objets. D'un côté, nous avons Edmund Burke pour qui le sublime est un choc et un effroi : une expérience d'une autorité terrifiante à laquelle nous devons nous soumettre[194]. De l'autre côté, nous avons Immanuel Kant pour qui le sublime est une expérience d'une liberté intérieure fondée sur une sorte d'échec cognitif temporaire. Essayez de compter jusqu'à l'infini. Vous ne pouvez pas. Mais *c'est* précisément ce qu'est l'infinité. Le pouvoir de votre esprit est révélé dans son échec à faire la somme de l'infinité[195].

Les deux sublimes présupposent que : (1) le monde est accessible d'une façon spéciale ou unique aux humains ; (2) le sublime est uniquement corrélé au monde des humains ; et (3) ce qui importe dans le sublime c'est la réaction au sein du sujet. Le sublime de Burke n'est qu'une simple et lâche fuite en présence d'une autorité : la loi, la puissance d'un dieu tyrannique, le pouvoir des rois, la menace de l'exécution. Aucune connaissance véritable de l'autorité n'est nécessaire – l'ignorance terrifiée suffit. Burke affirme franchement que le sublime est toujours une expérience de la souffrance tout en étant en sécurité, cette souffrance étant médiée par les vitres de l'esthétique. C'est pourquoi les films d'horreur, un genre vraiment spéculatif, essayent de bondir à travers l'écran esthétique à la moindre occasion.

Ce dont nous avons besoin est un sublime plus spéculatif qui essaye réellement de devenir intime avec l'autre, et ici Kant est préférable à Burke. Il y a en effet un écho de réalité dans le sublime kantien. A coup sûr la dimension esthétique était une façon de suspendre chez Kant la dichotomie normale entre sujet et objet. Et le sublime est comme la sous-routine essentielle de l'expérience esthétique, nous permettant de faire l'expérience du pouvoir de notre esprit en grimpant au-dessus d'un obstacle extérieur. Kant fait ainsi référence aux télescopes et microscopes qui étendent la perception humaine au-delà de ses limites[196]. Son passage extraordinaire sur la façon dont l'esprit peut inclure la taille humaine et par simple multiplication peut comprendre la vaste étendue des « systèmes de la voie lactée » communique de façon sublime la capacité humaine à penser[197]. Il est également vrai que le sublime kantien a inspiré les profondes spéculations de Schelling, Schopenhauer et Nietzsche, et nous aurions besoin de travailler davantage à comprendre la façon dont ces philosophes ont commencé à penser la réalité au-delà de l'humain (l'ouvrage de Iain Hamilton Grant et de Ben Woodard est aujourd'hui exceptionnel à ce titre)[198]. Il est vrai que dans le paragraphe 28 de la Troisième Critique, Kant évoque la façon dont nous expérimentons le « sublime dynamique » dans la terreur de l'étendue immense, par exemple celle de l'océan ou du ciel. Mais ceci n'est rien de comparable à l'intimité avec le ciel ou l'océan.

Dans les sections qui suivent, Kant exclut explicitement tout ce qui ressemble à une analyse scientifique ou même inquisitrice de ce qui pourrait exister dans le ciel. Dès que nous pensons à l'océan comme un corps d'eau contenant des poissons et des baleines plutôt qu'à une toile pour notre psychè ; dès que nous pensons au ciel comme l'Univers réel d'étoiles et de trous noirs, nous n'expérimentons pas le sublime (§29) :

> « Quand donc nous appelons *sublime* la vue du ciel étoilé, nous n'avons pas besoin, pour le juger ainsi, de concevoir des mondes habités par des êtres raisonnables et de considérer les points lumineux dont nous voyons l'espace rempli au-dessus de nous comme les soleils de ces mondes, se mouvant dans des cercles parfaitement appropriés à ces derniers ; il suffit de le voir tel qu'il nous apparaît, comme une immense voûte qui embrasse tout ; et ce n'est qu'à cette condition que nous

pourrons lui attribuer la sublimité, qui est l'objet d'un pur jugement esthétique. De même pour trouver sublime la vue de l'océan, nous ne nous le représentons pas tel que le conçoit un esprit enrichi de toutes sortes de connaissances (que ne donne pas l'intuition immédiate), par exemple comme un vaste royaume peuplé de créatures aquatiques, ou comme un grand réservoir destiné à fournir les vapeurs qui chargent l'air de nuages au profit de la terre, ou encore comme un élément qui sépare les diverses parties de la terre, mais en leur permettant de communiquer entre elles, car ce sont là de véritables jugements téléologiques ; il faut se le représenter, ainsi que font les poètes, d'après ce que nous montre la vue, par exemple, quand il est calme, comme un miroir liquide qui n'est borné que par le ciel, ou quand il est orageux, comme un abîme qui menace de tout engloutir[199]. »

Alors que nous pourrions partager l'inquiétude de Kant quant à la téléologie, son propos principal est moins que satisfaisant d'un point de vue réaliste et spéculatif. Nous ne devrions absolument pas réfléchir quand nous expérimentons le sublime. Le sublime est précisément l'absence de réflexion. Devrions-nous donc jeter l'éponge et abandonner le sublime, en choisissant d'aller seulement avec l'horreur – l'expérience limite des formes de vie sensibles – plutôt qu'avec le sublime, comme plusieurs réalistes spéculatifs l'ont fait ? Pouvons-nous seulement réfléchir à partir de et dans la position où l'on sent notre propre peau sur le point de tomber en lambeaux ou notre vomissement prêt à sortir de nos poumons ?

Pourtant l'horreur présuppose la proximité d'une autre entité au moins : un virus mortel, une bombe à hydrogène qui explose, un tsunami qui approche. L'intimité est donc une précondition de l'horreur. De ce point de vue, même l'horreur est bien trop une réaction, bien trop liée à la façon dont les entités sont corrélées avec un observateur. Nous avons besoin de quelque chose de plus profond, qui sous-tend le sublime kantien. Nous avons besoin, donc, d'une expérience esthétique de la coexistence avec d'autres entités $1+n$, qu'elles soient vivantes ou non. Ce dont le réalisme spéculatif a besoin, c'est d'un sublime qui fournisse une forme d'*intimité* aux entités réelles. C'est précisément dans cette forme d'intimité que Kant proscrit, que le sublime a besoin d'une distance esthétique idéale, pas trop près et pas trop loin (§25) :

> Il ne faut ni trop s'approcher, ni trop s'éloigner des pyramides pour éprouver toute l'émotion que cause leur grandeur. Car si on s'éloigne trop, les parties perçues (les pierres superposées) sont obscurément représentées, et cette représentation ne produit aucun effet sur le jugement esthétique. Si au contraire on s'en approche trop, l'œil a besoin de quelque temps pour continuer son appréhension de la base au sommet et dans cette opération, les premières représentations s'éteignent toujours en partie avant que l'imagination ait reçu les dernières, en sorte que la compréhension n'est jamais complète[200].

La dimension esthétique kantienne emballe les objets dans un film protecteur. Protégé de la menace de l'intimité radicale, l'espace intérieur de la liberté kantienne se développe sans entrave. Le bon goût, c'est de savoir précisément quand il faut vomir – quand il faut régurgiter une quelconque substance étrange que l'on perçoit comme dégoûtante et donc toxique[201]. Cela ne marchera pas dans une ère écologique dans laquelle « ailleurs » – la précondition pour vomir – n'existe plus. Notre vomi flotte quelque part autour de nous, puisqu'il n'y a maintenant plus « d'ailleurs » vers lequel nous pourrions tirer la chasse d'eau en toute confiance.

Contre le sublime corrélationniste, je vais maintenant argumenter en faveur d'un sublime spéculatif, un sublime orienté vers l'objet pour être plus précis. Il existe un modèle pour ce type précis de sublime sur le marché – le plus vieux texte encore existant sur le sublime, *Sur le Sublime* par Longin. Le sublime de Longin concerne l'intrusion physique d'une présence étrangère. Le sublime de Longin peut donc être facilement étendu pour inclure des entités non-humaines – et par conséquent celles qui sont sensibles. Plutôt que de faire des distinctions ontiques entre ce qui est et ce qui n'est pas sublime, Longin décrit la façon de parvenir à l'achèvement de la sublimité. Parce qu'il est davantage intéressé par la façon de produire l'effet de sublimité rhétoriquement que par ce qu'est le sublime en tant qu'expérience humaine, Longin nous laisse libre d'extrapoler quant à toutes les sortes d'événements sublimes entre toutes sortes d'entités.

Le sublime de Longin est donc déjà préoccupé par une présence étrangère pareille à un objet – peut-être l'appellerait-il Dieu, mais nous pourrions tout aussi bien l'appeler bout de polystyrène ou la Grande Tache Rouge de Jupiter. La façon dont les objets apparaissent les uns aux autres est sublime : c'est un problème de contact avec une présence étrangère et un travail conséquent de traduction radicale. Longin le pense comme un contact avec autrui : « la sublimité est l'écho d'une noble âme[202] ». L'écho, l'âme – c'est comme si l'esprit n'était pas un fantôme éthéré, mais une substance solide qui ricoche contre les murs. Nous pourrions étendre cela de façon à inclure la sensualité des objets. Pourquoi pas ? Tant de phénomènes supposément mentaux se manifestent de façon automatique, comme s'ils étaient des objets : les rêves, les hallucinations, les émotions fortes. Coleridge dit de ses rêves opiacés qui ont inspiré *Kubla Khan* que les images surgissaient comme des choses distinctes dans son esprit. Cela n'est guère surprenant si la cognition est un assemblage d'unités d'opérations semblables à des bricolages (selon le terme de Ian Bogost) qui, pour ainsi dire, font seulement leur truc. Ce n'est pas que ce stylo soit en vie. C'est que tout ce qui est signifiant à propos de mon esprit se reposant sur le stylo peut également être dit du stylo reposant sur le bureau. Peut-être les neuroscientifiques et les théoriciens de l'intelligence artificielle (et leurs détracteurs) cherchent-ils la conscience au mauvais endroit : c'est peut-être, de façon incroyable, une solution par défaut. L'esprit pourrait bien être tout simplement un phénomène interobjectif parmi tant d'autres : un esprit décentré qui consiste en neurones, bureaux, ustensiles de cuisine, enfants et arbres[203].

Voyons les termes de Longin. Fort heureusement pour OOO, il y en a quatre : *transport*, *phantasia*, *clarté* et *brillance*. Plus heureux encore est le fait que les quatre correspondent à l'interprétation que fait Harman du carré heideggérien (Terre, Cieux, dieux, Mortels) comme ensemble de descriptions des propriétés basiques des objets. L'astuce consiste à lire les termes de Longin à l'envers, comme nous l'avons fait pour la rhétorique de façon générale. Les deux premiers termes, la clarté et la brillance réfèrent à l'actualité des rencontres objet-objet. Les deux suivants, le transport et la phantasia réfèrent à l'apparence de ces rencontres. Cela peut paraître contre-intuitif que la brillance soit équivalente au retrait, mais si on lit ce que Platon, Longin et Heidegger ont à dire de ce terme (*ekphanestaton*) on parvient à davantage de clarté :

1. Brillance. La Terre. Les objets comme secrets « quelque chose », loin de tout accès.
2. Clarté : les dieux. Les objets comme distincts, loin de tout accès.
3. Transports : les mortels. Les objets comme « quelque chose » pour un autre objet.
4. Phantasia : les cieux. Les objets comme une apparence distincte pour un autre objet[204].

Chacun met en place des relations avec une présence étrangère.

(1) La brillance. En grec, *to ekphanestaton*, le lustre, la brillance, le luisant. Ekphanestaton est un superlatif qui signifie donc véritablement « le plus brillant », « l'éminente brillance ». Cette éminence doit signifier *antérieure à toute relation*. Longin déclare que « exactement de la même façon que de faibles lueurs s'éclipsent dans l'éclat du soleil, l'effluence omniprésente de la grandeur obscurcit complètement l'artifice de la rhétorique[205] ». La brillance est ce qui *cache* les objets. La brillance est l'aspect mystérieux de l'objet, son inaccessibilité la plus totale antérieure à toute relation. Dans le mode du sublime, c'est comme si nous étions capables de goûter cela, bien que ce soit strictement impossible. La lumière de ce magma interne est aveuglante – c'est pourquoi c'est en retrait, étrangement. C'est là, c'est un objet réel. Longin appelle donc cette brillance un fait extraordinaire du sublime.

Pour Platon, *to ekphanestaton* était un indice de l'au-delà essentiel. Pour le spécialiste d'ontologie orientée vers l'objet, la brillance est l'apparence de l'objet dans son unité la plus nue. Quelque chose transparaît. Ou mieux encore : nous nous rendons compte que quelque chose était déjà là. C'est le royaume de l'extraordinaire, l'étrangement familier et le familièrement étrange.

(2) La clarté (*enargeia*). « Manifestation », « l'allant de soi ». Cela a à voir avec l'ekphrasis[206]. L'ekphrasis en elle-même est intéressante pour OOO, puisque l'ekphrasis est précisément une entité pareille à l'objet qui s'extirpe de la prose descriptive de façon menaçante. C'est une partie

hyper-descriptive qui bondit sur le lecteur ou la lectrice, les pétrifiant (les transformant en pierre), causant une étrange suspension du temps comme le *bullet time* dans *The Matrix*. C'est un peu ce que Deleuze signifiait quand il parlait de « cristaux de temps » dans son étude du cinéma[207]. C'est le côté bondissant de l'ekphrasis, la vie grouillante qui interrompt le flot du récit, arrachant le lecteur ou la lectrice en dehors de leur satisfaction. Quintilien souligne cette capacité de l'*enargeia* (le terme est *metastasis* ou *metathesis*) à modifier le temps, à nous transporter dans le temps comme si l'objet avait son propre champ de gravité dans lequel nous étions aspirés. L'objet dans sa spécificité grouillante.

Longin affirme qu'alors que la rhétorique sublime doit contenir de l'*enargeia*, la poésie sublime doit user de l'*ekplexis* – l'étonnement[208]. Cela peut aussi être vu comme une sorte d'impact spécifique. En termes strictement OOO, l'ekphrasis est une traduction qui manque inévitablement l'objet mystérieux, mais qui génère son propre type d'objets dans le processus. L'ekphrasis évoque la façon dont les objets se déplacent et ont leur propre pouvoir, en dépit de notre conscience ou notre absence de conscience d'eux ; l'analogie que fait Harman d'un homme drogué dans *Tool-Being* nous en fournit un exemple pertinent[209]. Maintenant si d'une façon ou d'une autre, vous ne le saisissez pas, vous finissez avec de la grandiloquence : la limite où les objets deviennent vague, indéfinis, tout juste un fatras (le mot anglais pour grandiloquence, *bombast*, signifie littéralement « le rembourrage », de celui qu'on trouve dans les bras des fauteuils).

(3) Transport. Le narrateur vous fait sentir quelque chose qui vibre en vous, une sorte d'énergie divine ou démonique, comme si vous étiez habités par un étranger. « Être ému », « vibrer[210] ». Nous pouvons imaginer le sublime comme une sorte de vaisseau de transport, comme dans *Star Trek*, un dispositif pour téléporter un objet étranger dans le cadre de référence d'un autre objet. Le transport consiste en un contact sensible avec des objets comme un univers étranger. De la même façon que le vaisseau de transport peut seulement fonctionner en déplaçant des particules d'un endroit à un autre, le transport de Longin ne fonctionne qu'avec un objet en déplaçant un autre à travers ses cadres de référence spécifiques. Ce faisant, nous devenons conscients de ce que nous perdons dans le déplacement. Le

transport dépend donc de quelque chose de bien plus riche qu'un vide : la réalité de l'univers des objets, secret de polichinelle, l'aspect qui est toujours scellé de tout accès mais néanmoins pensable.

La machinerie du transport, le vaisseau de transport en tant que tel, est ce que Longin appelle l'amplification : pas l'énorme, mais un sentiment (comme le formule le docteur Seuss) « d'énormissement » : « [une figure] employée quand les sujets de la discussion ou les moments de l'argumentation autorisent de nombreuses pauses et de nombreux nouveaux départs d'une section à une autre, et que les grandes locutions viennent se déployer, les unes après les autres, avec un effet d'intensification[211] ». En accoutumant notre esprit aux notes qui explosent d'un objet, l'amplification dispose une sorte de tremblement du sujet, un tremblement de l'âme.

(4) *Phantasia*. Souvent traduite par « visualisation[212] ». La visualisation et non pas l'imagerie : produisant un objet interne. C'est l'imagerie *en vous* et non dans le texte. Quintilien remarque que la *phantasia* fait apparaître comme présentes les choses absentes[213]. La *phantasia* conjure un objet. Si je dis « New York » et que vous êtes un habitant de New York, vous n'avez pas besoin de vous représenter de façon laborieuse chaque bâtiment ou chaque rue à part les uns des autres. Vous évoquez la New Yorkité dans votre esprit, en quelque sorte. C'est ça, la *phantasia*. Ce que j'ai appelé la poétique de l'épice fonctionne de cette façon : l'usage du mot « épice » (plutôt que, disons, cannelle ou poivre) dans un poème agit comme un trou autorisant le travail de l'imagination olfactive comparable à celui de la visualisation[214]. C'est davantage une hallucination qu'une pensée volontaire[215]. Dans les histoires, par exemple, *phantasia* produit une entité pareille à l'objet qui nous sépare du flot narratif – nous met en touche avec l'étranger en tant qu'étranger. La visualisation devrait être un peu effrayante : vous invoquez une réelle divinité après tout, vous êtes en train de demander à être submergé, touché, ému, à vibrer.

L'aspect soudain de l'apparence étrangère dans mon espace phénoménal est une apparition. En termes OOO, la *phantasia* est la capacité d'un objet à imaginer un autre objet. Cela dépend d'un certain contact sensible. La façon dont le papier apparaît pour la pierre. La façon dont les ciseaux apparaissent au papier. Est-ce que les objets rêvent ? Est-ce qu'ils contiennent des versions virtuelles d'autres objets en eux ? Ceux-ci seraient des exemples de la *phantasia*. La façon dont un objet empiète sur un autre. Il y en a trop. Cela nous fascine, provoquant une terrible compulsion.

Récapitulons brièvement ce que nous savons maintenant du sublime chez Longin. Longin dit que la sublimité est « l'écho d'une noble âme ». Il n'y a pas beaucoup de différence entre les âmes humaines, si elles existent, et les âmes des blaireaux, des fougères et des coquillages. Le sublime de Longin est fondé sur la coexistence. Au moins une autre chose existe qui n'est pas moi : cette « noble âme » dont je trouve l'empreinte dans mon espace intérieur. Par contraste, les concepts plus familiers du sublime sont fondés sur l'expérience d'une seule personne. C'est ma peur et ma terreur, mon choc et mon effroi (Burke). C'est ma liberté, mon espace intérieur infini (Kant). Bien entendu, certains objets déclenchent le sublime. Mais ensuite vous abandonnez le déclencheur et vous vous concentrez seulement sur l'état qu'il suscite : c'est particulièrement vrai chez Kant. Et Burke n'évoque que l'angoisse. Cela ne concerne que le pouvoir des rois et les bombardements. Pourquoi l'objet sublime ne serait-il pas quelque chose de vulnérable ou de gentil ?

Pensons encore une fois à la façon dont la causalité est esthétique. Le sublime, dans cette perspective, est la façon dont les nouveaux objets sont nés. Soudainement, les autres objets découvrent ces tessons de verre dans leur monde, ces fragments d'un objet brisé enfoncés dans leur chair, éparpillés sur le sol. Ce n'est pas tant que Burke et Kant aient tort, mais plutôt que ce qu'ils pensent est secondaire ontologiquement à la notion de coexistence. Longin place le sublime bien avant dans la séquence causale, dans le « noble » être qui laisse son empreinte sur vous. De cette façon, c'est dans l'objet, dans le non-moi. Par conséquent, le sublime nous adapte à ce qui n'est pas nous. C'est une bonne nouvelle dans l'ère écologique. Avant qu'il ne soit peur ou liberté, le sublime est coexistence.

Maintenant en guise d'exemple du sublime de Longin, prenons le premier usage de Harman du trope « pendant ce temps » (ce que Quentin Meillassoux appelle le *riche ailleurs*, dans son article « Object-Oriented Philosophy ») :

> Mais en dessous de l'argument incessant, la réalité bouillonne. Même quand la philosophie du langage et ses opposants supposément réactionnaires crient victoire de part et d'autre,

l'arène du monde est pleine d'objets divers, leurs forces
relâchées et mal-aimées par la plupart. La boule de billard
rouge heurte la boule de billard verte. Les flocons de neige
étincèlent dans la lumière qui les anéantit cruellement ;
des sous-marins endommagés rouillent au fond de l'océan.
Alors que la farine émerge des moulins et que des blocs de
calcaire sont comprimés par les tremblements de terre, des
champignons gigantesques se répandent dans la forêt du
Michigan. Pendant que les philosophes humains se passent
à tabac les uns les autres quant à la possibilité même d'un
« accès » au monde, des requins passent à tabac des thons et
des icebergs s'effondrent dans les littoraux.

Toutes ces entités errent à travers le cosmos, infligeant
des bénédictions et des punitions sur tout ce qui les touche,
disparaissant sans laisser de trace, ou étendant leurs pouvoirs
plus loin – comme si un million d'animaux s'étaient
enfuis d'un zoo pour aller dans une sorte de cosmologie
tibétaine[216]…

Ce n'est le monde de personne. C'est une sorte d'opposé de la rhétorique environnementaliste qui repose sur les marchandises-en-stock (ce qu'ailleurs j'ai appelé l'écomimésis) : « Ici je suis dans ce beau désert et je peux vous prouver que je suis ici parce que je peux écrire que je vois un serpent rouge disparaissant dans un buisson de créosote. Vous ai-je dit que j'étais dans un désert ? C'est moi, ici, dans un désert. Je suis dans un désert[217]. » C'est un no man's land. Mais ce n'est pas un vide morne. Le morne vide se révèle être le côté pile du monde du corrélationnisme. Non. C'est un zoo tibétain bondé, une parade expressionniste d'extraordinaires objets pareils à des clowns. Nous ne sommes pas supposés faire des courbettes à ces objets, comme Burke le souhaiterait. Pourtant, nous ne sommes pas supposés trouver notre liberté intérieure non plus (Kant). C'est comme une de ces cartes avec la petite croix rouge qui dit « Vous êtes ici », sauf que celle-ci dit « Vous n'êtes pas ici ».

## La nouveauté contre l'émergence

Maintenant, rendez-vous compte que la nouveauté de l'ouverture est vraie pour *tout* objet, et non pas seulement pour les êtres conscients et encore moins pour les seuls êtres humains. Une bouilloire commence à frémir. L'eau dans la bouilloire commence à bouillonner et à faire des bulles. A un niveau subatomique, les électrons font des sauts quantiques à des orbites plus distantes autour des nucléons des atomes. Pour un atome qui n'est pas encore dans cet état de stimulation, *rien ne se passe*. Ce n'est que du point de vue d'au moins un autre « observateur », disons un dispositif pour mesurer comme vous ou comme le sifflet au sommet de la bouilloire, que la bouilloire frémit doucement. A un tout autre niveau, il y a des séries de sauts soudains, rien de cela pris à part n'est la chose que nous appelons bouillir.

C'est le gros problème avec cette notion devenue populaire qu'est l'émergence. Le problème est que l'émergence ne parvient pas à expliquer la façon dont les choses commencent parce que l'émergence est toujours une émergence-pour. L'émergence requiert au moins un objet en dehors du système qui est perçu comme émergent. Quelque chose doit déjà exister pour que l'émergence puisse advenir. C'est-à-dire que les propriétés émergentes sont *sensibles* en termes OOO. Les choses émergentes sont des manifestations de l'apparence-comme ou de l'apparence-pour, ce qu'Harman appelle la structure-comme. L'émergence requiert un système holiste dans lequel le tout est toujours plus grand que ses parties – autrement, si on suit l'argument, rien ne pourrait émerger de quoi que ce soit. Mais dans une réalité OOO, les parties surpassent toujours le tout. Ce qui arrive quand les objets commencent est que plus de parties apparaissent soudainement, se détachant des objets qui semblaient être des entités stables. Ces parties sont sans tout, comme des membres dans un film d'horreur, se débattant dans le vide. Ce n'est que plus tard que nous pouvons poser un quelconque tout à partir duquel elles « émergent ».

Toutes les définitions classiques de l'émergence semblent indiquer qu'elles évoquent des totalités qui sont plus que la somme de leurs parties, qui sont relativement stables, qui exercent en amont une causalité (elles peuvent affecter leurs parties), et ainsi de suite. L'idéologie ontologique courante, obsédée par le processus, suppose que l'émergence est une sorte de machinerie basique qui maintient le monde et génère de nouvelles parties du monde. Cette tendance le voit comme une sorte de mécanisme causal sous-jacent par lequel des composants plus petits commencent à fonctionner comme un super composant plus large. Si cela était vrai, cela remettrait sérieusement en cause le chamboulement amené par OOO. Pourquoi ? Parce que les objets sont les entités ontologiquement premières. Dans une réalité OOO, l'émergence doit être une propriété des objets, et pas le contraire. En d'autres mots, l'émergence est toujours sensible.

L'émergence implique 1+$n$ objets interagissant dans ce que Harman appelle l'éther sensible[218]. Cet éther est la machinerie causale, et non des câbles et des poulies sous-jacentes. Considérons maintenant la façon dont l'émergence est réellement la propriété sensible des objets. Considérons une forme d'émergence plus facile – c'est-à-dire une forme à propos de laquelle il serait plus facile de dire qu'elle est sensible et produite dans les interactions avec d'autres entités. Il y a de nombreuses illustrations d'émergence dans la perception visuelle.

Paf ! Une sphère, un triangle, un monstre du Loch Ness émergent des motifs noirs et blancs. Si l'on en croit la théorie, vous n'assemblez pas les formes à partir de leurs parties. Elles émergent des fragments d'espaces ombrés et blancs de l'image. Maintenant, cette sorte d'émergence requiert clairement un observateur. Elle requiert, de façon plus minime, une interaction entre l'image et quelque autre entité. Si le terme d' « observateur » laisse bien trop penser à un sujet (humain), alors essayons cette explication neuroscientifique quant à la façon dont cela fonctionne :

> Bien que la théorie de la forme [*Gestalt theory*] n'ait offert aucun mécanisme informatique pour expliquer l'émergence dans la perception visuelle, Koffka (1935) a suggéré une analogie physique entre la bulle de savon pour démontrer le principe opérationnel au-delà de l'émergence. La forme sphérique d'une bulle de savon n'est pas encodée dans la forme d'un modèle sphérique ou d'un code mathématique abstrait, cette forme émerge plutôt d'une action parallèle aux innombrables forces locales de la tension de surface agissant à l'unisson. La caractéristique propre de l'émergence est que la forme finale globale n'est pas calculée une fois pour toute, mais plutôt de façon continue, comme un retour à l'équilibre

dans un système dynamique. En d'autres termes, les forces agissant sur le système induisent un changement dans la configuration du système et ce changement modifie à son tour les forces agissant sur le système. La configuration du système et les forces qui les conduisent changent donc continuellement dans le temps jusqu'à ce que l'équilibre soit atteint, alors le système reste dans un état d'équilibre dynamique, c'est-à-dire son état statique est démenti par un équilibre dynamique de forces prêtes à se remettre en mouvement dès que l'équilibre sera contrarié[219].

« [La] forme émerge plutôt d'une action parallèle aux innombrables forces locales de la tension de surface agissant à l'unisson ». Qu'est-ce que cela veut dire ? Cela veut dire que l'émergence est un objet sensible. L'émergence est relationnelle. Les flocons de neige, par exemple, se forment dans des interactions entre les cristaux d'eau et les propriétés de l'air ambiant à travers lequel ils tombent (la température, l'humidité). Il serait vraiment étrange que les flocons de neige s'assemblent magiquement tout seuls à partir d'eux-mêmes, sans interaction avec quoi que ce soit d'autre. Cela voudrait dire qu'il y a une sorte d'ingénierie de la causalité qui travaillerait en-dessous d'eux ou en eux. Cette sorte d'émergence profonde devrait nous frapper et nous apparaître comme un peu étrange – comment quelque chose pourrait-il se construire lui-même ?

On comprend bien pourquoi nous avons des difficultés à penser aux esprits. Comment des assemblages de neurones peuvent-ils se transformer en cognition ? Pourtant, si l'émergence est un objet sensible produit par des neurones plus d'autres entités dans leurs voisinages, il n'y a pas de problème. Il n'y a pas besoin, affirme Harman, de voir la différence entre ce que ma chaise fait au plancher (lequel m'empêche de « tomber de 30 mètres dans la cave » comme il le dit de façon mémorable) et ce que mon esprit fait au plancher[220]. C'est-à-dire que ma chaise repose sur le plancher mais l'ignore aussi dans une vaste mesure, exactement de la même façon que mon esprit. Cela ne veut pas dire que les chaises sont pareilles aux esprits, mais bien le contraire. Ontologiquement, un esprit est comme une chaise posée sur le sol. La chaise se taille un bout de plancher pour accomplir les noirs desseins qui lui sont propres, et l'esprit fait de même. Nous pourrions

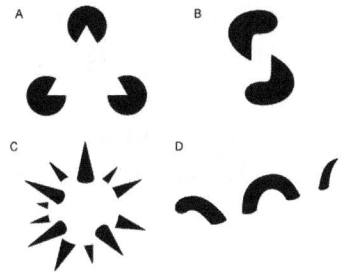

Figure 1

peut-être prédire, alors, que « l'esprit » n'est pas une sorte de cadeau bonus spécial pour être hautement développé. Ce qui ne veut pas dire que les esprits humains font exactement la même chose que les chaises dans le moindre détail. « L'esprit » est une propriété émergente du cerveau, peut-être, mais pas si extraordinairement différente des propriétés émergentes des chaises sur le plancher. Et l'esprit requiert non seulement un cerveau, mais toutes sortes d'objets qui s'empêtrent dans le cerveau, des œufs aux poêles à frire, en passant par les factures.

La réalité serait réellement étrange s'il y avait une certaine propriété magique cachée derrière les objets. Tout ce dont nous avons besoin pour la magie orientée vers l'objet, pourtant, c'est d'objets. Leurs interactions génèrent un éther sensible dans lequel la magie prend place. Le meilleur endroit pour faire de la magie est juste sous notre nez. Personne n'y croit quand cela lui arrive en pleine face. Vous suspectez quelque mystère caché. Mais comme la nouvelle de Poe, « La Lettre volée », l'explicite, le vrai mystère est devant vous.

L'anxiété quant à la forme et à la causation formelle dans les sciences modernes et la philosophie est probablement ce qui a donné naissance au mystère et à la petite fascination ou à l'effroi qui entourent les notions d'émergence. D'une façon ou d'une autre, nous voulons que la causation fasse des clics, qu'elle implique des matérialités qui s'entrechoquent comme les proverbiales billes de métal dans le proverbial jouet pour cadre. Mais si la causalité advient en raison de la forme (aussi bien qu'à cause de la matière, ou même à la place) alors nous sommes obligés de considérer toutes les sortes de choses que la science matérialiste, depuis ses débuts, a du mal à considérer (par exemple, l'épigénèse). Les causes formelles sont précisément le mouton noir de la science, marquées avec une grande lettre écarlate (S pour scholastique).

L'émergence marche dans une sorte de lubrifiant magique qui huile l'engin supposé se tapir dans le sous-sol de la réalité en-dessous des objets. Pourtant l'émergence est toujours émergence-pour ou émergence-comme (ce qui est plus ou moins la même chose). Considérez encore une fois le cas de la bouilloire. Que se passe-t-il ? Les électrons sont des quantums qui bondissent d'une orbite plus basse à une autre plus haute. Ce comportement, une transition de phase, émerge en tant qu'ébullition pour un observateur comme moi, attendant pour son thé de l'après-midi. Le doux et holistique frémissement de l'eau lorsqu'elle passe de froide à bouillante m'arrive à moi, un observateur, exactement de la même façon que la sphère se détache des taches noires dans la Figure 1. L'émergence apparaît unifiée et douce, mais cet événement holistique est toujours pour-une-autre-entité. Il serait faux de dire que l'eau a les propriétés émergentes de l'ébullition qui, d'une façon ou d'une autre, « se manifesteraient » au bon moment. Il est moins mystérieux de dire que quand l'élément chauffant de ma gazinière interagit avec l'eau, elle bout. Son émergence-en-tant-qu'ébullition est un objet sensible, produit dans une interaction entre la bouilloire et la gazinière.

De la même façon, dans cette perspective, l'esprit ne doit pas être trouvé « dans » les neurones, mais dans les interactions sensibles entre les neurones et d'autres objets. Il y a une certaine vérité, donc, dans l'idée ésotérique bouddhiste qui voudrait que l'esprit ne doive pas être cherché « dans » votre corps – ni « en dehors », ou « quelque part au milieu », comme on dit. Il y a beaucoup moins de mystère dans cette perspective, mais peut-être qu'il y a beaucoup de magie. Le monde ordinaire dans lequel les bouilloires bouent et les esprits réfléchissent à propos du thé est un filet emmaillé où il devient impossible de dire où un certain objet (sensible) commence et où un autre objet (sensible également) finit.

Maintenant la préexistence d'objets $1+n$ nous dit quelque chose quant à la façon de penser l'origine. Je ne suis pas particulièrement intéressé par une réponse quant au fait que l'univers ait été créé par Dieu ou non. En ce qui me concerne il pourrait y avoir une régression temporelle infinie des événements physiques. Mais nous pourrions formuler quelques règles de base sur la façon dont un dieu opérerait dans une réalité orientée vers l'objet. Un dieu aurait besoin d'une autre entité au moins afin de re-marquer son existence. Jusqu'à ce que l'univers soit créé, il n'y aurait pas de dieu en particulier. Il est tout simplement impossible de désigner un autre en tant que *causa sui* (comme l'écrivent les scolastiques) qui se tiendrait dans une relation privilégiée à toutes les autres.

J'utilise le terme re-marquer d'après l'analyse faite par Jacques Derrida de la façon dont les tableaux diffèrent ou non des textes écrits. Comment pouvez-vous savoir qu'un gribouillis est une lettre et non pas une goutte de peinture[221] ? C'est un véritable problème. Vous entrez dans une salle de classe. Le tableau est couvert d'écriture. Mais alors que vous vous rapprochez, vous voyez que l'écriture n'est en fait pas de l'écriture du tout, mais plutôt des marques de craie à moitié effacées qui ont pu être ou ne pas être de l'écriture à un moment donné.

Toute marque, affirme Derrida, dépend au moins d'une autre chose (on retrouve encore une fois ce fichu $1+n$). Cela pourrait être aussi simple qu'une surface d'écriture ou qu'un système de ce qui compte comme une marque signifiante. Pour que ce soit une différence qui fasse la différence il doit y avoir au moins un autre objet que la marque ne peut pas expliquer, re-marquant la marque. Les marques ne peuvent pas faire en sorte qu'elles signifient par elles-mêmes. Si elles le pouvaient, alors la signification pourrait en effet être réduite à un pur système structuraliste de relations. Puisqu'elles ne le peuvent pas, alors la « première marque » va toujours être incertaine, en particulier parce qu'elle est strictement secondaire à la surface écrite (ou quoi que ce soit d'autre) sur laquelle elle prend place. Il doit y avoir une quelconque ouverture au commencement de n'importe quel système afin que celui-ci soit un système – une incertitude irréductible. Une sorte de magie, une sorte d'illusion qui pourrait être, ou non, le commencent de quelque chose.

L'idée d'une surface sur laquelle on puisse écrire n'est pas abstraite. On pourrait imaginer un jeu comme un espace interobjectif consistant en un certain nombre d'agents différents, tels que des plateaux, des pièces, des joueurs et des règles[222]. Cet espace dépend de $1+n$ objets en retrait pour son existence. Un jeu est un symptôme d'objets réels coexistant. En citant Kenneth Burke et Gregory Batson, Brian Sutton-Smith a fait une suggestion semblable quant à la fonction des jeux pour se mordre chez les animaux. Il a suggéré que le jeu pourrait bien être la plus ancienne forme du négatif, antérieure à l'existence du négatif dans le langage. Le jeu, comme une façon de ne pas faire ce qu'il représente, empêche l'erreur. C'est un négatif comportemental positif. Il veut dire non en disant oui. C'est une morsure mais c'est un mordillement[223]. Dans les deux cas, l'incitation à jouer est un moyen de communiquer dans une situation dans laquelle des créatures intelligentes n'ont pas encore acquis le langage. Une action de jeu est un signal similaire à un cri de prédateur, sauf que son référent est dans le monde social. Si vous avez déjà été le propriétaire d'un chaton, vous verrez que les jeux de morsures vont très loin dans l'ontogénèse des mammifères. Pensez à ce que cela signifie. Cela signifie pour commencer que ce que nous appelons langage est une petite part d'une configuration spatiale bien plus grande. Pour qu'un mot soit une morsure dans un jeu, cette morsure doit déjà faire référence à une morsure véritable. Il faut qu'il existe un espace interobjectif dans lequel « la signification » prend place. Le fait que nous parlions, donc, ne signifie pas que nous soyons différents des animaux, mais que nous contenons une vaste collection d'entités et de comportements non-humains. Pour que le langage puisse exister, il faut que toutes sortes d'objets soient déjà en jeu. Toutes sortes de surfaces sur lesquelles on peut écrire.

Nous rencontrons une nouvelle fois quelques pensées quant à la nature de l'esprit. Voyez l'essai d'Andy Clark et David Chalmers, « The Extended Mind[224] ». L'argument est remarquablement semblable à certaines implications de l'essai de Derrida, « La pharmacie de Platon ». Non pas que Derrida les déduise lui-même explicitement – il évite soigneusement de parler de ce qui est, un péché d'omission. Mais Derrida affirme en effet qu'il n'y a pas de sens dans lequel la mémoire notionnelle interne pourrait être dite meilleure que les dispositifs extérieurs tels que les tablettes de cire et les clés USB[225]. Ou plus réels, ou plus intrinsèques à « ce que cela veut dire que d'être humain » et ainsi de suite.

Clark et Chalmers semblent faire écho à cela quand ils affirment que l'idée que la cognition se passe « à l'intérieur » du cerveau est seulement un préjugé. Les meilleures parties de la déconstruction, pour moi, sont ces parties qui réfutent le relationnisme. C'est le *structuralisme* qui est purement relationniste. La déconstruction souligne constamment que la signification dépend d'entités 1+n qui sont exclues du système et pourtant incluses en étant exclues et, par conséquent, sapant la cohérence du système. Ces entités peuvent inclure des tablettes de cire, de l'encre et du papier. Qu'ils soient ou pas des « signifiants » est précisément le problème. La signification émerge du manque de signification. Ce ne sont pas des relations tout du long.

Il n'y a pas de signification dans le vide, c'est pourquoi je préfère la re-marque de Derrida à la Marque de Spencer-Brown qui lui était plus ou moins contemporaine[226]. La Marque de Spencer-Brown semble se créer elle-même avec ses conditions pour une interprétation en dehors du vide, comme une sorte de fier dieu hindou ou judéo-chrétien. Pourtant il doit déjà y avoir une surface sur laquelle on peut écrire et sur laquelle la Marque apparaît. Les Marques requièrent un plateau sur lequel elles peuvent se pavaner avec leurs trucs. C'est le sens dans lequel je préfère prendre le terme de Derrida, *archi-écriture*. Non seulement « tout n'est pas signe tout du long » - mais toute chose *ne l'est pas*.

Peut-être que cela revient à laisser Derrida se tirer d'affaire trop facilement, puisqu'il est fort possible d'utiliser son travail pour garantir l'antiréalisme, comme beaucoup l'ont fait. Pourtant il y a une sorte de donné chez Derrida, malgré ses affirmations contraires. Il l'appelle archi-écriture, trace, *différance*, gramme. A la différence, la Marque prétend qu'elle est une baguette magique ou un mot magique comme Abracadabra. La réalité est *comme une illusion* – vous ne savez jamais. La façon dont les objets apparaissent est *comme de la magie*. Si la réalité était en effet définitivement magique, d'une façon que l'on pourrait vérifier, alors nous serions dans un monde créé par un théiste ou par un nihiliste (à vous de voir). Il est temps de revenir à cette citation une nouvelle fois : « Ce qui constitue le faux-semblant est que, à la fin, vous ne savez pas si cela est un faux-semblant ou pas »[227].

Des théories à la façon de Spencer-Brown mènent à ce qui est maintenant appelé émergence. L'émergentisme veut saisir la nouveauté dans l'acte de son apparence. Si cela ne vous semble pas de suite être une tâche impossible, alors peut-être n'ai-je pas écrit ce livre avec assez de prudence. Pour que quelque chose puisse advenir, il doit advenir deux fois. Un objet est toujours déjà à l'intérieur d'un autre objet, comme l'écriture apparaissant sur un morceau de papier. En outre, l'émergence en elle-même est émergence-pour. Il y a au moins un « observateur » - naturellement, cet observateur n'a pas besoin d'être humain ou même traditionnellement sensible. Quand des gaz nobles que l'on a stimulé émergent en tant que photons sous une lampe fluorescente, ils émergent-pour la salle de bain dont les murs sont reflétés par les photons. Quand un nuage de spores de poussière émerge en tant que pêche moisie qui pourrit dans un bol à l'abandon, le nuage de spores poussiéreux émerge-pour les courants d'air dans la cuisine déserte. Quand une bouilloire se met à bouillir sans qu'on la voie, la vapeur émerge-pour les particules moins stimulées dans l'eau sur la gazinière et pour la photo encadrée sur le rebord de fenêtre, dont la protection de verre est couverte par une mince couche de buée.

Nous pouvons attribuer certains des problèmes de certaines formes de matérialisme à une obsession pour l'émergence en tant que fait ontothéologique : dans ce cas, l'émergence est prise non en tant qu'émergence-pour, mais pour opérer entièrement par elle-même, une sorte de miracle causal. Considérez la théorie marxiste de l'émergence du capitalisme industriel. De ce point de vue, le vrai problème du marxisme se révèle être que Marx est un idéaliste, ou peut-être un corrélationniste. Comment peut-on justifier une notion aussi saugrenue ? Dans les faits, il y a de nombreuses façons de le faire. Par exemple, nous pouvons considérer l'anthropocentrisme vieillot de Marx, que son Darwin bien aimé avait déjà bien mis à mal alors que Marx posait la plume sur le papier. Mais mon argument ici est plus technique et est lié au problème que nous avons ici : comment est-ce que les choses apparaissent ?

Considérez le chapitre 15 du *Capital* tome 1. Là, Marx y expose sa théorie des machines. L'argument fondamental est que quand vous avez assez de machines qui font d'autres machines, vous obtenez un bond qualitatif dans le capitalisme industriel complet. Marx ne précise jamais combien de machines cela suppose. Vous le savez quand vous le voyez. Si cela ressemble à un capitalisme industriel, et que cela cancane comme un capitalisme industriel, alors c'est… Cela se réduit donc à une théorie de l'émergence. Le capitalisme à proprement parler émerge de sa phase commerciale quand il y a assez de machines qui font tchic-blonk ou quelque chose de ce genre. Cela fait beaucoup penser au test de Turing[228]. Théoriquement, l'intelligence est une propriété émergente de suffisamment d'algorithmes qui font ce qu'ils ont à faire. La question est donc, l'émergence pour qui ? Si je suis assis de l'autre côté des deux chambres, et que je reçois des impressions de chaque salle qui semblent plutôt semblables, qui me font penser qu'une personne intelligente est derrière la porte, alors une personne intelligente est derrière la porte. Pour qu'une théorie qui essay d'expliquer le tout de l'espace social, c'est un problème conséquent.

C'est le problème avec l'émergentisme. Tout système requiert $1+n$ entités qui lui sont extérieures pour qu'il puisse exister et être mesuré et ainsi de suite. C'est la formidable conclusion de Derrida à propos du structuralisme. La déconstruction est souvent confondue avec le structuralisme – mais c'est ce dernier qui dit que rien ne signifie vraiment quoi que ce soit, que tout est relationnel. Ce que la déconstruction affirme, c'est que pour tout système de signification, il y a au moins une entité opaque que le système ne peut assimiler, et qu'il doit simultanément inclure et exclure afin d'exister.

L'émergence est un terme générique bien trop enjôleur dans lequel inclure toute possibilité causale. Considérez les photographies de Myoung Ho Lee. Lee ajoute simplement un énorme tissu derrière un arbre. Puis il le photographie, créant une aura de l'instant. C'est comme si l'arbre apparaissait inscrit sur une surface en deux dimensions comme une esquisse ou une peinture. C'est une sorte d'inversion de la technique surréaliste que Magritte a développée. Au lieu d'un tableau, les images dans lesquelles des images d'arbres se tiennent devant des arbres réels, vous prenez une photo d'un arbre réel dans son état comme-si étrange et suspendu. Ajouter un arrière-plan revient à commenter le fait que pour qu'un objet existe, il doit déjà y avoir un autre objet dans les environs. Pour qu'une marque existe, il doit y avoir de l'encre et du papier. Le sens ne vient pas de rien. Il vient des interactions entre marques et surfaces sur lesquelles on peut écrire. Nous faisant face comme de gigantesques cartes postales d'eux-mêmes à taille réelle, les arbres semblent nous menacer comme un artifice pareil à un clown. Le fait que vous sachiez que c'est une mise en scène, que vous puissiez voir les plis du tissu, ne les rend que plus intenses. C'est comme voir quelqu'un faire un spectacle de drag, vous savez qu'elle ou il est en train de jouer : des arbres queers.

## Parmi les choses

L'ouvrage de Molly Ann Rothenberg, *The Excessive Subject*, formule une théorie de la causation rétroactive fondée sur le concept Lacanien d'« extimité », une sorte d' « intimité à l'extérieur ». Nous pourrions assez aisément étendre certains de ses propos aux êtres non-humains ou non-sensibles. C'est parce que les objets sont déjà au sein du phénomène d'extimité. L'extime est une présence pareille à l'objet qui est « en vous plus que vous ne l'êtes vous-même ». C'est votre *agalma* (en grec), votre « trésor ». L'exemple de Rothenberg est le suivant : « Carl souriait alors qu'il caressait le corps de sa maîtresse avec le bord passionné de son couteau[229] ». La fin de la phrase change ce que nous pensons de « lui », réarrangeant la scène de façon rétroactive. Notez que c'est un *couteau* qui fait cela – un objet qui est « extime ». Ces indices sont plus que suffisants pour imaginer comment appliquer la causation rétroactive à des entités non-humaines et non-sensibles. Harman l'affirme précisément. Quand une barre de fer frappe le sol d'un entrepôt, il positionne le sol de l'entrepôt d'une certaine façon. Voilà ce qu'est une *traduction*. Pour Harman, l'objet est comme un *rétrovirus*, « injectant [son] ADN dans tout objet [qu'il] rencontre[230] ».

Considérez le phénomène d'un échantillon en musique. Le sampler traduit le son en une version du son perforée de façon régulière : le taux d'échantillonnage préféré est 44 000 fois par seconde, de façon à ce qu'il y ait 44 001 petits trous entre chacun des petits morceaux de l'échantillon. Chaque échantillon est une traduction en ce qu'il tranche un bout sensible d'un objet et, ce faisant, créé un autre objet. Dans cette mesure, *la causalité est une sorte d'échantillonnage*. Ainsi, quand nous observons un phénomène, nous regardons toujours strictement le passé, puisque nous observons *un échantillon d'un autre objet*. Prendre un échantillon revient à positionner rétroactivement. Cela explique la qualité extraordinaire des objets. Tout objet a une sorte d'extimité qui le colle, à force d'être un échantillon. *Le sujet excessif n'est qu'un des membres d'une assemblée plénière d'objets.*

Les commencements sont rétroactifs : ils impliquent une causation inversée. On se retrouve « au milieu de quelque chose » ou, comme le dit Horace du bel épique, « *in medias res* » - de façon littérale, *parmi les choses*. C'est une approche bien plus honnête que d'inventer un objet moyen dans lequel les choses apparaissent, tel que le monde, l'environnement, la

Nature, et ainsi de suite. On se réveille simplement au milieu d'un autre objet, parmi les choses. L'existence est coexistence. La coexistence évide l'être d'une chose de l'intérieur, puisque même une chose qu'on supposerait par hypothèse isolée coexiste avec ses parties. Heidegger suppose que cet étrange être-avec s'applique seulement aux humains, mais les humains ne sont pas, à ce titre, différents de façon signifiante des téléphones, des chutes d'eau ou des rideaux de velours.

Par conséquent le commencement absolu de quelque chose est ontologiquement indisponible pour n'importe quel objet dans l'univers. C'est toujours déjà « là ». Puisque rien ne se tient en dehors de l'univers équipé d'un chrono et d'un pistolet pour donner le départ – puisqu'il n'y a pas de métalangage – le commencement de quelque chose est non seulement enveloppé de mystère, mais c'est même la quintessence du mystère. L'origine est un lieu sombre. Voici un exemple contemporain. Comment pouvons-nous dire que le réchauffement climatique a lieu ? Parce que nous n'arrêtons pas de nous demander s'il a commencé ou non.

Les commencements supposent donc une sorte d'ironie toute particulière que j'appelle *apoléptique*. Nous connaissons tous plutôt bien l'ironie proleptique : c'est l'ironie d'anticipation selon laquelle nous savons quelque chose qu'un personnage dans un récit ne sait pas encore. Maintenant, veuillez faire la connaissance de son étrange *sœur*, l'ironie apoléptique. L'ironie apoléptique est l'ironie rétroactive que nous ressentons quand la fin d'un récit nous amène à envisager différemment le récit. Cet écart entre ce que nous pensions que nous étions en train de lire et ce que nous sommes en train de lire est exploité. (Quand j'enseigne, je décris l'ironie comme écart-ploitation : l'exploitation esthétique d'un écart entre $1+n$ niveaux de signification. Ce qui fait plus long que « écart-ploitation »). Qu'a-t-il d'ironique dans la chanson d'Alanis Morisette, « Ironic[231] » ? Ce qui est ironique, c'est qu'aucun des exemples qu'elle donne n'est un exemple d'ironie. Il y a un écart entre ce que la chanson dit qu'elle est et ce qu'elle est en réalité. Puisque, me semble-t-il, il y a un écart ontologique entre un objet et sa manifestation sensible, l'ironie semblerait être une propriété basique de la réalité, et non pas seulement un truc rigolo qui existe dans les romans de Jane Austen.

Nous devons distinguer l'ironie du sarcasme. Le sarcasme peut être sans ironie et l'ironie peut être tout à fait gentille et pas sarcastique. Le sarcasme est l'usage de deux niveaux de signification, ou plus, afin d'infliger de la peine. Par exemple quand ma fille utilise ses doigts pour faire des guillemets, en disant : « Papa, je 't'aime' vraiment ». Ce n'est pas une distinction triviale, parce qu'il y a aussi une distinction que nous pouvons faire dans l'ironie elle-même entre une sorte d'ironie réifiée, un slogan sur un T-shirt, et une ironie plus hésitante, ouverte ou fluide. Le sarcasme est une version encore plus violente que n'importe quel T-shirt, et donc tend à échapper au système délicat qu'est l'ironie. Le sarcasme et l'ironie lourde impliquent une posture « méta » vis-à-vis des choses que OOO rend strictement impossible.

L'ironie est un système : elle est interobjective. Cela a à voir avec les écarts. L'interobjectivité est le royaume des écarts entre les objets, introduits quand un objet met son empreinte sur un autre, comme un son qui serait échantillonné par un enregistreur digital. L'ironie signifie toujours que quelque chose est déjà là. Autrement, il n'y aurait pas d'écart. Maintenant, il y a différents types d'ironie. Il y a l'ironie proleptique, l'ironie d'anticipation, dans laquelle un personnage anticipe quelque chose et le lecteur ou l'audience savent que les choses vont tourner différemment. Il y a l'ironie dramatique dans laquelle l'audience sait quelque chose que le personnage ignore. L'ironie romantique, spécifiquement, advient quand la narratrice découvre qu'elle est le personnage. Maintenant ce savoir est implicite dans toute narration à la première personne, puisque le je qui raconte est structurellement différent du je qui est le sujet de l'histoire. C'est une version 1.0 de l'ironie romantique. Mais l'ironie romantique complète, c'est quand l'écart structurel est thématisé. Pensez à *Blade Runner*. Deckard découvre qu'il est le type de personne qu'il a poursuivi pendant toute l'histoire : un réplicant, un humain artificiel avec une durée de vie de quatre ans[232]. Voilà une vraie ironie romantique, version 2.0. Il y a aussi la version 3.0 dans laquelle l'histoire toute entière est dédiée à cette découverte. Pensez à *The Shawshank Redemption*[233] [en français *Les Evadés*, ndT]. Tout du long, nous sommes amenés à penser que Red, le narrateur institutionnalisé et cynique, nous raconte l'histoire du magnifique, libéré et libérateur Andy Dufresne. Mais quand Red ouvre la boîte sous l'arbre, nous découvrons avec lui que toute l'histoire lui arrivait en fait à lui, que toute

la performance de Dufresne était vouée à libérer le Red interne, d'où la
« rédemption » du titre. Les deux films exemplifient efficacement un aspect
de OOO que Harman a lié avec la pensée de Slavoj Žižek. La causation est,
en un certain sens, rétroactive et l'ironie apoléptique est donc responsable
pour le frisson de la causation rétroactive[234].

A la fin de *The Shawshank Redemption*, au début de sa vie en dehors
de la prison, Red découvre que son cynisme s'est effondré. Il n'est plus
à l'extérieur. Le cynisme est la tentative de trouver une sorte de position
métalinguistique en dehors du récit. *L'ironie amène les entités à être jointes
aussi bien que séparées* : elles doivent se rejoindre pour que la causation
puisse se faire, et pourtant rien ne pourrait arriver si tout flottait dans la
glue. L'ironie apoléptique n'est pas une forme de sarcasme ou de distance
cynique. C'est l'expérience d'une sincérité totale : de se réveiller dans un
objet, d'être parmi les choses, *in medias res*. Cette sincérité totale est le
moment de naissance, non pas comme un moment « dans » le temps, mais
comme un événement duquel le temps dégorge et se répand en continuité et
persistance, comme le ruisseau d'eau alluvial qui se répand d'un glacier qui
fond. C'est maintenant vers la continuité que nous devons nous tourner.

## Chapitre 3

## La vie magique

>  Il faut jouer longtemps pour jouer comme soi-même
>
>  – *Miles Davis*

C'est ma partie favorite de *l'Anti-Œdipe*, le chef-d'œuvre joyeux et outrageant de Gilles Deleuze et Félix Guattari :

> La promenade du schizophrène : c'est un meilleur modèle que le névrosé couché sur le divan. Un peu de grand air, une relation avec le dehors. Par exemple la promenade de Lenz reconstituée par Büchner. C'est différent des moments où Lenz se retrouve chez son bon pasteur, qui le force à se repérer socialement, par rapport au Dieu de la religion, par rapport au père, à la mère. Là au contraire, il est dans les montagnes, sous la neige, avec d'autres dieux ou sans dieu du tout, sans famille, sans père ni mère, avec la nature. « Que veut mon père ? Peut-il me donner mieux ? Impossible. Laissez-moi en paix. » Tout fait machine. Machines célestes, les étoiles ou l'arc en ciel, machines alpestres, qui se couplent avec celles de son corps. Bruit ininterrompu de machines. « Il pensait que ce devait être un sentiment d'une infinie béatitude que d'être touché par la vie profonde de toute forme, d'avoir une âme pour les pierres, les métaux, l'eau et les plantes, d'accueillir en soi tous les objets de la nature, rêveusement, comme les fleurs absorbent

l'air avec la croissance et la décroissance de la lune. » Être une machine chlorophyllique ou de photo-synthèse, au moins glisser son corps comme une pièce dans de pareilles machines. Lenz s'est mis avant la distinction homme-nature, avant tous les repérages que cette distinction conditionne. Il ne vit pas la nature comme nature, mais comme processus de production. Il n'y a plus ni homme ni nature, mais uniquement processus qui produit l'un dans l'autre et couple les machines. Partout des machines productrices ou désirantes, les machines schizophrènes, toute la vie générique : moi et non-moi, extérieur et intérieur ne veulent plus rien dire[235].

Des machines, des rythmes, des vitesses, tout cela bougeant avec et contre l'autre, comme lorsqu'on est assis dans un wagon et qu'on regarde différents trains rentrer et sortir d'une station, en se sentant ballotté maintenant de cette façon, maintenant d'une autre, par le mouvement relatif. La fissure entre l'essence et l'apparence se suspend contre d'autres Fissures : *un objet persiste.*

Oubliez l'évaluation d'un schizophrène contre un neurotique et concentrez-vous sur le langage descriptif. C'est la poésie pure du relationnisme processuel. C'est parfait pour évoquer la persistance des objets, la façon dont ils demeurent eux-mêmes, pour un temps du moins, avant de se casser, avant de mourir. OOO ne devrait pas abandonner les processus. Elle devrait les penser comme des parties d'un espace de configuration plus large. Les processus sont de formidables métaphores de l'existence : exister, continuer, fleurir, vivre. Les échecs spécifiques du relationnisme du processus, comme nous le verrons – son échec à rendre compte du temps comme d'un aspect inhérent des objets – se révèle être une vertu, du moins tant que l'illusion magique du présent est un sentiment d'être « dans » le temps, exactement comme quelqu'un serait immergé dans l'eau d'une piscine ou dans les pulsations rythmiques d'une boîte de nuit.

Nous allons user de la technique développée dans le chapitre précédent : regardons l'art et voyons ce qu'il peut nous dire quant à la façon dont les choses demeurent. Pour ce faire, nous aurons à penser à la seconde des divisions tripartites du commencement, milieu et fin faite par Aristote. Qu'est-ce que *le sentiment d'être au milieu* ? C'est précisément, comme je vais l'affirmer ici, le sentiment d'être pris ou suspendu dans une multiplicité de rythmes. Comme être dans une usine, une gigantesque usine, en écoutant ce que Deleuze et Guattari appellent de façon mémorable le « ronronnement continu des machines ». Ces rythmes sont fondamentalement composés de la différence irréductible entre un objet et ses qualités sensibles, alors que ces qualités interagissent avec les qualités sensibles d'autres objets. Donc le rythme le plus basique est *la différence d'un objet avec lui-même* : un phénomène dialéthéique que nous explorerons par la suite. Cette différence-avec-lui-même est ce qui constitue la persistance. Quand des objets coexistent sans création ni destruction, cette différence-avec-eux-mêmes se multiplie, comme des vagues s'étendant d'un rythme techno.

## Le disco du moment présent

Vous pouvez deviner que vous êtes au milieu d'une histoire réaliste classique quand l'histoire semble commencer à se refermer en cercle. Encore une fois, notez la différence entre le réalisme littéraire et le réalisme ontologique. Je ne fais qu'affirmer que le réalisme littéraire n'apparaît réaliste que *parce que c'est une réalité* – que le réalisme dans l'art n'est pas seulement une concoction humaine solipsiste. Le réalisme exploite simplement la façon dont les humains anthropomorphisent le réel : il doit y avoir un réel pour que cet anthropomorphisme ait lieu. Nous pouvons donc travailler à rebours à partir des expériences qui nous sont offertes dans l'art pour parler de la réalité en tant que telle. Que ce mouvement semble contre-intuitif est, comme je l'ai affirmé, un symptôme des problèmes qui ont assailli la modernité.

La circularité du récit, aussi connue comme structure périodique, peut être aussi simple ou aussi complexe que celui qui raconte l'histoire le veut. Mais en général, le sentiment de faire des loopings et des cercles est produit en introduisant des formes périodiques : les choses se répètent. En outre, il y a le sentiment d'être suspendu : de bouger tout en se tenant là, du statique dans le mouvement. D'une façon ou d'une autre, celui qui raconte l'histoire produit un sentiment de mouvement relatif, comme lorsque vous êtes dans un train à l'attente dans une station et qu'on voit un autre train se déplacer pour quitter la station et que vous ressentez le mouvement alors même que votre train est supposément immobile.

Comment notre narratrice parvient-elle à cela ? Elle introduit différentes proportions entre la fréquence et la durée des événements dans la *séquence narrée* des événements et la *séquence chronologique* des événements. Qu'est-ce que cela veut dire ? Appelons la séquence narrée l'*intrigue* et la séquence chronologique l'*histoire*. Pour les objectifs qui sont les nôtres, rendons les choses plus faciles et disons qu'un « événement » est toute chose dans un récit qui a un verbe qui lui est rattaché. Ainsi, « Humpty Dumpty décida de fomenter une révolution » est un événement, l'événement « Humpty Dumpty décida ». Nous pouvons assigner des nombres à ces événements. Maintenant une façon simple de tourner une histoire en une intrigue consiste à réarranger la séquence. Disons que mon histoire va 1, 2, 3, 4, 5 (elle le doit, puisque les histoires sont chronologiques). Mais je l'arrange pour obtenir 2, 1, 5, 3, 4. Vous aurez remarqué que j'ai introduit quelques flashbacks et quelques prémonitions, quelques tourbillons dans la narration des événements.

Donc en tant que raconteur de l'histoire, je peux jouer avec la séquence de l'événement. Mais je peux aussi jouer avec deux aspects fondamentaux de la narration des événements : la *fréquence* et la *durée*[236]. La fréquence réfère au nombre de fois qu'un événement a lieu. La durée réfère au temps que cet événement dure. Maintenant, à l'évidence, un événement qui advient seulement une fois dans l'histoire peut être narré de nombreuses fois et vice versa. « Tout le long du mois d'août, Humpty Dumpty continua à retourner au square fatidique de Prague ». Un événement qui arrive plusieurs fois peut être narré seulement une fois. Dans ce cas, nous ignorons combien de fois cela est arrivé dans l'histoire, donc appelons cela $n$. La fréquence peut toujours être exprimée comme une proportion, dans ce cas $1/n$. Ou nous pouvons avoir un événement qui arrive seulement une fois dans l'histoire en étant raconté de nombreuses fois. « Humpty Dumpty nettoyait son pistolet... Il prit son pistolet et le nettoya... Il nettoya son pistolet. » (il a quelques obsessions). Voici la proportion $n/1$.

La même chose peut être faite avec la durée. Un événement qui prend un temps très court dans l'histoire peut être étiré sur de nombreuses pages dans l'intrigue et vice versa. Nous avons déjà exploré la façon dont l'ouverture, le sentiment de début, est un sentiment d'incertitude. Nous pouvons appliquer cela au rythme selon lequel les événements se déroulent dans une histoire. Le commencement d'une histoire est marqué par la coexistence d'un flux chaotique de fréquences et de durées. L'ouverture est le sentiment que nous avons lorsque nous ne savons pas pour le moment quelle fin va arriver. Dans ce cas, qu'est-ce qui est typique du milieu de l'histoire – c'est-à-dire, du *sentiment* d'être au milieu, dans une histoire réaliste tout du moins ? C'est l'assise dans un rythme régulier, une périodicité. Maintenant le corps du milieu, ce que nous appellerons développement, est comme la section de développement dans une sonate, dans laquelle tous les thèmes et les signatures clefs du premier mouvement sont interprétés dans leurs conclusions logiques. Ce corps de la section de développement nous immerge dans la périodicité. Comment un récit parvient-il à cela ?

C'est à travers l'exploitation de proportions entre fréquence et durée. Au cours du milieu d'un roman réaliste, les proportions de fréquence et de durée sont dans une sorte de forme inversée. C'est-à-dire qu'elles prennent la forme $1/n$ et $n/1$. Qu'est-ce que cela provoque en nous, lecteurs ? Le temps semble se dilater et se compresser. Les jours passent en une seule phrase. Les minutes durent des années. Les milliers de répétitions deviennent accessibles en une seule phrase. Un seul événement est vu mille fois. Le lecteur perd la trace du temps, non parce qu'il n'y a plus de temps, mais parce qu'un récepteur de rythmes qui s'entrecroisent est en train d'interpréter. Le temps est *suspendu*.

Dans les dessins animés, l'effet « d'être au milieu » est souvent produit à travers la répétition mécanique qui ressemble à ce qui vient tout juste d'être décrit. Les personnages semblent suspendus dans leurs actions, et ces répétitions suintent une qualité mécanique comique[237]. Une répétition perturbante et joyeuse se met en place. Les commencements sont merveilleux ou horribles, des distorsions anamorphiques des apparences existantes. Mais la continuation est *comique* comme le remarqua Bergson : la performance, comme une machine, est drôle de façon intrinsèque. On peut trouver une exploitation esthétique humaine dominante d' « être au milieu » dans de nombreuses sortes de comédies. Avec leurs constantes rotations rapides des personnages et des ouvertures et fermetures de portes, les farces suscitent l'humour en prolongeant la suspension. Dans un film de comédie romantique, une chanson pop signifie qu'on est au milieu, accompagnant l'action avec sa périodicité régulière, couplet-accords-couplet. La chanson dit « Ces événements durent une période de temps imprécise, beaucoup plus de fois que le film ne le montre maintenant ». Dans la musique, la *suspension* est un terme technique pour un effet qui ressemble à l'effet narratif que je viens tout juste de décrire. Une seule note ou un accord, une pédale, est maintenue en-dessous ou au-dessus d'une mélodie changeante. La mélodie recontextualise constamment la pédale. Un affect de déplacement alors que la constante se manifeste toujours. La musique disco est connue pour utiliser de telles suspensions partout, puisque son but est de nous garder sur la piste de danse aussi longtemps que possible. La danse, qui est une forme de « marcher tout en restant sur place » est elle-même une incarnation de la suspension.

Il y a quelque chose d'étrange dans le disco du moment présent. La musique semble émaner des danseurs eux-mêmes. Dans cette mesure, le temps est un verbe : une horloge *fait temps*, de la façon dont je pourrais danser à propos de l'architecture. Dans cette perspective, le temps de l'horloge est un effet sensuel, un jeu des périodicités qui requiert l'existence de $1+n$ objets : un système interobjectif. Le temps de l'horloge est un effet émergent du temps émis par les objets eux-mêmes. *Faire temps* est intransitif, ayant à voir avec la Fissure au sein de l'objet lui-même. En outre, les danseurs assez loin dans la discothèque pourraient bien être en train de danser à un rythme très différent de celui qui est dans notre voisinage. L'émergence du temps à partir des objets est seulement un fait physique. Ce fait impose des contraintes sévères à l'idée d'une horloge universelle. Puisque la vitesse de la lumière est strictement limitée, même pour un seul photon, chaque événement dans l'univers a « un cône de lumière » au sein duquel on peut dire que les événements adviennent dans le passé ou dans le futur, par ici ou par là. En dehors de ce cône de lumière, on ne peut pas dire que les événements arrivent dans le futur, dans le passé ou dans le présent, ici ou là.

Cela signifie que pour chaque entité il y a un *futur futur* – un futur qui est radicalement inconnaissable – et un *ailleurs ailleurs* – qui est aussi radicalement inconnaissable. La notion de temps en tant que contenant universel est une réification d'un objet sensible humain, comme si l'univers tout entier était en train de danser sur le même enregistrement d'ABBA.

Même dans notre propre entourage, certains objets ont un moment présent bien plus vaste que le nôtre. Le dessin animé allemand, *Das Rad*, présente la formation d'une route humaine du point de vue de deux rochers conscients sur le côté. Durant le passage de dix mille années humaines, les rochers observent quelques moments ensemble, voyant des roues, des cités et des paysages post-apocalyptiques passer et disparaître[238].

Le disco du moment présent est un gigantesque ensemble de *transductions*. Une aiguille d'enregistrement (une carte magnétique) convertit les vibrations mécaniques du vinyle en un signal électrique. Un haut-parleur convertit ce signal électrique en vagues de son. L'effet piézoélectrique transduit la pression mécanique en énergie électrique à haut-volt, un jet d'électron. Ce jet d'information est amplifié à l'aide d'un butane, ce qui aboutit à une flamme. Les électrons glissent dans un câble. Une ampoule convertit cette énergie en lumière. Une vague électromagnétique se propage à travers l'espace. Une antenne se concentre sur la vague et la convertit en signaux électriques. Un transducteur convertit une sorte d'énergie en une autre.

Un transducteur est un objet qui fait la médiation entre un objet et un autre de façon à ce qu'un transducteur soit un composant logistique essentiel de la causation indirecte. Une donnée dans le transducteur est traitée comme une information, ce qui donne à l'énergie dans le transducteur sa forme spécifique. L'énergie de la transduction agit ensuite comme une vague chargée de cette information. De cette façon, « la causalité clic » (la causation mécanique) est une petite partie de l'espace de configuration des transductions. L'énergie mécanique dans un système est convertie en énergie mécanique dans un autre système, créant ainsi l'illusion pour des objets à l'échelle mécanique (tels que les humains) que la causalité était seulement mécanique et que l'information est seulement idéale et non physique. De la même façon, dans cette perspective, la perception est seulement une petite région de l'espace de transduction. Entendre, par exemple, dépend des cellules qui font pression dans la cochlée. (De façon incidente, ce sont les seules cellules végétales dans le corps des mammifères). Ainsi dans tout événement causal, nous avons deux séries qui dépendent du point de vue que nous prenons : celui du transducteur ou celui du transduit. Du point de vue du transduit, le transducteur n'est pas pertinent (non-sensible, fermé). C'est en continuité avec la réalité des objets réels. La réalité ne « ressemble » à rien.

Nous avons donc une asymétrie, une asymétrie OOO. Cela n'importe pas le moins du monde au transduit qu'il soit pris au passage, amplifié ou quoi que ce soit par une antenne, un microphone ou un cristal piézoélectrique. Les vagues électromagnétiques continuent à se propager autour de l'antenne, malgré elle. L'antenne peut tout aussi bien ne pas être là. Les théories des signes comme le structuralisme n'ont affaire qu'avec le point de vue des transducteurs. Pour un transducteur, tout ressemble à de l'information. Plutôt que d'ignorer ou de régresser (en substituant une quelconque forme d'un nouveau matériel, par exemple, tel qu'un flux), OOO insère la théorie du tournant linguistique dans un espace de configuration plus large qui inclut le physique. L'ère du tournant linguistique pensait les modèles d'information en tant que signifiants et signifiés (structuralisme). Ceux-ci étaient sujets à différentes sortes d'analyses, telle que la déconstruction, lesquelles affirmaient qu'il n'y avait pas de signifié simple mais seulement une chaîne de signifiés reportés de façon infinie. Quand elle fait cette observation, la déconstruction suppose, bien que cela ne soit pas énoncé en tant que tel, la présence d'un objet en retrait (des objets $1+n$, pour être précis) en dehors d'un système signifiant. Les lettres sur cette page n'ont cure des pixels dont elles sont faites mais sans ceux-ci, ces lettres n'existeraient pas. Ainsi pour les signifiants et les signifiés, OOO introduit leur mystérieux frère jumeau, le transduit et le transducteur.

## Les machines à suspension

Le présent n'est pas aussi réel que les philosophes le pensent[239]. (En fait, quand nous arriverons au chapitre 4, nous aurons même la preuve que son être est même moins réel que le passé ou le futur). La présence est la façon dont un objet *fait temps*, dans le sens intransitif que j'ai mentionné. Un objet se suspend lui-même, maintenant la Fissure entre l'essence et l'apparence. Ainsi la présence n'est pas comme une boîte, une rue, ou même une collection de rues qui partent parallèles les unes aux autres. La présence est un *chœur* sauvage de temps, une cacophonie de machines à suspension, peuplée de petites îles d'harmonie. Quand nous les regardons, nous trouvons des machines à suspension partout, faisant tic-tac selon leurs rythmes syncopés. On les décrit au mieux en tant que machines, puisqu'elles supposent des cercles périodiques qui se superposent. De tels mécanismes incluent la *Clock of the Long Now*, une horloge mécanique (plutôt que digitale) qui a été assemblée dans le désert du Nevada. Une fois construite, l'horloge va fonctionner pendant 10 000 années[240]. L'horloge nous oblige à voir la façon dont la notion de « présent » est à l'origine une réaction à un ensemble de relations : une propriété d'un objet sensible. Cela pourrait durer une microseconde ou dix milliers d'années. Les humains regardent comme simultanés n'importe quel couple d'événements qui se succèdent par un dixième de seconde ou moins (« le temps spécieux »)[241].

L'impact d'une chose peut être mesuré selon la quantité de périodicité qu'elle établit. En thérapie musicale, le thérapeute amène l'esprit du patient à un état hypnotique à l'aide de la répétition. Dans un tel état, une personne peut être influencée. Vous amener à un état de suspension veut dire que j'ai un pouvoir sur vous. Amener à la suspension est la façon dont ce que Ian Bogost appelle « l'émerveillement » est façonné[242]. Quand je lis un poème, je m'émerveille à la lecture. Il commence à exercer du pouvoir sur moi. Quand un acide goutte sur une surface métallique, le métal s'émerveille à ce propos. L'émerveillement est un état de suspension dans lequel un être exerce une attraction sur un autre, « une allure » comme le dit Harman[243].

Les machines à suspension caractérisent l'opération de ce que nous appelons sujets. Voyez la mélancolie, la dépression ou la souffrance. La mélancolie est une entité pareille à un objet qui habite notre psyché sans qu'elle ne semble changer. La souffrance semble partir et revenir de façon cyclique. La mélancolie est l'empreinte d'une autre entité de quelle que sorte que ce soit dont la proximité a été expérimentée comme un traumatisme. La logique de la pulsion de mort freudienne est que les processus périodiques au sein de l'organisme s'efforcent de digérer les stimuli externes et de maintenir un équilibre. Comme je l'ai exposé plus tôt, Freud affirme que l'ego lui-même n'est que l'enregistrement des « représentations pulsionnelles d'un objet abandonné[244] ». L'ego est un objet sensible. La mélancolie, par définition, suppose la coexistence, ce qui explique pourquoi cela est important pour la pensée écologique puisque l'écologie a affaire à la coexistence pensée aussi largement et profondément que possible. Il n'est pas nécessaire que cette coexistence concerne des êtres conscients, pas même des formes de vie *per se* : elle peut inclure toutes les entités telles que des rochers, du plutonium ou du dioxyde de carbone.

Mais, et cela est tout aussi important, la mélancolie n'implique rien quant à la subjectivité. Vous avez seulement besoin, pour la mélancolie, de différents types d'objets. C'est ce qui la rend différente, dans les théories psychanalytiques traditionnelles, des autres affects. En effet, la mélancolie parle une vérité de tous les objets – rappelez-vous ici que j'utilise le terme « d'objet » d'une façon neutre quant à sa valeur, impliquant toute entité réelle quelle qu'elle soit, et non pas une objectification ou un dualisme sujet-objet. En effet, la subjectivité est le produit d'une abnégation de la chose mélancolique, ce que Julia Kristeva appelle l'*abject*, afin de le distinguer des concepts habituels de sujet et objet[245]. La coexistence mélancolique des objets précède l'existence de l'ego. Les egos présupposent d'anciennes couches d'êtres, des restes fossilisés.

La compulsion à répéter semble surpasser les besoins concrets d'un organisme[246]. Freud réduit la répétition périodique de la pulsion de mort à une forme de vie préconsciente, un organisme unicellulaire. On pourrait sans doute supposer que la répétition va un peu plus loin que cela. L'ADN semble être un état de déséquilibre, pareil à une phrase paradoxale comme « je suis en train de mentir » ou « cette phrase est fausse ». Pourquoi est-ce que les réplicateurs répliquent ? N'est-ce pas en raison d'un déséquilibre fondamental que la molécule « essaye », d'une façon ou d'une autre, de se défaire ? Est-ce que l'ADN n'essaye pas également de « retourner à la tranquillité du monde inorganique » ? Est-ce que la pulsion de mort ne va donc pas bien au-delà des organismes unicellulaires, relativement nouveaux venus sur une scène vieille de quatre milliards d'années et demi ? Ne serait-il pas attendu que si la pulsion de mort était installée à ce niveau fondamental, tous les niveaux au-dessus la manifesteraient de différentes façons jusqu'à ce que nous atteignions les niveaux réflexifs de la conscience et du sens – les mondes saturés que les humains et d'autres formes de vie tissent pour eux-mêmes – en un mot, la civilisation ?

Dans le processus visant à résoudre son déséquilibre interne, l'ADN et les autres réplicateurs font la seule chose dont ils sont capables – se répliquer. Le problème est que, plus vous la poursuivez, plus vous vivez de *vie*. La pulsion de mort est précisément cet élan pour s'annihiler, pour effacer la tache de l'existence. La mort est l'essence de la vie :

> A un moment donné, une force dont nous ne pouvons encore avoir aucune représentation a réveillé dans la matière inanimée les propriétés de la vie. Il s'agissait peut-être d'un processus ayant servi de modèle et analogue à celui qui, plus tard, a fait naître, dans une certaine couche de la matière vivante, la conscience. La rupture d'équilibre qui s'est alors produite dans la substance inanimée a provoqué dans celle-ci une tendance à la suppression de son état de tension, la première tendance à retourner à l'état inanimé[247].

L'ADN est impliqué dans l'intrigue d'un polar où le détective découvre qu'il est l'assassin. En essayant de résoudre l'énigme de son existence, l'ADN redouble celle-ci. Mais pourquoi ? Pourquoi des choses telles que l'ADN existent-elles ? Comment une simple chaîne moléculaire peut-elle se comporter comme un virus informatique, se reproduisant en essayant de se résoudre et se dissoudre elle-même ? Et qu'en serait-il si la raison de l'existence de machines de suspension comme l'ADN, la pulsion de mort, la souffrance et la mélancolie n'étaient qu'une incohérence qui repose profondément au *cœur* d'un objet ? Une incohérence qui s'applique non seulement aux systèmes vivants, mais à toutes les entités ?

Observez une nouvelle fois la production de la continuité dans un récit. Quand nous pensons attentivement au modèle qui compare la séquence chronologique à la séquence narrée des événements, nous découvrons un fait révélateur. Une série chronologique est aussi strictement un agencement. Qui ou quoi « dit précisément le temps » dans une telle série ? Ce qui doit être expliqué, le temps comme un flot d'événements, semble reculer derrière un scénario donné, même si ce scénario suit précisément l'ordre chronologique. Cela amène d'autres problèmes. Bien entendu, qui peut précisément dire combien de temps dura la guerre du Vietnam ? Compter en années semble raisonnable mais un décompte en microseconde semble hors de question. Qui pourrait dire combien de temps en moyenne cela vous prend de vous brosser les dents ou de tuer quelqu'un ? Le discours sur la durée et la fréquence, par conséquent, est vague. Les « événements réels » semblent reculer devant nous alors que nous essayons de les saisir.

Pas d'inquiétude : cette récession du réel pourrait-elle nous dire quelque chose de vrai quant à la nature des choses ? En d'autres termes, puisque, selon les mots d'un narratologue, une « référence zéro » chronologique de l'isochronie la plus totale, une simultanéité complète entre l'intrigue et l'histoire, n'est qu'une illusion, n'est-ce pas vrai que ce que nous étudions est l'effet du *chōrismos* entre le réel et les objets sensibles[248] ? La présence est un effet esthétique.

Maintenant que nous nous rapprochons de la notion de suspension, nous devrions préciser que la façon dont un objet est suspendu est ontologique. En d'autres termes, un objet n'est pas un bloc de quelque chose objectivement présent qui est ensuite placé dans des relations pleines de suspense. C'est le contraire. Des relations pleines de suspense ne sont possibles qu'à partir du fait que les objets sont suspendus de façon irréductible et intrinsèque. En d'autres termes, la suspension est toujours déjà à l'œuvre dans l'objet, dans un seul objet. Un objet n'est que lui-même, peu importe les observateurs et les interactions. Cela signifie que ce que j'appelle ici *apparence* n'est pas séparable de l'objet ; pourtant l'objet n'est pas réductible à son apparence. A ce moment-là, nous avons à faire un choix. Nous pouvons affirmer qu'un objet sensible est différent d'un objet réel. Ou nous pourrions supposer, comme je le fais ici, que l'unicité d'une chose requiert qu'elle défie la Loi de Non-contradiction. Puisqu'il y a une Fissure (*chōrismos*) entre l'essence et l'apparence d'un objet, un objet est suspendu entre « être soi-même » et « ne pas être soi-même » ($p \wedge \neg p$, une dialetheia). Si nous n'acceptons pas cela, nous prenons le risque d'être coincés dans une réalité dans laquelle les objets requièrent d'autres entités pour fonctionner, ce qui résulterait en une sorte de sape par le bas ou par le haut. Tout le fuel nécessaire pour avoir le temps, l'espace et la causalité existe « à l'intérieur » d'un objet.

Cela semble être en accord avec ce qu'Heidegger dit de la persistance vers la fin d'*Être et temps*. La persistance, affirme Heidegger, ne peut pas tout simplement continuer à exister « dans » le temps, puisque cela amène la question[249]. Si nous appliquons alors la généralisation d'Heidegger faite par Harman pour inclure tous les objets, y compris ceux qui ne sont pas humains ou conscients, nous pouvons affirmer qu'un objet persiste en étant saisi par un autre, en devenant *vorhanden* (sous-la-main). Mais pourquoi est-ce le cas ? Encore une fois, c'est le cas en raison de la Fissure entre l'essence et l'apparence. En visant l'apparence d'un objet – ce qui inclut tout ce que nous pouvons dire à son propos : son élan, sa densité, sa texture, aussi bien que sa couleur, sa forme et ainsi de suite *ad infinitum* – un autre objet échoue à saisir l'essence de l'objet. L'objet est suspendu entre être-saisi et ne-pas-être-saisi. Cela est dû au fait que la nature des objets est toujours déjà d'être suspendus, *d'être la suspension* entre l'essence et l'apparence. Nous reviendrons à ce problème paradoxal et complexe dans un instant.

Pour l'instant, notons que nous avons déjà fait une découverte importante. Nous sommes à même de supposer que la persistance est *persistance-pour* : la persistance, en effet, est un objet sensible. La « présence » d'un objet n'est jamais qu'un objet en tant qu'objet réel. La persistance est un problème signifiant d'une autre façon : parce que les objets sont apparemment eux-mêmes, comment se fait-il que leur persistance puisse être décrite comme une forme de causation ? Pourtant comment pourrait-elle ne pas l'être, puisqu'il y a des exemples évidents d'énergie physique telle que l'inertie qui requièrent une théorie de la causation d'une certaine façon[250] ? L'inertie consiste essentiellement en ce que les objets restent ce qu'ils étaient si rien n'interfère avec eux. La première loi du mouvement de Newton affirme qu'un objet continuera à se déplacer à moins que quelque chose l'en empêche. Cette loi fonde le tournant copernicien dans la science. Pourtant, il est plutôt difficile de comprendre exactement ce qui est en jeu, d'un point de vue philosophique.

Pour évoquer la persistance, Russell parle de quasi-permanence et Spinoza de causation immanente. Mais ces théories semblent être des suppléments bizarrement rajoutés à une perspective des choses substance-plus-accidents. En outre, de telles théories ne sont pas cohérentes avec la science physique contemporaine. Si un objet reste le même, rien ne peut lui arriver – pourtant nous voyons des objets qui semblent se tortiller partout, rester ce qu'ils sont. C'est là le sens plus profond de « mouvement » qu'Aristote saisit quand il parle de la *phusis*, ou « émergence » dans l'excellente traduction d'Heidegger[251]. La *phusis* se manifeste comme *metabol* ou changement. Même le seul fait de rester le même est une sous-catégorie du mouvement[252]. Leibniz affirme ainsi que les choses ont une tendance interne au changement, qu'une chose « est active en raison de sa propre nature ». Cette activité, ou cet élan, peut se manifester comme une présence pareille à l'âme ou à l'esprit – dans cette mesure, il n'y a pas de différence intrinsèque entre une pierre et une personne[253].

A moins que nous n'admettions qu'il y ait une Fissure entre l'apparence et l'essence, il est très difficile d'expliquer l'inertie. Si les choses ne sont qu'elles-mêmes, on dirait qu'elles ont besoin d'autres choses afin de changer. Rien n'évoque la qualité illusoire des objets aussi bien que le fait de la persistance. Si on aliène le propos de Miles Davis, la persistance ne consiste qu'à jouer comme vous-même après avoir joué pendant longtemps. Prenez un objet comme une cascade d'eau : l'eau continue à changer bien que la chute d'eau soit clairement identifiable en tant que chute d'eau. Prenez ma personne, par exemple : nombre de mes cellules changent sur des périodes de plusieurs années et pourtant je reste Tim, d'une certaine manière. Ou prenez une espèce ayant survécu pendant des millions d'années : d'innombrables individus sont venus et partis alors que l'espèce restait vaguement pareille à elle-même. Être *identique à* signifie être *le même que* (en latin, *idem*), et donc être identique veut dire qu'on est légèrement différent. Aussi étrange que cela puisse paraître, il y a une certaine différence au sein de l'identité.

Dans une section plus tardive, nous ferons quelques modifications sur le disco du moment présent, puisque nous empruntons seulement des choses familières et quotidiennes plutôt que d'observer en profondeur l'ontologie. Pour le moment, cela dit, cela reste une excellente image avec laquelle nous pouvons continuer.

## Le problème de la lave

Nous devrions maintenant être capables de récupérer des choses à partir des théories de la persistance qui sont sur le marché aujourd'hui. Les problèmes surgissent quand nous commençons à prendre l'activité périodique joyeuse et folle du disco du moment présent pour l'aspect réel des choses réelles. Le problème consiste à transformer cette vision en ontothéologie. Dans ce cas, un processus n'est qu'un atome, une sorte de lave-lampe, comme je vais l'expliquer par la suite. Le monde est réductible à des formes et des flux, à des bouts et des morceaux[254]. L'incohérence est partie avec de nombreuses autres choses. Ils sont partis, les chats, le fil de cuivre, le nuage de Oort aux confins du système solaire. A leur place, nous avons des flux de substance pareille à de la lave qui se manifeste seulement en tant que chat et fil de cuivre de façon vague – et souvent, étant donné les ravages de la sape par le haut, seulement pour les humains ou pour les esprits.

La plupart de ce qui passe pour une ontologie acceptable ces temps-ci – quand les gens osent déjà le faire – est seulement une forme d'atomisme. Un atome est quelque chose qui ne peut pas être davantage coupé en morceaux. Nous pensons à eux comme à de petites balles de ping-pong brillantes comme celles que nous voyons en chimie au lycée. Cette sorte d'atomisme n'est pas cool du tout. On a donc inventé divers substituts, que je ne crois être que des versions « nouvelles et améliorées » de la même chose :

> Un processus est un atome, mais seulement en version lampe-lave.
> Une chaîne est un atome, mais seulement un qui serait sub-quantique.
> Un quantum est un atome, mais qui serait indéterminé ou « intra-actif » (pour utiliser la formule de Karen Barad[255]).

Les atomes règnent de façon absolue, deux mille ans et demi après Démocrite. Ces processus, malgré l'abondant PR [*Processual Relationism*, ndT] dans leur nom, sont des réifications des choses[256]. Explorons donc comment.

Si vous souhaitez réellement être un matérialiste excentrique, vous devriez opter pour le monisme, comme Parménide, Spinoza ou David Bohm. Ou abandonner la matière et dire que tout est contrôlé par l'esprit, comme Anaxagore. Si vous changez les noms et que vous substituez les dernières trouvailles par de « l'eau » ou du « feu » vous obtenez à peu près les présocratiques. Le retour au scientisme pré-aristotélicien (où vous prenez une décision quant à ce qui constitue le monde – une sorte de flux ou une sorte d'*apeiron*, de feu, d'eau et ainsi de suite) ne peut pas rendre compte du changement de façon minutieuse. Le changement est fétichisé au niveau de l'apparence – mais non pas expliqué. La décision matérialiste l'inhibe. Tout ce que vous avez à faire, c'est de substituer les noms et pour Héraclite utiliser Deleuze ou Whitehead, pour Barad dire Anaximandre et ainsi de suite. La réponse d'Aristote est aussi pertinente maintenant qu'elle l'était pour les pré-sophistes : si tout est une réflexion, si tout est attribuable à tout le reste, alors rien ne peut jamais changer[257].

C'est là que le scientisme vous rattrape : justement là où vous avez commencé, au VIème siècle avant JC. C'est à peu près au moment où les humanistes commençaient à dire aux scientifiques comment penser de nouveau, alors que la science semble abandonnée face à quelques vieux stéréotypes. Ce qui nous ramène de nouveau à OOO, la seule ontologie non-réductionniste et non-atomiste qui soit disponible pour nous, une théorie qui est bien plus résistante à Aristote que les autres.

La majorité de la pensée post-postmoderne est une régression, pas une progression. Cela représente une tentative désespérée de construire une version « nouvelle et améliorée » de la bonne vieille nature que Derrida et les autres ont supprimée. Cette fois-ci c'est autopoétique, processuel et comme une lampe-lave. Je l'appelle le *matérialisme lampe-lave*. Cela semble évoquer une certaine forme de joie toute contemporaine : « Hey, regardez-moi ! Je suis totalement intriqué à du non-moi ! » « Je *suis* le morse ! Et j'ai la théorie quantique pour le prouver ! » Vraiment ? Un contre-argument pourrait bien démontrer que la théorique quantique est profondément orientée vers l'objet[258]. La théorie quantique montre de façon décisive la façon dont les objets existent réellement séparément les uns des autres. Elle *affirme sans contredit* ceci : cela rendrait l'intrication, une propriété fondamentale des objets les plus petits (si ce n'est d'autres), absurde si ces objets étaient les mêmes. En outre, l'immersion dans le non-moi est fréquemment vue à partir d'une distance infinie, comme si c'était à la télévision. Si nous suivons donc l'attitude que cette réflexion suppose, alors il en découle qu'il y a *une seule* entité dans l'Univers qui n'est pas intriquée : la conscience. Et moi, le matérialiste lampe-lave, je peux la juger, de l'extérieur d'elle-même... Le matérialisme lampe-lave continue de retourner au degré zéro du dualisme cartésien. Et à la fin, c'est seulement une forme d'atomisme. Les esprits, les pizzas et les trous noirs deviennent des effets émergents des processus. Il serait mieux d'arrêter de réinventer la roue de la Nature.

La philosophie processuelle risque de ne pas rendre compte de la causalité, ne faisant qu'effleurer la surface phénoménale des événements[259]. Si à la place nous pensions les processus comme des procédures (des opérations pareilles à des algorithmes avec des étapes bien définies) nous pourrions bien être plus proche de la causalité. Les lampes-laves exhibent une esthétique qui charme la philosophie processuelle. Mais elles ont aussi à voir avec l'atomisme et la causalité. Regardez la lave circuler dans la lampe. A un temps T1 la lave sera au point *a* dans la lampe. A un temps T2 l'eau sera au point *b* dans la lampe. Il semble élémentaire que, dans cette perspective, le temps est un cadre extérieur relatif à la circulation de l'eau. La lampe, dans cette analogie, est le temps alors que le liquide se déplace à l'intérieur dans une direction décisive. Le temps est extérieur au processus.

La philosophie processuelle ne parvient pas à rendre compte de la seule chose qui la rend attractive pour les gens – échapper au statisme. Tout processus requiert un cadre statique (la lampe) dans lequel le processus peut prendre place. Le flux de l'eau dans un tuyau est l'unique unité atomique d'un processus. Bien entendu, ce n'est pas une petite bille, mais il a un avant et un arrière temporels et il se déplace relativement à un contenant statique. La même chose vaut pour la lampe-lave : c'est une forme indistincte, pas une bille, mais elle demeure elle-même de façon cohérente relativement au contenant statique et à une séquence temporelle linéaire.

Du point de vue du matérialisme processuel et relationnel, les entités se déploient dans le temps. En accord avec la dénigration du statique, nous les appellerons « des produits » [en anglais *achievements*, ndT] - un gérondif, c'est-à-dire un nom fondé sur un verbe et les verbes sont meilleurs que les noms, parce qu'ils nous disent plus explicitement ce qu'il en est du processus sous-jacent dont les choses sont faites. Un tapis tapisse, un chat chatte, et les entités sont des produits. Narrons l'évolution d'un produit.

L'axe T est le temps. L'axe P est le produit. La façon dont ce produit advient ne fait aucune différence : d'autres entités, une entité fondant en différentes figures. Peut-être que cette entité est une évolution. Dieu, la nouveauté ou le vitalisme. Disons que cela arrive. Un morceau devient quelque chose qui ressemble à une pomme. En bas de la lampe-lave (temps T1), le morceau est seulement un morceau. Au moment où il parvient au sommet, le morceau s'est transformé en un produit pareil à une pomme (temps T2). A une date future, il fondra en quelque chose d'autre, peut-être. Il y aura d'autres morceaux qui interféreront avec sa beauté pommesque et ainsi de suite.

Laissons de côté toute inquiétude quant à l'axe P. Ignorez le fait que le morceau-pomme est plus morceau que pomme (une matière visqueuse plus fondamentale garantit sa pommité). Ignorez la possibilité que le morceau-pomme ressemble seulement à un morceau-pomme aux yeux des consommateurs de morceaux-pommes (vous, moi, quelques vers et ainsi de suite). De cette façon, sa pommité intrinsèque est seulement en fonction de la façon dont elle est « perçue », un cas classique de sape par le haut. Laissez tout cela de côté et concentrez-vous seulement sur les termes internes au diagramme lui-même. Concentrez-vous seulement sur le fait que à T1 la proto-pomme est un simple morceau alors qu'à $T^2$ c'est un morceau pommoïde. Cela explique tout ce que nous avons besoin de savoir quant à la façon dont les pommes arrivent à l'existence – *excepté le cadre temporel dans lequel le devenir advient*. Nous avons besoin de T et A pour rendre compte des entités qui se manifestent dans la lampe-lave. Un fait majeur de notre réalité – le temps – ne peut pas être expliqué, ontologiquement, mais peut seulement être supposé.

La relativité ne vous aidera pas ici, si vous vous sentez d'humeur à défendre le matérialisme lampe-lave. La relativité veut seulement dire que le cadre est aussi plus proche du morceau (gaussien) que de la rigidité (galiléenne). C'est toujours un cadre, toujours ontologiquement extérieur à l'entité. Imaginez que vous enveloppez le graphique autour d'une orange. Félicitations. Vous avez maintenant exactement le même problème, enveloppé autour d'une orange. La théorie quantique n'aidera pas davantage. Rendez la flèche du temps réversible de façon à ce que le pommoïde puisse parler au morceau plus vite que la lumière et ainsi causer sa propre production. Ou inventez une nouvelle dimension totalement nouvelle et laissez le morceau bondir en dehors du cadre (dans un autre, différent ou plus large) comme dans la théorie des cordes. Même problème : aucun bonbon-fait scientifique ne fera tenir le matérialisme lampe-lave face à sa réfutation. Cette façon de réfuter le matérialisme est à peu près ce qu'Aristote a fait. La théorie d'Aristote souffre de certains problèmes mais ne les réglons pas en régressant à une perspective pré-aristotélicienne.

La chose même qui semble à propos – construire une temporalité einsteinienne au sein de notre ontologie – est précisément celle qui manque. Si vous voulez vraiment faire un Einstein, le temps doit émaner de l'objet lui-même. Le fait que le temps soit un contenant externe pour l'activité de la lampe-lave est seulement une autre façon de dire que la lave est contenue dans la lampe. La lave se trouve dans l'intérieur d'une lampe, suspendue

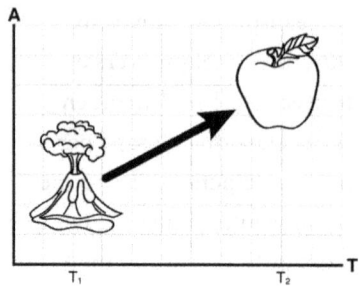

Figure 2

dans le medium spacieux de la lampe. La forme lampe-lave du matérialisme, en résumé, ne peut pas rendre compte du temps. Tout ce que nous savons c'est que la lave est dans la lampe... Telle est l'information avec laquelle nous avions commencé. Cela conduit à une question plus vaste quant au réductionnisme inhérent dans les philosophies processuelles. Comment se fait-il que bondir loin de l'évidence soit plus réaliste que de rester à côté ? Comment se fait-il qu'un flux d'une substance pareille à de la lave soit plus réelle qu'un chat tigré ?

On ne s'étonnera pas que le lampe-lavisme ait décollé à partir des modèles éliminationnistes de la réalité. Considérez le passage suivant et demandez-vous : est-ce Deleuze, philosophe des flux, ou bien Ken Wilber, intégrationniste New Age ? Le voici :

> « Notre monde phénoménal n'est pas un monde élémentariste fait de blocs de constructions, ce n'est pas un univers Lego, car il possède une structure organique ; on le caractériserait de façon plus pertinente comme un réseau quasiment liquide[260]. »

Pourtant, je ne suis pas surprise de voir qu'un neuro-éliminationniste, Thomas Metzinger, en est l'auteur. Metzinger emprunte les notions de non-moi du bouddhisme, s'accordant ainsi avec les nombreux penseurs qui considèrent que le bouddhisme est une religion lampe-lave.

Est-ce que j'exprime seulement de l'animosité envers les liquides, la fluidité, le processus, l'organicité, le changement ? Est-ce que la réalité n'est pas un mélange (complexe, oserais-je dire) de stabilité et d'instabilité ? Dans le monde réel du temps et du changement, n'est-ce pas plus utile de voir la stabilité comme un produit (comme l'affirmerait Latour) plutôt que comme une position par défaut ? Situer le débat dans ce cadre revient précisément à reconnaître un matérialisme réductionniste qui n'a pas pour objet le temps. De cette façon, la « solidité » et la « liquidité » ne sont que des phases de la même « chose » sous-jacente – les dés étant toujours pipés en faveur de la liquidité – de façon à ce que la solidité ne soit qu'un équilibre métastable d'un processus fluide ou autre. Oubliez l'éclat scientifique inhibant du problème. Ce n'est qu'une *image esthétique* : vous êtes libre de l'aimer ou de ne pas l'aimer, mais il ne sert à rien d'en débattre. C'est pourquoi j'appelle cela *le matérialisme lampe-lave* : certaines personnes trouvent seulement que les lampes-laves sont stylées. On ne peut pas rendre compte du goût. Bien entendu, il n'y a rien de mal à cela : en fait, si les lampe-lavistes étaient plus fidèles à leur goût qu'à leur scientisme, alors nous aurions matière à débattre. Le critique littéraire Harold Bloom écrivit un jour que toute interprétation de la poésie est soit une paraphrase soit une métaphore. C'est à cela que se réduit la discussion sur la lampe-lave. Si vous voulez paraphraser la science alors, je vous en prie, suivez le matérialisme lampe-lave. Si, d'un autre côté, vous aspirez à davantage, alors vous devez prendre le risque de la métaphore. Et si la dimension causale est esthétique, alors la paraphrase n'est qu'une version de la métaphore. Le vrai problème avec la paraphrase est que c'est une information pauvre : tout l'intérêt d'une bonne paraphrase, c'est de perdre de l'information, de réduire. Donc les paraphrases contiennent au moins un point aveugle inhérent.

Au-delà de cela, pourtant, il y a la question de l'ontologie. L'argument lampe-lave est seulement une version de la sape par le bas – réduisant les objets à un certain objet qui est tenu pour être plus réel (un certain processus englobant dont les chats et la petite monnaie ne sont que des instanciations). Je me vois donc tout simplement incapable d'accepter que les choses soient faites de processus et, pire encore, que certaines choses soient plus vraies pour le processus que d'autres (plus fluides, plus stylées). Est-ce que des briques Lego (pour nommer les objets que Metzinger mentionne) requiert un simulacre de procès stalinien dans lequel ceux-ci admettent le déni de leur caractère fondant inhérent ? Et doivent-ils supplier d'être fondus au nom du progrès de la lave ? « Certaines choses sont plus processuelles que d'autres ». C'est de l'ontothéologie.

Commençons avec l'idée que les objets se mettent en retrait. Cela signifie que toute chose est unique. C'est mon idée de *l'étrange étranger* appliquée à toute entité. Bien que l'idée soit développée pour couvrir les formes de vie, il est facile de l'appliquer à des entités non-vivantes. En effet, la différence entre la vie et la non-vie est, à de nombreuses échelles, quelque peu floue : les paradoxes du sorite abondent quand on essaie de produire une frontière fine et rigide entre la vie et la non-vie.

Toutes les entités sont extraordinaires, même pour elles-mêmes. Unique ne veut pas dire individuel. Pensez à ces jardins devant les maisons pavillonnaires. C'est une expression de l'individualisme, mais non pas de l'unicité. En fait, il y a des règles très strictes pour définir ce que doit être un jardin devant une maison pavillonnaire, de la même façon qu'il y a des règles à propos de ce que devrait être l'individualisme. Dans le Colorado, vous pouvez être arrêté dans certaines villes pour ne pas tondre correctement votre pelouse. Puisque les objets se mettent en retrait, il n'y a pas d'objet au-dessus ou d'objet en-dessous : pas de « matière », de lave, de toile holiste, seulement une assemblée d'objets uniques. Les objets en tant qu'unités irréductibles ne sont pas comme des billiards de pelouses de jardin ou des iPhones tous « personnalisés » de différentes manières : cela reviendrait à saper par le haut. Les objets irréductibles ne sont pas non plus comme des choses diverses toutes faites à partir des mêmes briques de Lego : cela reviendrait à saper par le bas. C'est ce que professe OOO, et cela ne veut pas dire que nous devrions favoriser les solides sur les liquides.

Les objets OOO sont des *unités*, dans la terminologie élégante de Bogost[261]. Une équipe de football est une unité. Un nuage est une unité. Un quantum est une unité. En effet, si la théorie quantique fonctionne si joliment, c'est parce qu'elle est fondée sur une unité. Planck a décidé qu'il y avait des quanta d'abord pour éviter les paradoxes d'une perspective relationniste. Si tout est, au fond, des vagues d'énergie entrelacées (à la façon de la physique du 19ème siècle), vous obtenez des résultats absurdes pour la radiation d'un corps noir. (Au-delà d'une certaine température, on dirait que la somme de ces vagues dans votre micro-onde est infinie !) Un quantum est une unité par excellence : c'est dans le mot lui-même. Un système de quanta en cohérence est *zuhanden*, non pas seulement « pour moi » ou pour un quelconque « observateur » extérieur, mais au sein du système lui-même. « La mesure » (qui interfère avec lui) le rend *vorhanden*. Une petite particule en tant que petite balle de pingpong est une parodie *vorhanden* d'un objet *zuhanden*. Donc un seul quantum est un objet en retrait par excellence.

La théorie quantique concerne la façon dont il existe des choses indépendantes. Comme je l'ai affirmé ailleurs dans cet ouvrage, « mesurer » au niveau quantique signifie « percuter avec un photon ou un électron » (et ainsi de suite). Quand cela arrive, le système est détruit : c'est un assemblage de quanta, si vous voulez, qui peut être dispersé. Les quanta sont indépendants les uns des autres. Si c'étaient des choses relationnelles plutôt que des unités, alors les quanta ne pourraient pas être extirpés de la « cohérence » quand ils sont « mesurés », la cohérence étant le terme pour désigner la façon dont les quanta sont étalés les uns sur les autres dans un système clos. S'ils étaient vraiment imbriqués ils ne pourraient pas être séparés. Mais les séparer est vraiment facile. Tout ce que cela demande est une sorte d'interférence. C'est quand les quanta sont reliés que leur cohérence est détruite. Il y a quelque chose « en-dessous », « différent » (ou quelque chose de similaire) des relations.

Bien entendu, cela n'a pas encore arrêté les physiciens quantiques et les philosophes de promouvoir la théorie quantique comme la garantie ultime que les choses sont relationnelles tout du long. La répétition constante que les entités quantiques prouvent la véracité du relationnisme est seulement un symptôme de l'époque dans laquelle nous vivons, et non des quanta eux-mêmes. Le Modèle Standard promu par Niels Bohr est un bon exemple du corrélationnisme : les quanta sont seulement signifiants quand ils sont mesurés, et cela fait sens de ne pas davantage penser à eux. Il y a un tabou persistant quant à l'enquête ontologique en-dessous de la capuche fermée des quanta, qui est la raison pour laquelle « l'interprétation ontologique » de David Bohm et Basil Hiley a été calomniée. Il n'y a pas de place ici pour débattre les mérites des différentes interprétations de la théorie quantique. Mais il est évident que ce sont les quanta eux-mêmes, en tant qu'unités, qui rendent des phénomènes tels que l'intrication et la cohérence si stupéfiants.

Ces faits stupéfiants peuvent être facilement expliqués si nous acceptons l'idée que les unités sont ontologiquement premières vis-à-vis des relations (causales esthétiques). Même les interprétations ontologiques processuelles et relationnelles de la théorie quantique (la théorie de l'onde pilote de de Broglie, l'ordre implicite de Bohm) reposent sur le fait que ce sont des entités réelles qui peuvent contenir des couches infinitésimales d'entités plus petites tout du long, en dessous de la taille d'un électron ($10^{-17}$cm). Bien entendu, quand on prend du recul on s'aperçoit que la plupart de ceux qui adhèrent à la théorie quantique sapent par le haut ou par le bas, de telle façon que la version de Bohr est une sape par le haut alors que celle de Bohm est par le bas.

Mais je digresse. Retournons à la discussion du relationnisme processuel. Imaginez que l'on puisse accéder à un compromis satisfaisant entre les processus et les non-processus : « les choses sont en quelque sorte fondues, mais aussi en quelque sorte solides ». Une telle croyance est toujours du réductionnisme, de l'éliminationnisme et ainsi de suite. Les lampes-lave sont précisément quelque part « entre » fondu et solide. Je suis en faveur d'un regard neuf sur la stase au moins par souci d'introduire de la variété, mais le fait que je le sois ne veut pas dire que je pense que les choses « sont vraiment » statiques ou que nous préférons les solides ou quoi que ce soit d'autre. Cela serait une interprétation tout à la fois mauvaise et enfantine, dans le même esprit que « Tu préfères le bleu mais je sais bien que le violet est mieux ». Ou plus précisément « je préfère que les électrons soient en orbite bien plus vite que tu ne le veux, et c'est une bonne chose ». (La prémisse étant que *nous sommes tous en train de parler de différentes sortes d'une même chose*, ce qui n'est pas le cas). C'est tout à fait le contraire : c'est l'argument lampe-lave qui souffre d'un esthétisme superficiel. Un esthétisme qu'il dénie à un niveau plus fondamental puisque le clou du spectacle ce sont les processus pareils à des machines, et non les couleurs ou le caractère stylé. La théorie lampe-lave est précisément ajustée à la perception humaine, plutôt qu'à la réalité en tant que telle : si j'étais un être en quatre dimensions, je verrais un morceau de lave flottant comme un bloc statique.

Si vous voulez une ontologie où l'esthétique est vraiment le clou du spectacle, vous avez besoin de OOO. Et cela m'amène au dernier élément de mon propos. C'est l'école lampe-lave qui souffre d'une notion statique du temps comme contenant – la lampe dans laquelle la lave coule de façon visqueuse. OOO voit le temps comme une caractéristique du caractère sensible des objets eux-mêmes. De façon ironique, si vous voulez une stase, restez avec les lampes-lave. Les premiers Occidentaux à entendre le gamelan le remarquèrent avec fascination[262]. Ou juste de la house music : c'est un dynamisme fluide de processus faits de différentes couches ayant lieu dans un contenant *four-to-the-floor* du mécanisme qui vous fait danser : c'est-à-dire bouger en restant au même endroit. Une machinerie colorée, belle et statique.

La dynamique fluide est parfaitement mécanique. Les fluides ressemblent à des lampes-lave pour des yeux humains (un fait que l'on peut suspecter de corrélationnisme). Mais les fluides se poussent les uns les autres comme des rouages dans une machine[263]. Le concept d' « organicité » a commencé à exercer son charme dans la poésie romantique, la lampe-lave originelle, le premier truc processus-et-non-pas-produit. L'*organon* (en grec) signifie *l'outil*, « la composante d'une machine ». Une machine, précisément, est organique. L'organicisme est une forme de mécanisme avec des composants mous. Les parties d'un tout organique sont remplaçables, l'holisme n'en a rien à faire des objets uniques. C'est une forme de mécanisme.

Avec leur marchandise de contrebande contrefaite, esthétisée et scientiste (le mécanisme, malgré les protestations), ce sont les partisans des lampes-lave qui ont échoué à expliquer la causalité, et non pas OOO. Comme les lampes-lave, les ontologies processuelles sont une forme de kitsch régressif, ayant l'air futuriste mais venant, de façon rassurante, du passé, comme une vision de science-fiction du 21ème siècle venue des années 60. Elles laissent l'humanisme là où le tournant linguistique l'a laissé : comme des bonbons saupoudrés sur le dessus du gâteau de la science. Si, pourtant, nous considérons les processus lampe-lave comme un phénomène sensible dans la dimension esthétique, c'est-à-dire la dimension causale, nous pouvons les utiliser pour penser précisément la façon dont les objets persistent. Les flux lampe-lave ne sont pas derrière ou en-dessous des objets, mais à l'extérieur en face d'eux. Le problème profond avec le matérialisme lampe-lave est le même problème qu'avec les théories positivistes de la causalité, celles que nous avons explorée dans l'Introduction. C'est la peur de réduire ou d'adoucir les différences entre un objet et ses propriétés, afin d'éviter les problèmes logiques ou de la théorie des ensembles. L'univers lampe-lave nous plaît par sa cohérence. Le prix à payer pour cela est d'effacer des morceaux de réalité et de policer des distinctions entre le réel et le pseudo, ce qui le rend fragile.

Les lampes-lave donnent peut-être l'impression de triompher mais elles sont fragiles. Elles ne peuvent pas rendre compte de la façon dont les choses apparaissent sans briser l'univers en une infinité d'entités complètement discrètes – c'est le problème avec Alfred North Whitehead, dont l'alternative rafraichissante aux traditions analytique et continentale a été récemment reconnue dans notre domaine. Pour Whitehead, toute interaction qu'a une entité change fondamentalement cette entité, en en créant une autre complètement nouvelle[264]. C'est une forme de changement cinématographique, dans lequel le changement semble seulement apparaître, fondée sur un certain flux d'images statiques – une telle théorie est également exposée par le philosophe bouddhiste Dharmakirti. La cohérence est achetée au prix de la fragmentation des objets en petits cadres de film. Quand le film tourne (mais pour qui ?) les entités apparaissent sans problème, pareils à des lampes-lave. Mais il y a un mécanisme et un processus productif implicite, en-dessous. Pour parodier *Le Magicien d'Oz*, les théories lampe-lave veulent que nous n'accordions aucune attention au projecteur du film en face de l'objet sur l'écran, traitant l'objet comme un objet réel quand tout dans la théorie dit qu'il est fait de relations ou, comme le dit Whitehead, de préhensions[265]. Répétons-le, l'aspect perturbant de la dimension esthétique – le fait qu'elle mente, qu'elle fasse des faux-semblants – est supprimé de telle sorte que les théories lampe-lave apparaissent plutôt comme ces films de science-fiction hollywoodiens qui utilisent les meilleurs effets spéciaux et puis effacent les traces qui montrent que vous êtes en train de regarder une illusion.

Au-delà du problème du processus il y a le problème plus important de la constance. Dans cette mesure, les théories lampe-lave prennent le relai des théories cartésiennes des objets, lesquelles reposent elles-mêmes très largement sur des notions importées en masse de la scolastique médiévale. Comme nous l'avons déjà vu plus tôt dans cet ouvrage, cette importation en masse de substances incrustées d'accidents est un moment fascinant de l'histoire de la philosophie et de la science, un moment aux conséquences historiques globales. Descartes se fondait sur une ontologie médiévale de la substance et des accidents. Et pourtant il emporta la philosophie vers l'âge moderne en décidant de façon plus ou moins inconsciente de ne pas interroger cette notion. Au lieu de ça, Descartes renvoie aux maths et à la physique pour « voir » la sorte d'entité qu'il pense que l'être est : « une présence objective constante[266] ».

Pour résoudre le problème que Descartes a forgé, certaines philosophies, en particulier des formes récentes de la philosophie processuelle, ont trouvé refuge dans une sorte de bricolage entre sujet et objet : comme si le fait de coller l'un à l'autre les deux fragments produirait quelque chose de satisfaisant. Le *processus* rejoint l'*environnement* en ce que j'ai ailleurs appelé une version « nouvelle et améliorée » de la Nature (auquel je mets une majuscule pour lui redonner cette impression d'artificialité dont elle essaye de se débarrasser). Ces termes flottent quelque part « entre » le sujet et l'objet, comme si on essayait de le prendre dans les deux sens, plutôt que de repenser fondamentalement ce qu'est un objet. La notion d'un « entre » entre le sujet et les objets implique que vous avez déjà évité des questions ontologiques quant à ce que le « sujet » et l' « objet » sont. Pour OOO, en outre, la notion de quelque-chose entre *objets* et *objets* implique une contrebande ontique présente objectivement[267]. Vous supposez déjà qu'il y a certaines sortes d'objets qui sont cohérents en eux-mêmes, ensuite vous devez imaginer un medium dans lequel ils puissent flotter, quelque-chose que Locke appelle un « fluide ambiant[268] ». Qu'est-ce qui entoure les particules du fluide ambiant elles-mêmes ? Si la Nature est prise en sandwich entre les choses, quel medium maintient ce qui est pris en sandwich ensemble ? La mayonnaise ambiante prend le risque de couler hors du sandwich ontologique.

Affirmer l'existence de quelque-chose « entre » telle que « l'ambiance » ou la Nature qui, d'une façon ou d'une autre, accueille les sujets et les objets, veut dire que vous avez déjà décidé un certain nombre de choses en aval à propos des dits sujets et objets, c'est-à-dire le fait qu'ils soient des « présences objectives[269] » réifiées. Si vous adhérez au retrait des choses, vous ne pouvez tout simplement pas faire ça. En effet, la solution OOO est que ce qui est appelé « l'entre » tel que l' « environnement » est vraiment *un autre objet*. Penser devrait se méfier des approches qui affirment résoudre le dualisme sujet-objet en posant un adhésif spécial qui existe « entre » eux, ou un restaurant spécial (ambiance sympa, bonne musique) dans lequel ils pourraient enfin bien s'entendre et avoir des « vraies » relations sexuelles.

Les idées sur le fait de continuer à exister sont fréquemment fondée sur un présupposé qui n'est pas examiné, à savoir que la Loi de Non-contradiction (LNC) vaut pour toutes les choses. Continuer à exister, selon cette perspective, veut dire continuer à ne pas se contredire soi-même. Dans la perspective que j'expose ici, le propos est tout à fait opposé : *les choses continuent à exister précisément en étant dans un état de contradiction constant.* Quand une quelconque chose manque de se contredire elle-même, elle cesse d'exister : c'est ce que cesser d'exister veut dire, en réalité. Si les objets doivent manquer de se contredire eux-mêmes pour exister, nous fonçons droit vers un problème de taille : comment est-ce que les choses se meuvent ? Nous allons explorer cela de suite.

## Les bêtes qui se déplacent : le mystère du mouvement

Commençons maintenant à modifier le disco du moment présent en considérant quelques problèmes ontologiques un petit peu plus en profondeur. En nous efforçant de parvenir à la cohérence, les théories lampe-lave éliminent l'incohérence intrinsèque des objets. Pourtant c'est cette incohérence même qui permet des choses telles que la *persistance* et le *mouvement*. Les théories physiques de la matière considèrent ces phénomènes comme liés. Persister, en physique, se manifeste dans des phénomènes comme l'inertie, dans laquelle un objet continue à se mouvoir dans la même direction à la même vitesse s'il se déplace dans un vide sans la moindre gravité. Au niveau quantique, persister c'est tout simplement la façon dont les événements quantiques au sein d'un objet s'annulent. Nous sommes arrivés à un étrange aperçu. La persistance d'une structure cristalline dépend de millions de phénomènes quantiques qui sous-tendent les atomes et les molécules relativement stables dans cette structure[270]. Que sont ces événements quantiques ? Rien de plus que la cohérence des quantums, c'est-à-dire la façon dont ils occupent plus d'une place à la fois, « respirent » (selon l'expression saisissante d'Aaron O'Connell). A cette échelle, la physique observe des objets qui occupent une place x et une place y en même temps. Ces objets sont dialéthiques. Le disco du moment présent, en d'autres termes, semble seulement faire tourner ses roues doucement. Ce qu'il se passe en réalité est qu'il est *constamment en train de se contredire lui-même* de façon périodique.

Quand nous considérons le mouvement, on a d'abord l'impression d'avoir affaire à quelque chose de très simple. Bertrand Russell affirmait que le mouvement était simplement la façon dont un objet occupe différentes places à différents moments. Pourtant, quand on examine le mouvement de façon plus scrupuleuse, de nombreux problèmes surgissent. Les paradoxes de Zénon font impitoyablement trébucher les théories du mouvement qui pensent le mouvement comme une occupation de places successives à des moments successifs[271]. Ces théories du mouvement doivent prendre en compte le fait que, dans leurs termes, une flèche en plein vol est immobile à chacune des positions de son trajet. Ensuite, elles sont obligées d'affirmer que la séquence entière des positions-maintenant auxquelles la flèche est toujours ici et maintenant, est supérieure à la somme de ses parties. La flèche change seulement sa position d'immobilité, et n'est pas pour autant en train de bouger[272]. Je n'ai pas l'impression que cela soit très satisfaisant. Ou alors, nous pourrions décider, comme Parménide, que le mouvement n'existe pas. Mais je n'ai pas l'impression que cela soit juste non plus.

Et si le statut dialéthéique des objets garantissait le mouvement ? Hegel le formule ainsi : un objet peut se déplacer parce qu'il est tout à la fois ici et pas-ici en même temps. Graham Priest analyse cette idée d'Hegel. Supposons qu'un objet soit réellement déplacé de lui-même par quelque distance. Ailleurs, Priest se demande si la distance pourrait être mesurée de façon empirique, et reliée à la distance de Planck, mais cela n'importe pas dans le cadre de notre discussion ici. Bien que cela ne soit pas strictement nécessaire pour mon propos, il est significatif que Priest soit prêt à affirmer que l'ambiguïté des objets est installée au niveau le plus fondamental de la réalité physique que nous connaissons. Cela aiderait à expliquer l'intrication sans recourir à un niveau physique sub-quantique ou à une étrange communication plus rapide que la lumière entre les quantums[273]. Priest suppose que le mouvement consiste seulement dans le fait que les « contradictions adviennent aux points nodaux de certaines transitions ». Ainsi « le mouvement est un état continu de contradictions ». Quand je quitte une salle je suis à la fois dans et en dehors de cette salle. Quand une tasse vole en éclat, elle est à la fois « une tasse et pas une tasse » à ce moment précis[274].

De cette façon, Priest peut éviter ce qu'il appelle la théorie du mouvement « cinématique », que Priest associe à Russell, et qui lui semble être un aspect problématique du relationnisme processuel[275]. Dans le détail, Priest affirme qu'au lieu d'être pensé comme occupant un endroit à un moment donné, un objet « ne peut pas être localisé à un endroit qu'il occupe à un moment donné, mais peut l'être dans ces points qu'il occupe dans une petite portion de temps[276] ». Si les objets occupent seulement une position « dans » l'espace à n'importe quel moment « unique », alors les paradoxes de Zénon s'appliqueront à notre tentative de comprendre comment un objet se déplace. Pourtant le mouvement semble être un fait fondamental et simple de notre monde. Soit tout est seulement une illusion et rien ne bouge réellement (Parménide), soit les objets sont ici et pas-ici « en même temps[277] ». Cette dernière possibilité offre les éléments fondamentaux pour tout le mouvement que nous souhaiterions avoir. Les objets ne sont pas « dans » le temps et l'espace. Il serait préférable de penser ces verbes comme intransitifs plutôt que transitifs, comme *danser* ou *se révolter*. Ils émanent des objets, et pourtant ce ne sont pas l'objet. « Comment distinguer le danseur de la danse ? » (Yeats[278]). Mon propos est le suivant : pour qu'il y ait là une question, il faut qu'il y ait une distinction – ou alors qu'il n'y ait pas (p $\wedge \neg$ p)[279]. Il devient impossible de le dire, et peut-être est-il temps de ressortir Lacan encore une fois : « Ce qui constitue le faux-semblant est que, à la fin, vous ne savez pas si cela est un faux-semblant ou pas[280] ».

L'argument selon lequel les objets « s'étendent » plutôt qu'ils n'occupent un seul point temporel est encore plus facile à soutenir dans OOO, pour lequel le temps émerge des objets eux-mêmes. Les objets, par conséquent, sont toujours un peu en décalage avec eux-mêmes et les uns vis-à-vis des autres. N'est-ce pas la raison pour laquelle Miles Davis dit que la musique est si entêtante ? « Il faut jouer longtemps pour jouer comme soi-même ». De cette façon, toute activité créatrice est un processus d'harmonisation. Puisque nous avons décidé que la causation était seulement une « activité créatrice », nous pouvons appliquer la devise de Miles Davis à tous les objets. Nous n'avons pas besoin de confiner le plaisir du décalage aux seuls êtres humains, comme le fait Heidegger quand il affirme que le Da-sein est toujours élancé en devant de lui-même[281]. En effet, car quand un objet devient en phase avec un autre à tout point de vue, c'est ce que nous appelons une destruction. La phase de développement d'un récit, par exemple, est détruite quand la fréquence des événements narrés vient en phase avec la fréquence des événements dans la séquence chronologique. Un film d'action, ce n'est que cela : un barrage constant de destruction au niveau formel – peu importent les bâtiments qui explosent et les corps effondrés. La persistance des choses est un étrange déroulement de séquences décalées des relations. Quand les séquences deviennent synchronisées, on appelle cela une occurrence, ce qui est toujours la mort ou la destruction d'une chose ou d'une autre. Un coyote chasse un de ces coucous de Californie, encore et encore, autour d'une montagne. Un jour, le coyote rattrape le coucou. Une bouchée rapide, un amas de chair et le coucou est dévoré. Le coucou devient le coyote. Il entre en phase avec l'être du coyote. Pour coexister en harmonie, le coucou et le coyote doivent au moins très légèrement être en décalage l'un vis-à-vis de l'autre.

Pourquoi ? *Parce que les objets sont déjà ontologiquement en décalage avec eux-mêmes.* Le moment présent de la persistance est mal défini comme une boîte rigide, car alors il peut être subdivisé infiniment (paradoxe de Zénon). Les objets ne résident pas dans une sorte de boîte temporelle rigide. Au lieu de cela, ils sont « intérieurement » en décalage avec eux-mêmes, et c'est ce qui produit le temps et la possibilité pour eux d'interagir. C'est comme s'ils étaient un petit peu à gauche ou un petit peu devant eux-mêmes. Dans le jeu de rôle *Donjon et dragons*, il y a un monstre appelé la Bête éclipsante, une sorte de panthère avec des tentacules. Une Bête éclipsante peut produire une image d'elle-même un peu plus loin que sa position réelle, ce qui lui permet de se dissimuler. Tous les objets sont des Bêtes éclipsantes, déchirées entre l'essence et l'apparence.

Par conséquent, quand un objet existe, quand il persiste, nous pouvons dire qu'il est pareil à un objet quantique. Il respire, se déplaçant et ne se déplaçant pas en même temps, faisant émaner un certain tempo avec lequel d'autres objets peuvent se synchroniser ou pas. Le moment présent, donc, est seulement une fiction imposée sur une étrange « maintenanteté » qui est une sensation phénoménologique du temps qui prend place dans et entre les objets eux-mêmes. Cette maintenanteté peut être relativement étendue ou réduite, selon la façon dont l'objet en question respire. Ce n'est tout simplement pas vrai de dire qu'il y a un cadre référentiel rigide pour mesurer le temps, que nous pensions soit que ce cadre contient toutes les entités, soit que toute entité a son propre cadre unique. Pour qu'une entité puisse « être dans » un cadre, certaines interactions avec un autre objet ou plusieurs objets doivent avoir lieu. Nous ne pouvons pas définir les dimensions de la maintenanteté à l'avance.

## Bardo 1

L'espace interobjectif est la dimension esthétique dans laquelle les apparences des objets interagissent avec ce que nous appelons la causalité. Il n'y a aucune façon de déterminer les limites de cet espace à l'avance. L'espace ne peut pas être pensé comme étant « dans » quelque chose de la même façon qu'un diable en boîte suppose un diable dans une boîte. L'espace n'a pas de centre ou de bords que nous pourrions déterminer à l'avance parce que faire cela reviendrait à exercer une sorte d'influence causale *au sein de cet espace même*. Quand nous délimitons une partie de l'espace interobjectif, du fait de penser à faire cela, même sans les bandes de police, les pieds à coulisse ou le GPS, nous le faisons au sein de cet espace interobjectif lui-même. L'espace interobjectif excède n'importe quelle saisie qu'on en fait, précisément parce qu'il est l'espace de possibilité de la causalité en tant que telle. Il est strictement impossible de visualiser l'espace interobjectif, donc à la place nous devons utiliser des métaphores : « l'espace interobjectif » lui-même est un terme métaphorique.

Une métaphore que nous pourrions utiliser est celle d'*abysse*. La philosophie de la nature de Schelling (pour Schelling, la nature est tout ce qui est, peu importe quoi) positionne un abysse tourbillonnant de dynamisme en-dessous des produits que nous rencontrons, tels que les étoiles, la Terre et les livres de philosophie réaliste spéculatifs[282]. A la différence, une ontologie orientée vers l'objet situe cet abysse non derrière ou avant mais *là en face des* objets. Quand je cherche ma tartine, je plonge ma main dans un abysse de causalité. Quand une passante me sourit dans la rue, son sourire ouvre un vortex tourbillonnant dans l'abysse des choses : cet abysse flotte en face de son sourire. La tendance humaine à réduire les objets à des « choses là-bas », l'ersatz d'une définition de la présence objective, pourrait bien n'être tout simplement qu'un mécanisme de défense contre l'abysse qui surgit et nous défie à tous les coins de rue. Parlez seulement à quelqu'un qui a une maladie mentale importante, telle que la schizophrénie. Le moindre événement causal est ressenti comme un désastre. Des fils semblent attacher le schizophrène aux objets de son monde, abolissant par-là l'illusion de distance[283]. Qu'en serait-il si cette apparence était en fait réelle de telle façon que ce qui est appelé la causalité – le morne cliquetis de boules de billards sur une douce surface en feutrine verte – serait une hallucination ? On n'appelle pas cela la *défense schizophrénique* pour rien.

Ce que j'ai appelé l'abysse interobjectif dans lequel la causalité advient – la dimension esthétique – est ce que le bouddhisme appelle le bardo. Le bardo signifie l'entre-deux. Traditionnellement, il y en a six : le bardo de cette vie, le bardo de l'agonie, le bardo du moment de la mort, le bardo de la luminosité, le bardo du dharmata et le bardo du devenir. Chacun de ces espaces interstitiels est configuré selon l'esprit de la personne en eux. Ces espaces sont causaux. En d'autres termes, ce que vous faites en eux affecte ce qui arrive ensuite. Et ce que vous avez fait affecte ce qui arrive en eux maintenant. Mais comme dans un cauchemar, la causalité est esthétique. Ce qui vous arrive est un événement esthétique que vous croyez être réel en raison d'un conditionnement que vous avez reçu.

Dans le bardo, vous êtes pris dans le souffle des « vents du karma », les schémas que vous avez accumulés. Où est-ce que ces schémas résident ? Dans l'abysse interobjectif lui-même. Dans cette perspective, ce qui est appelé *vent* est tout simplement une propriété émergente des relations interobjectives. Le vent est jeté dans l'abysse, il s'y découvre. Le vent n'est pas une sorte de démon particulier ou de vapeur transcendantale se faufilant dans le « cabinet » du sujet[284]. Il est seulement produit dans les interactions entre objets. Cette perception de l'esprit est tout à fait cohérente avec les théories énactives de l'intelligence, pour lesquelles l'esprit est la projection d'une certaine qualité de « l'espri-ité » sur une séquence d'actions. Un bébé ne se voit pas simplement imposé une langue, mais il s'engage dans un va-et-vient avec les autres qui est déjà chargé de sens[285]. J'ai l'air intelligent quand je marche sur la glace d'une moraine, mais peut-être suis-je seulement en train d'essayer de ne pas tomber[286]. Une telle hypothèse rend compte de l'évolution du cerveau comme un bricolage de dispositifs tenus ensemble par les projets de lézards, de souris et de singes dans un espace interobjectif. Ces choses appelées *sujet* et *objet*, existence « intérieure » et « extérieure », ne sont que des projections rétroactives de relations entre événements dans l'abysse de causalité.

Le bardo de cette vie, c'est quelque chose comme coexister avec sept milliards de gens ayant tous des cauchemars légèrement différents les uns des autres. Nous nous affectons les uns les autres à travers ces cauchemars.

La perspective n'est ni solipsiste, ni idéaliste. Ces cauchemars ont lieu dans un espace partagé et ils arrivent parce que nous existons. Et ce qui arrive en eux est réel. Cela vous affecte. Maintenant, OOO affirme que ce que les non-humains font n'est pas si différent de ce que les humains font. Et « non-humain » peut vouloir dire grenouille, crayon, ou nuage d'électrons. Donc le bardo inclut maintenant les rêves de billiards d'entités.

Alors que je marche à travers mon rêve de la pelouse, la pelouse rêve de moi. Quand je bois ce Coca light, je bois mon onirique Coca, alors que le Coca tombe doucement dans un onirisme de Coca où il rêve de ma gorge. C'est comme dans ce passage d'*Alice de l'autre côté du miroir* dans lequel Alice se demande si elle est un personnage du rêve du roi rouge[287]. C'est comme si toutes les entités en réalité – les cristaux de sel, la galaxie du Sombrero et le groupe Take that – étaient prises dans des machines à rêve pareilles à *Inception*. C'est effrayant et complexe. Il n'y a pas un seul « arrière-monde » stable – pas seulement parce qu'il y a toute une assemblée d'objets qui rêvent, mais aussi parce que de tels arrière-plans ne sont que des constructions artificielles qui délimitent l'espace interstitiel, le bardo.

Le bardo, l'entre-deux dans lequel les objets se trouvent inévitablement, est un espace dans lequel les propriétés formelles des objets – strictement, ce qui leur arrive pour qu'ils en arrivent à être de cette façon – déterminent leur sort. Les objets rêvent. Pensez à une empreinte. C'est le rêve que fait le sable du pied.

D'abord, revisitons quelques aspects de la perspective OOO :

A. Il y a très peu de différences ontologiques entre ce que nous appelons un esprit quand il pense et ce que fait une trousse quand elle contient des crayons.

B. Les objets sont ce que Harman appelle un « vide-scellé » les uns pour les autres. Ils ne se touchent jamais ontologiquement, seulement esthétiquement.

C. Ce qui arrive au sein d'un objet sont toutes sortes d'impressions sensibles des autres objets. Bryant a repris les *mondes* de Jakob von Uexküll à cet égard.

Maintenant voyons ce que nous savons de l'inconscient. Freud affirme que c'est une sorte de surface sur laquelle on peut inscrire des choses. Il utilise l'analogie de l'ardoise magique. Derrida a écrit un merveilleux essai sur cela, un peu à la façon de McLuhan, « Freud ou la scène d'écriture » : Freud, dans les faits, admet que l'inconscient est ce que Derrida appelle l'*archi-écriture*, c'est-à-dire un dispositif technologique qui sous-tient le sens[288]. Quand vous utilisez une ardoise magique, vous effacez le papier, mais la marque de l'écriture reste sur la tablette de cire en dessous. L'écriture est inscrite dans un objet. Pensez à votre disque dur, il fonctionne d'une façon similaire.

Il y a quelques théories physiologiques de la mémoire intéressantes à mobiliser ici dans le débat. Peut-être que les souvenirs sont distribués holographiquement, c'est-à-dire de façon non-locale, dans des schémas d'interférence[289]. Ou peut-être que les souvenirs sont inscrits directement dans des lieux distincts du corps. Dylan Trigg explore la façon dont ces traces de mémoire vont au-delà de l'espérance de vie du corps en question[290]. On commence à bien accepter dans la médecine contemporaine que nous conservons les traumas dans notre corps. Qu'avons-nous jusqu'à présent ?

1. Les objets comprennent seulement les traductions sensibles d'autres objets.
2. Les souvenirs sont inscrits sur une surface pareille à un objet, du corps ou de quelque inconscient plus général, que ce soit localement ou non.

Ne dirait-on pas qu'il y a un chiasme entre (1) et (2) ?

Rêver est un processus neurophysiologique dans lequel les souvenirs sont mélangés avec des neurones qui s'activent de façon un peu aléatoire et une expérience virtuelle du monde est traversée par la rêveuse, laquelle essaye souvent de donner du sens à des traumatismes (des objets dé-cathexisés) qui lui sont arrivés. Elle retrouve intuitivement son chemin à travers ses interactions avec d'autres entités dans un espace virtuel. Vous pouvez décrire l'inconscient comme une ardoise magique, parce que les ardoises magiques elles-mêmes conservent les souvenirs et les impressions de façon signifiante. Aussi dur à croire que cela puisse être, donc, je ne vois pas d'obstacle immédiat qui empêcherait d'autoriser la possibilité que les objets – non-humains, c'est-à-dire en incluant les non-humains non-conscients – rêvent d'une façon signifiante.

Considérez ces vers de Percy Shelley :

> Toi, qui éveillas la bleue Méditerranée
> de ses rêves d'été où elle gisait,
> bercée au bruit de ses courants cristallins,
>
> auprès d'une île de pierre ponce dans la baie de Baia ;
> toi qui vis sommeiller les palais et les tours antiques,
> tremblants dans la lumière plus intense de la vague,
>
> tout couverts d'une mousse d'azur,
> et de fleurs si douces que le sentiment défaille à les peindre[291] !
> *(Ode to the West Wind, 29-36)*

L'océan rêve, écrit Shelley. De quoi rêve-t-il ? D'une ville immergée. L'eau enveloppe les palais engloutis et les tours de Baïes. Elle essaye de saisir (aspect OOO [A]) ces objets étrangers et encodés (aspect [B]), à sa façon océanomorphique et océanocentrique (aspect [C]). Ces structures humaines qui reposent maintenant dans son domaine sont étrangères dans le monde de l'océan – Shelley témoigne de cette étrangeté en faisant allusion à la *Tempête* de Shakespeare : « A cinq brasses sous les eaux ton père est gisant, / Ses os sont changés en corail[292] ». C'est une incroyable image de la façon dont la conscience n'est jamais simplement un contenant neutre, un vide. Elle est colorée, elle frémit. Considérez l'inversion typique chez Shelley de : « la lumière plus intense de la vague ». Plus bleue que le bleu du ciel. Plus ressemblante au ciel que le ciel lui-même. Une image de la sincérité phénoménologique (« Où que tu ailles, tu y es »). Mais c'est aussi une image d'un objet enveloppé dans un autre : l'univers OOO est un de ces « objets enveloppés dans des objets enveloppés dans des objets[293] ». Un objet qui accède à un autre en en rêvant. De cette façon, un objet suspend sa Fissure entre l'essence et l'apparence relatif aux autres objets. La persistance, la vie, la périodicité, ne sont que la suspension de la Fissure entre l'essence et l'apparence.

On pourrait croire, peut-être, que je ne rends pas compte du travail actif du rêve et de la remémoration. Ce qui a perturbé Freud était sa découverte du fait que l'inconscient transforme activement les stimuli entrants. Maintenant, on peut penser à ce pouvoir d'agir de deux façons bien distinctes. La première est qu'une quelconque propriété surgissante, telle que l'imagination, la volonté ou la créativité, ajoute quelque chose au mélange. La seconde est qu'il y a un processus physiologique qui fasse à peu près la même chose.

Deux propositions sont ici utiles :

1. L'opposition binaire activité-passivité est, selon OOO, quelque peu surfaite. OOO est prédisposée à ignorer cette opposition, dans une certaine mesure, puisqu'elle semble schématiser une distinction entre humain et non-humain, ou peut-être conscient et non-conscient. Ou bien, si on prend Aristote, animal-végétal (et minéral).

2. Il y a des raisons plus profondes pour lesquelles OOO prendrait des précautions vis-à-vis de l'opposition binaire entre activité et passivité. Si, comme le dit Harman, « le libre-arbitre est surfait », je crois que nous indiquons également que ce qui est appelé activité et passivité est, dans les deux cas, tout aussi structuré-comme : tous deux sont des phénomènes sensibles qui adviennent entre objets. Et il n'y a aucune raison de supposer que cette opposition soit fallacieuse, comme je vais essayer de le démontrer.

Revenons à nos activités de mémoire et de rêve : nous devons penser ces activités d'une façon telle qu'elles soutiennent ontologiquement et l'hypothèse d'une entité surgissante et celle d'un processus physiologique. En réalité, c'est extrêmement simple, maintenant que tout est déjà en place. Si toute rencontre entre chaque entité est une parodie ou une traduction, nous avons toutes les ressources dont nous avons besoin pour les choses qui ressemblent à l'action, la passion, l'imagination, la mémoire et ainsi de suite. Ainsi nous avons toujours affaire à un rêve fait par un objet d'un autre. L'inconscient c'est précisément cela, et non ce que nous appelons « sujet ». C'est automatique. On dirait que nous avons tout ce dont nous avons besoin pour une théorie de la façon dont les objets rêvent.

Un objet est déjà en train de rêver de lui-même, même quand il est « en train de dormir » (pour user le terme de Harman), sans être affecté par un autre objet. Ceci, en raison de la profonde Fissure entre l'essence et l'apparence. Cette Fissure confère l'élan pour le mouvement et la continuité. Persister seulement, rester le même seulement, sont des phénomènes étranges dans cette mesure. Le vrai problème avec des théories non-OOO des objets – les morceaux par défaut saupoudrés d'accidents ou de flux plus cools – c'est que, comme nous l'avons vu, elles sont incapables de penser le mouvement ou le temps sans recourir à un certain concept non-examiné qui est ramené comme une sorte de pansement. Une façon pour que ça marche, ce serait que l'espace interobjectif soit pris comme étant réellement la réalité des objets, quand elle fonctionne plus comme le concept lacanien du Grand Autre : de la même façon que je suis une personne appelée Tim par d'autres (dans le Grand Autre, en termes lacanien), les objets sont définis par leurs relations dans l'interobjectivité. Cela provoque l'illusion que nous appelons le relationnisme. Une raison pour laquelle OOO est difficile à accepter pour certaines personnes, est aussi la raison pour laquelle la psychanalyse ou la conscience écologique sont difficiles à accepter : ce qu'on y trouve, c'est un manque profond dans l'Autre, la prise de conscience que « l'Autre n'existe pas ». Il n'y a pas de Nature, pas d'arrière-plan profond de signification – ce que nous prenions pour la réalité est réellement une projection. Ce que nous pensions être réel est seulement la manifestation d'une structure-comme.

La croyance dans l'interobjectivité comme seul espace de signification objective donne naissance à une illusion supplémentaire qui est que les objets sont des morceaux cohérents de quelque-chose, ou seulement des faisceaux de qualités[294]. Mais, comme nous l'avons vu, il y a des raisons profondes pour lesquelles les objets apparaissent et pour lesquelles ils se déplacent. Ces raisons ont à voir avec le fait que les objets ne sont jamais seulement des morceaux que les relations peignent en une existence pleine de sens, ou des qualités qui flottent ici et là. Si la persistance est seulement « la continuité de la forme », il devient difficile d'expliquer comment les choses changent sans se retrouver pris dans des paradoxes du Sorite. Quand est-ce que la continuité fait effet exactement ? Qu'est-ce qui compte comme l'itération d'une qualité ou un faisceau de qualités[295] ?

Il n'y a pas de différence entre le repos et le mouvement, « la stase » et le « processus ». Ce n'est pas un manque superficiel de différence. Une certaine philosophie contemporaine s'intéresse à la façon dont nous pourrions discerner un disque statique et un autre qui « ferait une rotation de façon homogène », en supposant un instant qu'une telle chose existerait[296]. Ces disques sont complètement uniformes en couleur et pour les observateurs ils apparaissent comme immobiles. Dans cette perspective, quelque-chose dans la façon dont la science a l'intuition des objets doit être imparfait. Mais de tels arguments à propos de l'intuition scientifique ciblent l'apparence seule, d'un point de vue OOO. Ils pensent qu'ils parlent de l'essence des choses, mais la rotation et la non-rotation sont des apparences.

C'est la Fissure entre la substance et ses apparences, cette Fissure est ce qui rend le disque plausible ou pas, et non le fait qu'il soit en rotation ou immobile (et le dilemme qui suit quant au fait que l'on puisse ou pas discerner la différence). Qu'est-ce que cela signifie ? Pour le dire simplement, si vous pouvez le détruire, c'est réel, parce que la destruction intervient dans la Fissure entre l'essence et l'apparence. Nous devons maintenant nous tourner vers le sujet suivant : comment les objets finissent-ils ?

## Chapitre 4

## La mort magique

> La poussière dans l'air suspendue
> Marque l'endroit où une histoire a fini[297]
>
> – *T.S. Eliot*

Afin d'exister, les objets doivent être fragiles. Cela semble évident, mais quand nous réfléchissons aux raisons ontologiques profondes qui l'expliquent, cela devient tout à fait mystérieux. Il s'avère que les objets sont en train de mourir autour de nous à tout moment, même lorsqu'ils donnent naissance à d'autres objets. Le caractère sensible d'un objet est une élégie à sa disparition.

Ce que Harman appelle l'allure, la façon dont un être exerce son pouvoir sur un autre, est le signe d'une mort possible[298]. La dimension esthétique, en d'autres termes, existe quand la mort advient. Si la naissance est le sublime, la beauté est la mort, comme ce chapitre le montrera. Être né, c'est être projeté dans un toujours-déjà, se retrouver dans un ensemble de relations sous-tendues par quelque(s) objets(s). Naître, c'est quand une Fissure fraîche entre l'apparence et l'essence *s'ouvre*. Persister, c'est quand une Fissure se *suspend* en relation avec les autres entités déchirées.

Enfin, finir c'est *coïncider avec son apparence sensible*. Disparaissant dans un trou noir, je laisse derrière moi une image de moi-même s'évanouissant rapidement à l'horizon de l'événement[299]. Quand un verre se brise, il a coïncidé avec le caractère sensible d'un autre objet. Finir met au jour le fait qu'une chose est en retrait. Nous ne pouvons pas désigner le verre absent – nous ne voyons que des fragments, des éclats. Quand je meurs, vous ne pouvez pas pointer ma mort : je deviens plutôt des souvenirs dans la tête de quelqu'un, une collection de jpegs, la façon dont les gens pensent aux choses, des objets qu'ils peuvent manipuler, des blessures[300]. Quand un roman réaliste se finit, la fréquence et la durée de l'action sur la page est synchronisée encore plus précisément avec l'action dans la séquence chronologique des événements : souviens-toi que tu es poussière et que tu retourneras à la poussière. Encore une fois, remarquez que « le roman réaliste » et le « réalisme philosophique » sont différents. Néanmoins, puisque la fiction réaliste a l'intention de causer un sentiment de réalité comme un effet esthétique, et puisque la dimension esthétique est la dimension causale, il semble approprié de l'utiliser pour exemplifier la façon dont les choses finissent.

Le *cœur* du lecteur bat plus vite alors que la police monte les escaliers, pour finir par trouver le corps étendu de Dorian Gray et un tableau de lui dans lequel un couteau a été planté[301]. Un corbeau mort devient la poussière et les arbres qui l'entourent. Quand un yogi dzogchen meurt, dans l'un des espaces entre les existences (le Bardo de la Luminosité), il est dit qu'il autorise son être à se dissoudre dans la Lumière Claire « comme un enfant tétant le téton de sa mère[302] ». Ou alors il autorise son corps à se désintégrer dans la lumière de l'arc-en-ciel (en tibétain, *jalu*). De son point de vue, c'est comme si le corps voulait se dissoudre de cette façon. Seul l'ego fragile empêche l'inévitable de se produire.

Imaginez un bon vieux lecteur de vinyle. Maintenant imaginez un enregistrement appelé *Je ne peux pas être lu sur ce lecteur*. Quand vous mettez l'enregistrement, les sons qui sont enregistrés sur le disque font vibrer le lecteur de telle façon qu'il tombe en pièces. Douglas Hofstadter, auteur du grand et complexe *Gödel, Escher, Bach*, évoque le lecteur qui explose comme une analogie pour le théorème d'incomplétude de Gödel. Vous ne pouvez tout simplement pas construire un lecteur pour lequel il n'y aurait pas un enregistrement némésis, de la même façon que Gödel montre que vous ne pouvez pas désigner un système logique cohérent qui ne serait pas capable de produire une sentence bizarre et dialéthéique, qui dit que « Cette sentence ne peut pas être prouvée dans ce système[303] ». Afin d'être cohérent, un système doit être incomplet. Etendons cet axiome aux choses physiques : afin d'exister, les objets doivent être *fragiles*.

Cela ne veut pas dire que les théories ne sont jamais vraies. Cela signifie quelque-chose de bien plus étrange. Le théorème démontre que tout système bien formulé sera incapable de rendre compte d'au moins une affirmation qui est *vraie* dans les termes du système lui-même. Cela met un terme à la tentative de Russell et de Whitehead de systématiser les mathématiques, qui reposait sur une adhésion stricte et, finalement, fragile à la Loi de Non-Contradiction. Gödel a montré que les systèmes logiques doivent se contredire à un moment donné pour pouvoir être vrais alors que Alan Turing a montré comment les systèmes physiques pouvaient exemplifier le théorème d'incomplétude de Gödel en imaginant les machines de Turing entrer des données, en les visualisant comme des bobines de magnétophone lues par la tête d'une machine. Les machines de Turing offrent un graphique, une version physique du théorème d'incomplétude et, au cours de ce processus, exemplifient la façon dont la fragilité s'applique aux objets exactement comme Gödel l'appliquait à des systèmes logiques. Vous ne pouvez pas concevoir une machine de Turing qui sera capable de prédire si tous les algorithmes s'arrêteront ou seront pris dans une spirale infinie : « tous les algorithmes ne sont pas prévisibles ». Afin que le système soit cohérent, il doit y avoir au moins une assertion qui ne puisse pas être prouvée par le système, au sein du système. La phrase : « Cette phrase n'est pas prouvable dans le système » est une spirale sans fin[304]. Si cela est vrai, alors il est possible de le prouver, mais ce qu'elle dit c'est qu'elle n'est pas prouvable, donc il est impossible de le prouver. Dans la perspective développée ici, les phrases dialéthéiques sont des symptômes de la qualité doublement-vérifié des objets.

Le lecteur est plus qu'une simple analogie. Si vous faisiez un enregistrement qui produit les bonnes tonalités, vous pourriez faire exploser un lecteur. En fait, c'était une spécialité des créateurs de musique rave au début des années 1990's. Je me rappelle être allé à plusieurs raves durant lesquelles les haut-parleurs explosaient en raison d'un son appelé « LFO » - Low Frequency Oscillator, une arnaque sur les vieux synthétiseurs, mais aussi une métaphore sous forme de blague comme « je ne peux pas être joué sur ces vieux haut-parleurs[305] ».

Hofstadter donne l'exemple d'un virus. Un virus est un morceau d'ARN ou de code ADN dans un paquet de protéine qui dit à votre génome « Hey, il y a une version de moi, quelque part dans ton système. Va me la chercher, tu veux ? » C'est une version de la phrase d'Henkin[306]. Le problème, c'est que cette phrase d'Henkin arrive enveloppée dans un mensonge, du même genre que « c'est vrai que je suis en train de mentir dans cette phrase ». Donc vous produisez à toute vitesse des copies du virus dans une tentative désespérée de résoudre le paradoxe, et puis vous mourez – exactement comme l'ordinateur. Commence donc la course entre les virus et les autres formes de vie pour détecter et détruire les virus et, a contrario, pour s'infiltrer dans les défenses des formes de vie. L'histoire du lecteur est donc aussi une histoire de formes de vie. Il y a au moins une entité quelque part (elle est peut-être en train de rôder dans votre génome) du nom de quelque chose comme « Si Tim télécharge ça, il va s'auto-détruire ». C'est ce que la mortalité *signifie*. Les formes de vie existent précisément dans la mesure où elles sont fragiles.

Considérez les objets en général – pas seulement ceux qui sont en vie, mais tous les objets. Il y a un sens *encore moins* métaphorique en lequel l'histoire du lecteur est vraie pour les objets. Il y a au moins un autre objet qui pourrait apporter quelque chose de telle façon qu'un certain objet soit annihilé. Plus encore : il est également vrai que le caractère sensible d'un objet est ce qui pourrait finalement le détruire, c'est la raison pour laquelle même les trous noirs, fatals aux autres objets, finissent par s'évaporer dans leur propre vapeur. Comme je l'ai affirmé, le caractère sensible n'est pas seulement un bonbon décoratif sur la surface de quelque chose de « plus réel », donc nous pouvions nous attendre à ce que cela soit vrai.

Les objets sont fragiles, non pas superficiellement, mais tout du long, ontologiquement. Et cela signifie qu'ils sont *faibles*. Je le dis sans la moindre trace de mépris : nous sommes l'un de ces faibles objets. Considérez le langage humain. Que les langues ne fassent pas apparaître la chose en pleine présence n'est pas une sorte d'excentricité spécifique du langage, mais un fait à propos de la réalité. Des mots comme « ceci » et « est » sont des symptômes d'une longue et sinueuse histoire des relations avec les non-humains. Certaines de ces incohérences du langage sont des symptômes de notre coexistence avec les autres objets. Cela rend notre langage faible de façon inhérente. Contrairement à ces théoriciens qui veulent positionner le langage humain comme puissant ou riche, je prétends qu'il est faible et flexible. Le fait que l'on puisse dire des choses comme « cette phrase est fausse » en français n'est pas dû à la richesse du français, mais à sa faiblesse. Comme la branche d'un saule-pleureur, il ploie. Les langages softwares ne sont pas moins expressifs que le français, mais, d'une certaine façon, ils le sont *davantage*. Chaque terme signifie réellement quelque-chose. Ou fait réellement quelque chose. Quand vous essayez de dissiper le paradoxe du Menteur (« Cette phrase est fausse » et ses variantes) vous finissez par devoir sauter d'une langue à une autre. Cette langue peut aussi générer le paradoxe du menteur, dans une forme modifiée qui pourrait bien être plus solide. De façon paradoxale, plus on essaye d'exclure la contradiction de façon rigide, plus les dialéthéias qui sont possibles deviennent virulentes.

Je peux éviter « cette phrase est fausse » en imaginant qu'il y aurait des métalangages qui expliqueraient ce qui devrait être considéré comme une phrase. Ensuite, je peux décider que « cette phrase est fausse » n'est pas une vraie phrase. C'est la stratégie du logicien Alfred Tarski, qui inventa la notion de métalangage tout spécifiquement pour s'atteler à la question des dialéthéias[307]. Un partisan de Tarski pourrait bien dire que « 'Cette phrase est fausse' n'est pas une phrase ». Mais je peux subvertir son stratagème avec la phrase qui suit : « Ceci n'est pas une phrase ». Ma phrase-virus est pire pour le partisan de Tarski que celle qu'il essayait d'éliminer. Elle peut ensuite affirmer que les phrases telles que « cette phrase est fausse » ne sont ni vraies, ni fausses. Mais en retour, vous pouvez imaginer une version améliorée du menteur, telle que « Cette phrase n'est pas vraie » ou « Cette phrase n'est ni vraie ni fausse ». Et nous pouvons continuer à compléter le mensonge amélioré si la contre-attaque essaye de construire une immunité en spécifiant une quatrième chose qu'une phrase pourrait être, en plus de vraie, fausse, ou ni vraie ni fausse : « Cette phrase est fausse, ou ni vraie ni fausse, ou bien une quatrième chose ». Et ainsi de suite[308].

Le métalangage essaye de tasser le problème, mais de ce fait, il devient plus fragile que le français. Fondamentalement, c'est parce qu'*il n'y a pas de métalangage*, c'est la raison pour laquelle Harman a demandé de la « sincérité » (voyez la discussion plus haut dans l'ouvrage). Et *cela* est dû au fait qu'*il y a des objets*. Un métalangage fonctionnerait comme un

« objet intermédiaire » qui donnerait de la cohérence et de la régularité aux autres – et il n'y a pas d'objets intermédiaires, comme nous l'avons vu[309]. Puisqu'il n'y a pas de métalangage, il n'y a pas de progression au-dessus du jeu illusoire et perturbant de la causalité. Ce problème est plus que contigu au théorème d'incomplétude de Gödel. Les inconsistances telles que le Menteur sont une preuve archéologique de l'inconsistance fondamentale au sein des objets : le fossé irréductible entre les objets réels et sensibles.

Ce fossé irréductible que Lacan découvre entre le *sujet de l'énoncé* et le *sujet de l'énonciation* apparaît clairement dans le Menteur[310]. Il y a le « je » qui dit la phrase et le « je » à propos duquel la phrase est dite. Les romanciers exploitent ce fossé, sachant parfaitement que tous les récits à la première personne sont intrinsèquement indignes de confiance. Si vous voulez jouer avec l'ironie et le paradoxe, écrivez dans un mode autobiographique. Sinon pourquoi *Frankenstein* serait-il écrit de cette façon ? Ce fossé littéraire n'en est qu'un parmi des milliards.

Gödel affirme qu'en raison de cette inconsistance inhérente à toutes les théories, vous avez besoin d'une autre théorie pour expliquer la sémantique d'une théorie. Chaque théorie requiert $1+n$ autres. Est-ce que cela ne ressemble pas terriblement à la théorie OOO de la traduction, qui stipule que les objets sont appréhendés dans leur espace interobjectif qui consiste en $1+n$ objets ? Vous n'entendez jamais le vent lui-même, vous entendez le vent dans la cheminée. Je me désolidarise ici de la plupart des linguistes informatiques qui soutiennent que les langages informatiques sont moins expressifs que le français. Je pense que ce n'est pas là qu'est le problème. Je pense que les langages informatiques sont plus explicites et par conséquent plus rigides. Le français a l'avantage d'être faible, parce qu'il a évolué pour être parlé par des objets de chair et de sang qui s'efforcent et persévèrent encore et encore[311].

## Tourner la page : C'est la fin, mon bel ami

L'expérience de la beauté et du sublime, affirme Kant, consiste à s'harmoniser avec l'objet. Mais qu'est-ce que l'harmonisation (*Stimmung*) ? Pensons à l'extrême de l'harmonisation. Quand un chanteur d'opéra trouve la fréquence de résonnance du verre, celui-ci explose. L'analogie du bouddhiste tibétain pour la mort est un vase. Quand le vase explose, l'espace au sein du vase fusionne instantanément avec l'espace en dehors. Nous pouvons brièvement en déduire que la beauté, c'est la mort.

Regardez une vidéo au ralenti de l'effet que produit un chanteur d'opéra sur un verre. Regardez la façon dont le verre frémit dans la vidéo, juste avant d'explorer. « C'était si beau que j'ai failli mourir ». Theodor Adorno affirme que c'est ce que l'esthétique est supposée faire : produire un tremblement du sujet, *Einschütterung*, une petite mort[312]. Un tremblement de terre, c'est quand le rythme entre les plaques tectoniques devient extrêmement régulier. Un AVC, c'est quand les ondes cérébrales deviennent isométriques. Tourner la page, c'est quand la fréquence et la durée d'une intrigue synchronisent avec celles d'une histoire avec une proportion 1/1. Ces tremblements annulent la différence entre une chose et sa résonnance, son apparence.

Kant affirme que la beauté est une expérience de coexistence avec un objet. Dans cette expérience, c'est comme si l'objet et le sujet fusionnaient soudainement, comme l'espace à l'intérieur et à l'extérieur du vase. Il ne faut qu'un petit saut pour aboutir ici à une théorie orientée vers l'objet de la beauté. La beauté est la fin d'un objet, parce que dans la beauté, deux objets fusionnent. Les vagues de son trouvent la fréquence de résonnance du verre. Quand elles atteignent une amplitude critique, le verre cesse d'exister. Il devient son environnement.

Quel est le sentiment d'être à la fin d'une histoire ? Le sentiment de commencement (ouverture) est l'incertitude. Le sentiment du milieu (développement) est la répétition et la suspension. Le sentiment de fin consiste à *tourner la page*. Comment est-ce que les récits parviennent à cela ? Ils commencent par corréler l'intrigue à l'histoire de façon isochronique. Les proportions de fréquence et de durée commencent à se synchroniser. Plus elles se synchronisent, plus de la tension est générée. Un film d'action est un récit qui parvient à vous faire tourner la page le plus vite possible, et en reste là. La trilogie Bourne, par exemple, implique des séquences narratives presque isochroniques tout du long. C'est ce que les expressions de « rythme haletant » et « suspense incessant » veulent dire. Vous savez que vous avez quitté la partie du développement dans une fiction réaliste classique quand un seul événement arrive et qu'il est raconté une seule fois dans une temporalité à peu près isochronique. Vous pouvez sentir la fin qui approche. Le début du chapitre 12 de *Le Portrait de Dorian Gray* est un chef-d'œuvre d'économie. En racontant un seul événement, le narrateur quitte les mondes exotiques parfumés évoqués dans la lecture et la relecture séduisantes du livre décadent de Huysmans qui obsède Dorian dans le développement :

> C'était le neuf novembre, la veille de son trente-huitième anniversaire, comme il se le rappela souvent plus tard.
> 
> Il sortait vers onze heures de chez lord Henry où il avait dîné, et était enveloppé d'épaisses fourrures, la nuit étant très froide et brumeuse. Au coin de Grosvenor Square et de South Audley Street, un homme passa tout près de lui dans le brouillard, marchant très vite, le col de son ulster gris relevé[313].

En trois phrases précises, on commence à tourner la page. D'une certaine façon, nous anticipons que Dorian va mourir à la fin de l'histoire, ou du moins qu'il y aura une fin et qu'elle va arriver. Un tremblement est en chemin. Maintenant ce « n'est plus qu'une question de temps ». La fin de l'histoire est incluse là, comme un éclaboussement d'eau froide.

Tourner la page est un sentiment de mort. Le sentiment de mort est un sentiment d'isochronie, les deux canaux de l'intrigue et de l'histoire se synchronisant l'une avec l'autre. L'intrigue s'harmonise à l'histoire. Ce faisant, elle disparaît, ne laissant que quelques cadavres pour que la police arrive et nettoie tout derrière elle. La fin du *Portrait de Dorian Gray* est exemplaire à ce titre. Dorian lacère le portrait et meurt – la police monte les escaliers pour trouver le corps – les dernières pages semblent se dérouler devant nos yeux, comme si l'intrigue se synchronisait avec l'histoire. Un événement n'est raconté qu'une seule fois. C'est assez de briser le sort de la suspension encore davantage.

Considérez la façon dont un drame parvient à tourner la page. Dans une pièce ou un opéra, tourner la page advient quand le *quatrième mur* se dissout : l'écran esthétique qui sépare le public des comédiens. C'est le moment dans le drame où le public est amené à sentir qu'il fait partie de la pièce. Cela est formalisé dans une tragédie de Shakespeare quand le personnage parle directement au public dans la scène finale. Dans *La Tempête*, Prospéro fait un discours qui marque la fin d'un bal masqué dans la pièce, mais qui s'adresse aussi à l'audience derrière le quatrième mur :

> Maintenant voilà nos divertissements finis ; nos acteurs,

comme je vous l'ai dit d'avance, étaient tous des esprits ;
ils se sont fondus en air, en air subtil ;
et, pareils à l'édifice sans base de cette vision,
se dissoudront aussi les tours qui se perdent dans les nues,
les palais somptueux, les temples solennels, notre vaste globe,
oui, notre globe lui-même, et tout ce qu'il reçoit de la succession
  des temps ;
et comme s'est évanoui cet appareil mensonger,
ils se dissoudront, sans même laisser derrière eux la trace
que laisse le nuage emporté par le vent. Nous sommes faits de la
  vaine substance
dont se forment les songes, et notre chétive vie
est environnée d'un sommeil[314].

Après cela, la pièce se « meurt ». L'artifice de la pièce est détruit en étant augmenté : « Ceci n'est qu'une pièce et vous êtes en train de la regarder ». L'espace sensible dans lequel la pièce arrive submerge la pièce elle-même. A la fin de *La Tempête*, Ariel tourne de nouveau la page, juste afin d'être sûr que nous avons senti le tremblement de fin : il demande nos applaudissements pour le libérer des limites de la scène. *La Tempête* étire le sentiment de tourner la page, comme un long aurevoir.

Mourir est un événement sensible qui advient dans un espace interobjectif. Tourner la page montre comment quand un objet arrive en phase avec un autre, l'annihilation est proche. La mort, c'est quand un virus, par exemple, commence à se répliquer dans votre génome, utilisant vos cellules comme une photocopieuse. Si les cellules le font de manière efficace, on appelle ça la mort. Alors votre corps se désagrège. Les bactéries mangent votre chair pourrissante. Vous devenez une bactérie. La bactérie bactérise votre corps, la transformant en bactérie. Les vers et les champignons mangent à travers le résidu. Alors que j'écris, je regarde une souche dans mon jardin. Un pin un peu trop grand a été coupé dans mon jardin l'année dernière. Les champignons ont mangé dans la souche. Alors que les champignons digèrent le sucre de chaque anneau de l'arbre, ils grossissent peu à peu. Ce qui en ressort est un champignogramme des anneaux de l'arbre, une série de champignons qui se répandent en cercle, un peu comme les anneaux du vieil arbre. C'est plutôt extraordinaire :

les champignons en cercle ressemblent à l'arbre, et pourtant, pas du tout. Les champignons champignonnisent l'arbre. C'est comme si les anneaux de l'arbre étaient transformés en champignons devant mes yeux. Plus la traduction est complète, plus la mort de l'objet l'est.

## Bardo 2

Pourtant toute traduction est nécessairement imparfaite. Il y a quelque chose de parodique dans toute mort, une ressemblance extraordinaire, comme dans la figure du zombie, un cadavre qui me ressemble en tout point, excepté qu'il n'est qu'une version mort-vivante de moi. Le zombie est tout à la fois moi et ne l'est pas. Les ongles continuent de pousser après ce que la médecine appelle mort. Et certaines religions croient qu'une âme ou une conscience existe après la mort physique. Il y a tout un tas de querelles sur ce qui constitue la mort, et ce, en raison de cette Fissure ontologique. Quand un objet meurt – c'est-à-dire à travers l'existence d'un objet – existe-t-il ou est-il seulement en train de cesser d'exister ? Quand je me tiens dans l'entrebâillement d'une porte, suis-je à l'intérieur ou à l'extérieur de la salle ? En existant, les objets ont déjà un pied dans la tombe.

Rien ne meurt complètement. Le physicien Roger Penrose suggère que quand l'entropie réduit tout à une particule sans masse, ils deviennent des photons et l'univers peut commencer à nouveau[315]. L'évolution transforme une vessie natatoire en poumon[316]. Il y a des cas plus importants de demi-vie fantomatique. Certains objets semblent être « dans l'attente d' » un nouvel usage : les objets qui encombrent les greniers, gardés comme objets de famille mais jamais vus, même pas par ceux qui en héritent. En deçà de tout cela, il y a une propriété inhérente de tous les objets quels qu'ils soient : *les objets sont déjà des fantômes* d'eux-mêmes en raison de la Fissure entre l'apparence et l'essence. Dans cette perspective, la mort, la naissance et la continuité adviennent « simultanément », ou de façon plus précise « équiprimordialement[317] ». Un objet n'est qu'un « trou noir » avec une photo pâlissante de lui-même à sa surface[318]. Comme je l'ai dit dans l'introduction, Lucrèce, l'archatomiste, est contraint de rajouter à son atomisme de l'esthétique : les objets sont vus dans leur passé, comme s'ils allaient tous disparaître dans un trou noir : « voir quelque chose d'autre, c'est être affecté par une émanation, non par la chose elle-même, de telle façon que quoi que nous voyions, c'est un effet de ce qui a eu lieu dans le passé, comme des films ou des simulacres prennent du temps à voyager dans le vide[319] ». Un objet est auto-référentiel : « ce que je fais est moi » (Gerard Manley Hopkins). Pourtant cette auto-référence est de l'ordre du mensonge : « cette phrase est fausse ». *Je* et *moi* sont sensiblement différents.

David Wiesner réécrit *Les Trois petits cochons*. Dans cette version, les cochons s'enfuient du livre en quittant la page, d'une façon ou d'une autre[320]. Ils se retrouvent dans un étrange espace interstitiel peuplé par d'autres personnages. Ils ramènent un dragon dans leur monde et terrassent le loup. Que pouvons-nous apprendre de cette histoire pour mieux comprendre notre situation écologique et idéologique ? Une première chose est que quand nous quittons notre « monde » idéologique et ses contours familiers, nous sommes toujours quelque part. N'est-ce pas là la leçon des moments interstitiels dans les films de David Lynch ? Ces espaces transitionnels ne sont pas seulement des espaces vides. Peut-être que la philosophie et l'idéologie ne pensent ces espaces que comme du vide au sein d'un certain système philosophique ou idéologique. OOO et le bouddhisme partagent quelque chose de très intéressant. Ils soutiennent tous deux que l'espace interstitiel entre les choses n'est pas vide. En réalité, il est chargé de sens et même de causalité.

Les objets ont un ego, et cet ego est fragile. Puisque l'ego n'est rien d'autre qu'un palimpseste des « objets cathexes abandonnés » comme le dit Freud, pourquoi ne pourrions-nous pas appliquer cette théorie à tout objet[321] ? Réfléchissons à tout cela à la manière d'Aristote. Les causes formelles d'un objet, de façon simple, ne sont que l'enregistrement de tout ce qui « est arrivé à » cet objet. Un morceau de verre fondu est soufflé et refroidi, aboutissant à un verre à vin. La forme du verre, son ego si vous voulez, est l'enregistrement de tous les objets qui l'ont heurté, qui ont soufflé dessus, qui l'on découpé quand il était encore en fusion, qui l'ont laissé refroidir. Ce qui, dans la théorie rhétorique, est appelé la *memoria* de la même façon que la *performance* est le sublime.

De la même façon que le chapitre sur les commencements reconsidérait l'idée de la *performance* rhétorique, ce chapitre reprend l'art rhétorique de la *mémoire*. La mémoire était une partie de la rhétorique qui fut attaquée au début de la période moderne. D'abord Erasme le minimisa, puis les puritains anglais du 17ème siècle bannirent complètement l'art de la mémoire, les divers outils mnémotechniques pratiqués depuis des lustres, puisqu'on pensait que cela ressemblait à de la magie[322]. Au Moyen-Âge, au contraire, la mémoire et non l'imagination était tenue en haute estime[323]. La pratique humaine de la mémoire, comme manipulation et stockage d'un objet dans l'espace interobjectif (mental), souvent pensée comme un bâtiment aux nombreux étages, s'effondra[324]. Cela contribua à la restriction de la rhétorique au simple style (*elocutio*), comme le chapitre premier l'a exploré. L'absence de la mémoire dans la rhétorique épuisa davantage l'habilité de la pensée à avoir affaire aux objets.

La cause formelle de quelque chose est son passé, sa mémoire, comme la mémoire inscrite dans un wafer en silicone. La mémoire est précisément un état dans lequel « toute chose est là, mais rien n'est jamais présent[325] ». Nous avons déjà rencontré la question de la mémoire en pensant l'existence continue des objets dans le chapitre précédent. Il semble donc approprié que la notion de bardo revienne une fois de plus, puisque les bardos sont la répétition des souvenirs. Cette fois, pourtant, nous avons affaire avec le bardo de la mort, la façon dont la répétition est prise dans quelque chose de mortel. L'apparence (superficielle et donnée) d'un objet *n'est que sa déformation par un autre objet*, ce qui n'est qu'une autre façon de dire que « la vie passée » d'un objet est sa forme.

Ce que Hegel dit à propos de l'abstraction du *je* ne peut pas être dit de la façon dont un astéroïde s'écrase sur Terre, amenant un gros morceau à s'arracher de l'autre côté et à devenir la Lune. L'astéroïde ne rencontre jamais la Terre comme un écran blanc sur lequel il projette sa propre fantaisie, sa forme – sa déformation par d'autres objets. L'astéroïde ne réalise une négation de tout contenu positif, une « abstraction de toutes les déterminations » hégélienne[326]. L'ego d'un objet est simplement l'enregistrement des traumas qui lui sont arrivés – cela vaut pour les objets appelés humains, dont l'ego est un objet virtuel sensible. Il n'y a donc pas d'écrans blancs en réalité, et ce de quelque manière que ce soit.

## Harmartia.

Alors que le mode esthétique du commencement est l'horreur-bonheur, et le mode du déroulement est la comédie, le mode de la fin est la tragédie.

Ceci, parce que, comme le protagoniste d'une tragédie grecque, les objets possèdent tous une faute intrinsèque, ou une blessure, ce que, suivant l'usage grec, j'appelle ici *harmartia*.

Quelque part, il existe au moins une balle avec votre nom dessus, ça peut être un virus, ça peut être votre propre ADN. Pourquoi ? La vérité est plus proche qu'une balle s'enfonçant dans la chair de quelqu'un. Prenez par exemple une explosion. Une explosion n'est pas seulement inquiétante parce qu'elle me menace. Une explosion est inquiétante parce qu'elle est ontologiquement extraordinaire. Cet aspect extraordinaire sous-tend la menace physique. Quel aspect extraordinaire ? Simplement, un objet qui ne fonctionne que dans « mon monde » - un avion, un gratte-ciel – et qui, soudainement, prend vie d'une façon tout à fait différente. Mon monde tremble un instant – et s'effondre même.

Un objet affecte un autre objet en le traduisant, autant qu'il le peut, dans ses propres termes. Un avion fait un trou de la forme d'un avion dans le gratte-ciel. Une traduction parfaite d'un objet par un autre objet supposerait la destruction de cet objet. Prenez encore une fois l'exemple du verre. Quand un chanteur d'opéra chante une certaine note très fort, le son suscite les fréquences de résonnance du verre de vin. Au ralenti, vous pouvez voir le verre de vin onduler. Puis le verre explose. Pourquoi ? Bien sûr, nous en connaissons la raison physique, ou nous pensons la connaître. Mais ontologiquement ?

Le son a été capable de réduire le verre à sa pure apparence. Il y a une Fissure ontologique entre l'essence et l'apparence. Cela n'a rien à voir avec l'écart fallacieux entre la substance et ses accidents. Ce qui est appelé *substance* et *accidents* sont tous deux du côté de ce que ce livre appelle apparence. La Fissure est une partie irréductible de la chose : une chose est à la fois elle-même et pas elle-même. J'appelle cette double vérité d'une chose sa *fragilité*. La fragilité interne d'une chose est la raison pour laquelle une chose peut exister. La fragilité est aussi la raison pour laquelle quelque chose peut advenir. L'existence est incomplétude. Cette fragilité est activée dans ce qui est appelé destruction. D'une façon ou d'une autre quelque chose interfère avec la Fissure entre l'essence et l'apparence et traduit l'objet de façon si radicale que la Fissure s'effondre. Rien ne peut être physiquement inséré dans la Fissure. Puisque les objets sont scellés, secrets et en retrait, l'interférence avec la Fissure doit être causée quand l'objet en question s'accorde esthétiquement à son traducteur dans un processus ressemblant à la manière dont mon génome créé plus de virus dans certaines conditions. La différence entre causation immanente et causation externe n'existe pas pour cette théorie. Cela est plus efficace que proclamer que les choses sont totalement détruites ontiquement, ce qui impliquerait que les objets ne sont que des morceaux de baratin décorés d'accidents, ou rien d'autre que des faisceaux de qualités, et ainsi de suite. Dans la perspective de la « destruction ontique », un objet requiert un autre objet pour faire le sale boulot. En suivant le roman policier retraçant l'histoire de la destruction via un autre objet, nous retrouvons bien vite les premiers moteurs et les causes premières.

Une explosion révèle la fragilité des choses. Mais elle révèle également l'étrange inconsistance des choses. Les commencements sont anamorphiques alors que les fins sont symétriquement magnifiques. La vie est distorsion, la mort est paisible, comme Freud l'a affirmé quant à la pulsion de mort. Commencer c'est distordre ; finir c'est devenir cohérent. Tuer ou détruire revient à *réduire quelque chose à sa cohérence* : la théorie avancée ici est l'inverse de celle de Badiou pour qui détruire c'est rendre incohérent. Quand je meurs, je deviens des souvenirs, des papiers froissés dans une corbeille, des vêtements. Je deviens mes apparences. Pourtant il ne peut y avoir de traduction parfaite d'un objet, parce que le traducteur est aussi un objet (incohérent). Il n'y aurait pas de trace d'une traduction parfaite. Et donc apparaissent là les cendres, les fragments, les débris. Les nouveaux objets sont d'extraordinaires rappels des objets brisés. Une culture du deuil peut parfois apparaître autour d'eux.

La Fissure entre l'essence et l'apparence est la raison pour laquelle un objet a une extériorité. La Fissure est la raison pour laquelle un objet existe. La Fissure est aussi la façon dont un objet peut mourir : sa fragilité intérieure et irréductible. Tout objet a une caractéristique étiquetée « Je ne suis pas une part de cet objet ». Une *hamartia* (le grec pour blessure). Une balle d'argent intérieure, comme une version physique de la phrase de Gödel[327]. La fragilité intérieure d'un objet l'autorise à être détruit par un autre objet. De façon bien plus importante, pourtant, une fragilité intérieure signifie qu'un *objet peut « mourir » de par lui-même*.

Tout objet est blessé. Une hamartia constitue l'objet en tant que tel dans sa détermination. L'impermanence est une caractéristique intrinsèque qui explique pourquoi un objet est un objet. Quand un objet devient en phase avec sa propre fragilité, il est détruit. Considérez la radiation Hawking émanant d'un trou noir. Tout ne reste pas pris dans ce trou noir : même un trou noir, l'objet le plus dense dans l'univers physique, est intérieurement incohérent. A un moment donné, le trou noir s'étendra. Sa blessure, sa fragilité interne, l'amène à cesser d'exister. L'hamartia, c'est ce qu'Aristote appelle une faute tragique.

Il est donc fautif de voir :

1. Les objets comme des morceaux solides dans le courant du temps qui, graduellement, les érode.
2. Les objets comme des réifications d'un flux temporel.
3. Les objets comme décomposables en parties (sape par le bas).
4. La fragilité/mort comme une occurrence qui « arrive à » un objet de l'extérieur.

La fragilité est une condition ontologique des objets. Cela ne dépend pas des non-objets. A la différence, (1) à travers (4) explique la fragilité en ajoutant ou en soustrayant de l'objet. Le fait de la fragilité est dû au simple fait, contre-intuitif, que les objets sont ce qu'ils sont et pas ce qu'ils sont, en même temps. Ils sont dialéthéiques, ils ont une double-vérité.

Les objets ont un pied dans la tombe. Le fait qu'un objet puisse tout cesser de lui-même est très satisfaisant du point de vue de l'ontologie fondamentale. Aucun autre objet, pour ne rien dire des relations, n'est nécessaire pour qu'un objet « meurt ». Cela signifie que théoriquement au moins un objet peut mourir seul, inconnu et jamais aimé. Tout ce dont un objet a besoin pour cesser d'exister, c'est de coïncider avec lui-même. Une fois que c'est fait, il s'évapore. Réduit à sa pure simplicité, l'objet meurt, ne laissant derrière lui que des souvenirs, des cendres, des impressions sensibles. La Fissure entre l'essence et l'apparence s'effondre. L'objet s'évapore dans son apparence-pour un autre objet.

Creusons davantage cette question de la fragilité. La fragilité intrinsèque des objets a à voir avec la raison pour laquelle nous pouvons dériver le temps et l'espace à partir d'eux. Pour Kant, l'expérience de la beauté est une entité pareille à un objet qui semble être inhérente à la fois à elle-même et au bel objet : c'est ce qui la rend impersonnelle ou au-delà de l'ego. La beauté est universalisable, c'est-à-dire que la sorte d'interaction qu'est la beauté pourrait être étendue pour inclure tout autre objet dans les parages. Si je trouve la *Mona Lisa* belle, le sentiment consiste en l'idée que toute personne la trouverait ainsi. Si je trouve un morceau de musique dansante beau, je veux mettre des haut-parleurs sur le toit des plus hauts bâtiments et faire honte à ma famille en la diffusant dans le monde qui nous entoure, parce que tout le monde devrait être capable de la trouver belle. Pourtant, lorsque je fais cela, quand je menace les gens avec ma beauté, je ne suis plus dans l'expérience de la beauté.

Pourquoi ? Kant prétend que c'est parce que la beauté est également non-conceptuelle : elle a un certain *je-ne-sais-quoi*. Dès que je mets le doigt sur celui-ci, il a disparu, comme Eurydice disparaissant pour Hadès quand Orphée, se retournant, la regarde. Je saisis l'objet comme si l'objet en lui-même était la beauté, et je perds la beauté. Ou alors je précise un certain aspect de l'objet. Rien dans l'objet ne peut être précisé de cette façon : ni les parties, ni le tout. La beauté est donc irréductible. Je ne peux pas la dissoudre en composants plus petits et je ne peux pas la dissoudre par le haut (« sape par le haut ») en une quelconque vision holistique. La beauté est unique et contingente. La beauté est indicible, ce qui explique pourquoi la beauté kantienne fournit les conditions pour le goût humien, et pas le contraire. On dirait que de belles couleurs, de belles odeurs et de beaux sons étaient la condition de la beauté, mais en réalité la liberté profonde aperçue dans la beauté est ontologiquement antérieure à ces choses. Pourquoi devrions-nous même faire attention à ces choses si ce n'était pour cette liberté ? Le fait que la beauté soit irréductible est un indice du fait que la beauté pourrait bien nous dire quelque chose des objets OOO.

Nous sommes conduits à la conclusion réaliste que la beauté est l'indice de l'existence des objets $1+n$ : moi-même, la *Mona Lisa*, l'air sec entre nous. Pourtant la beauté n'est dans aucun de ces objets. Ce qui est extraordinaire et quelque peu effrayant parfois, au sujet de la beauté, c'est qu'elle ne peut pas être localisée et pourtant elle semble émerger des interactions entre les objets. La beauté est donc une sorte de mensonge qui est dit à propos d'un objet quand il interagit avec un autre objet : c'est un beau mensonge. C'est comme si la beauté était partout, tout le monde, tout le temps. Pourtant, elle émerge d'une pure contingence. Elle est seulement intemporelle dans la mesure où elle est fondée sur des objets qui semblent être fugaces.

La qualité mystérieuse des œuvres est un signe de la qualité mystérieuse des objets en général. La beauté est un secret que nous savons exister mais dont nous ignorons le contenu. Quand nous la partageons avec d'autres, c'est comme si nous partagions un secret. Nous nous regardons l'un l'autre avec stupeur ou avec un regard entendu. Mais il est impossible de préciser quel est ce secret. Seul *le fait qu'il y ait un secret* est important. La beauté est fondée sur le fait brut du secret en tant que tel. Les concours du secret sont ressentis comme la fraîcheur d'une surface en marbre pour une personne aveugle. A travers ce livre j'ai utilisé le terme *secret* pour rendre compte du retrait. Le secret est donc simplement l'objectéité d'un objet : le fait que les objets apparaissent, et pourtant qu'ils soient en retrait de leur apparence, une qualité ambiguë qui signifie qu'il y a une fissure permanente dans l'univers, pour tout objet quel qu'il soit, pas seulement les êtres sensibles et certainement pas les seuls êtres humains. Cette Fissure advient à la fois dans et entre les objets. Ou plutôt : il devient impossible de préciser si la Fissure et à l'*intérieur* ou à l'*extérieur* d'un objet. La Fissure ne peut pas être localisée ontiquement, c'est-à-dire, nous ne pouvons la désigner nulle part sur ou dans l'objet. Et pourtant, elle est là. La Fissure rend compte de ce que j'appelle *fragilité*.

On ne devrait cependant pas confondre la fragilité avec le fait que les choses se cassent. Même si cela est vrai, cette vérité est seulement le symptôme d'un fait ontologique plus profond. En d'autres termes, les objets n'existent pas dans le temps comme des poupées de porcelaine sur un tapis roulant : quand ils atteignent la fin, ils tombent sur le sol et explosent en morceaux. Non : les objets sont fissurés afin d'être un objet. Le temps comme une succession d'instants émane des objets eux-mêmes. C'est-à-dire que le temps linéaire que nous (et qui ou quoi que ce soit d'autre) expérimentons est un produit d'un certain ensemble d'interactions entre les objets fondé sur leur fragilité. Nous pouvons penser à des analogies physiques assez facilement. Le temps émane de la décomposition d'une particule radioactive ; ou des vibrations d'un cristal piézoélectrique ; ou du caractère massif d'une planète. En un sens, la particule radioactive, tel que le carbone utilisé dans la datation au carbone, nous en fournit le meilleur exemple. *Tous les objets sont isotopes d'eux-mêmes*, des doubles extraordinaires et instables. Les théories des objets et de la causation qui reposent sur des substances anonymes ou des faisceaux de qualités ont du mal avec les isotopes – les vrais isotopes, pas seulement les isotopes au sens figuratif – précisément pour cette raison[328].

*La fragilité* est ce qui explique la beauté. La beauté kantienne est un peu triste, parce qu'elle n'est pas vous. (Je m'autorise ici un peu d'anthropomorphisme puisque, comme le défend Jane Bennett, cela peut être un gain important pour notre compréhension des choses[329].) C'est aussi un peu effrayant parce que vous ne pouvez pas dire si c'est un faux-semblant ou non. C'est la même chose avec les objets non-humains ou non-conscients. En un certain sens, les objets sont tristes parce qu'ils contiennent des pépins de ce qui n'est pas eux-mêmes afin d'être ce qu'ils sont. Les objets ne peuvent pas être en adéquation avec eux-mêmes et cohérents en même temps. On dirait que Gödel a écrit les lois de l'existence. Les objets pourraient se briser en un million de pièces – c'est-à-dire un million de nouveaux objets – à n'importe quel moment. Leur *possibilité* est prédiquée sur leur *impossibilité*. En ce sens, les objets ne sont pas très différents de ce que Heidegger appelle le Da-sein[330]. Nous devons explorer ce point.

Heidegger a fortement influencé Lacan avec son idée que l'anxiété était l'émotion – ou l'*harmonisation* [en anglais *attunement*, ndT][331] comme il le dit – qui ne ment jamais[332]. L'angoisse est une harmonisation fondamentale de l'être qui ne « gêne pas ou ne trouble pas » une personne qui est en harmonie avec son être authentique (Da-sein). C'est ce que l'enseignant bouddhiste Chögyam Trungpa, faisant écho à Heidegger, appelle *l'anxiété fondamentale*[333].

Ce propos sur l'angoisse semble être bien loin des objets. Mais est-il loin de OOO ? N'est-ce pas parce que le Da-sein est à la fois potentiel et « impossible » que l'angoisse apparaît ? C'est un argument un peu subtil, nous allons donc devoir nous y atteler pour quelques paragraphes pour bien le comprendre. Mais nous allons voir au fur et à mesure que ce qui caractérise le Da-sein, loin d'être une propriété humaine particulière – ou pire, une propriété spéciale de certains humains spécifiques (les Allemands)

– est une qualité partagée par tous les objets. Cette qualité est dialéthéique : elle a une double vérité. Les objets sont eux-mêmes et pas eux-mêmes, p ∧ ¬ p, comme l'a démontré l'introduction.

Au sein des objets, il y a des différences avec eux-mêmes, ce qui explique pourquoi les objets peuvent apparaître : ou plutôt, pourquoi ils peuvent apparaître-à un autre objet. La taupe de l'espèce condylure étoilé sent un millier de parfums délicats émanant de la terre, parce que ces parfums ne sont pas la terre. Les parfums de la terre sont des « isotopes » de la terre, des transporteurs instables de l'information de la terre pour d'autres entités, tels que les récepteurs dans les museaux de ces taupes. C'est précisément la façon dont Heidegger caractérise le Da-sein, « l'être-là ». Le Da-sein n'est pas objectivement présent et pourtant il se manifeste dans toutes sortes d'harmonisations telles que la peur et l'anxiété. En particulier, l'anxiété est une harmonisation nette au Da-sein puisqu'elle résonne seulement avec le simple fait du Da-sein en tant que tel. Dans l'anxiété, le monde devient plat et insignifiant. Les objets semblent perdre leur signification pour eux : ils n'ont « rien de plus à nous 'dire' », dans les mots d'Heidegger[334]. C'est-à-dire que c'est comme si nous étions capables d'apercevoir leur dimension secrète.

Harmonisée avec le Da-sein lui-même, l'angoisse a un pied dans l'éther sensible et un autre en dehors, dans une sorte d'impossible non-espace. C'est l'endroit où le langage s'effondre à moins que nous soyons enclins à admettre que (certaines) choses puissent être dialéthéiques, à la fois p et non-p au même moment. Par exemple, Hegel explique le mouvement, comme nous l'avons vu dans le chapitre précédent, en supposant que les objets sont ici et pas-ici simultanément. Nous pourrions expliquer le fait d'être dans l'entrebâillement d'une porte ainsi : nous sommes à la fois à l'intérieur et à l'extérieur de la salle. Il devient impossible de spécifier, en utilisant le présent objectivement, des dispositifs de mesure réifiés, tels qu'un mètre ruban ou un chronomètre, ce qu'est « être dans la salle » par opposition à « être dans l'entrebâillement ». Si nous le faisons, toutes sortes de paradoxes à la Zénon surgissent, nous tentant pour que nous en venions à dire que rien n'arrive ou qu'il n'y a pas de mouvement. Le problème c'est que nous sommes tellement habitués à imaginer les êtres existants « dans » le temps qu'il devient difficile de voir comment le temps et donc les événements en tant que tels découlent des objets. Ce flot arrive quand les objets émettent des isotopes d'eux-mêmes, se déchirant de l'intérieur par fragilité. En ce sens, la mort est partout autour de nous. Puisque l'univers n'est qu'un immense objet, nous existons au sein de la mort, exactement comme dans les peintures bouddhistes de la roue de la vie dans lesquelles le tout de samsara prend place dans les mâchoires de Yama, le dieu de la mort.

« C'était si beau que j'ai failli mourir ». Y a-t-il davantage qu'une vérité métaphorique dans cet énoncé ? Est-ce que la beauté est une expérience de mort ou de mort-imminente ? Adorno écrit que le tremblement de la beauté fait voler en éclat le sujet contenu[335]. Quand un chanteur d'opéra chante la note juste, juste au bon ton et au bon volume, la vague de son résonne avec le verre de vin d'une façon qui le détruit. Dans un film au ralenti, nous pouvons voir comment, juste avant qu'il ne soit détruit, le verre fait l'expérience du tremblement. La fréquence de résonnance s'harmonise parfaitement avec le verre.

A partir de la perspective de la phénoménologie alien du verre lui-même, est-ce que cela pourrait en effet être une « expérience » de perte soudaine du sens de la limite ? Et n'est-ce pas ce qu'est la beauté ? Dans l'événement de la beauté, une partie de mon espace intérieur qui n'est pas moi-même, semble résonner dans les couleurs sur le mur, dans les sons qui plongent dans mes oreilles. Immensément amplifiée, est-ce que cette résonnance pourrait en réalité me tuer ? « Une belle façon de mourir » - être détruit par les vibrations qui retirent moi-même de moi-même.

Pour que la beauté fonctionne, donc, il faut déjà une surface capable de recevoir la blessure. Il semblerait que le couteau de la beauté soit capable de s'insérer dans la fente entre l'essence et l'apparence d'un objet. La beauté « fait son chemin » jusqu'à la Fissure qui existe déjà entre un objet et ce même objet, le fait que les objets soient dialéthéiques, à la langue fourchue. Cette Fissure est une incohérence dans l'objet qui permet à l'objet de finir. Quand un objet est entièrement séparé de son apparence, son *hamartia* en prend la meilleure partie : c'est ce qu'on appelle la *destruction* ou la *mort*.

La beauté, donc, est une expérience non-violente de la mort imminente, un avertissement quant à notre fragilité, pareille à celle de toute autre chose dans l'univers. La beauté est l'ombre de la menace pour les objets, *la menace que constituent les objets*. Les objets en tant que tels contiennent une menace intérieure, en raison de la Fissure entre l'essence et l'apparence. La beauté est l'appel de la chair vulnérable et du verre fragile. Cela explique peut-être pourquoi la beauté est liée à l'expérience de l'amour, de l'empathie et de la compassion, des thèmes qui préoccupent les théories pré-kantiennes de l'affect esthétique, tel qu'Adam Smith, et qui préoccupent aussi les théories éthiques fondées sur la perspective bouddhiste de l'anatman (l'absence de soi). C'est la raison pour laquelle nous pouvons articuler une éthique de la coexistence non-violente fondée sur la beauté. Cette éthique ne peut pas être vraiment fondée dans la version kantienne cool de l'expérience esthétique avec son anthropocentrisme rigide et sa part d'ombre sadique. Elle doit plutôt être fondée dans le projet qui consiste à venir aussi près que possible de notre intimité perturbante et déjà partagée. Commençons à explorer ceci.

Quand je fais l'expérience de la beauté, je résonne avec un objet. L'objet et moi nous harmonisons l'un à l'autre. Kant décrit la beauté comme un processus d'harmonisation. Le « beau » est ce que je me dis à moi-même quand un impersonnel état d'esprit, « pareil à un objet » surgit qui semble émaner de l'objet lui-même. C'est comme si l'objet et moi-même étions enchaînés ensemble dans une union inséparable. Une opinion commune suppose que ne pas avoir d'ego signifie ne pas être capable de se brosser les dents. Mais selon cet argument, vous vous brossez les dents tout le temps sans ego. C'est déjà en train d'arriver. Il est parfaitement possible d'avoir des expériences non-égotiques. Vous êtes en train d'en faire l'expérience en ce moment même.

Le bel objet me va comme un gant. La beauté kantienne, pourtant, est différente de celle du decorum aristotélicien ou horatien, les traditions pour lesquelles l'esthétique est censée être comme un vêtement[336]. Le decorum fournit des règles objectives quant à ce qu'une belle chose devrait porter, un ensemble de critères extérieurs et systématiques quant à ce qui compte comme beau, une checklist. La beauté kantienne, au contraire, est un symptôme de quelque chose de plus perturbant. Kant pense cette découverte en tant que sujet transcendantal alors que OOO pense la découverte comme le retrait des objets. Pourtant, il y a une affinité entre ces pensées parce qu'elles imaginent toutes deux une sorte de fêlure transcendantale ou de Fissure qui serait intrinsèque à la réalité. La beauté n'est pas un gant qui va à ma main, elle est davantage comme la Mort qui vient vous prendre par la main.

La beauté est non-conceptuelle. Rien dans l'objet ne l'explique directement : pas les parties, parce que cela serait du réductionnisme positiviste pur ; pas le tout, parce que cela serait une autre forme de réduction (les parties sont dispensables). Pourtant la beauté semble émaner de la chose. Cette chose seule, si particulière, est le locus de la beauté. N'importe qui sain d'esprit devrait la trouver belle, je pense, et pourtant si j'essayais de l'imposer aux autres, je ruinerais l'expérience. Je sais que mon expérience particulière de la beauté n'est pas partagée, mais je sais que vous savez ce qu'est la beauté. Une certaine liberté inconditionnée s'ouvre avec une certaine coexistence sans contenu. Pas la peine de se demander pourquoi Kant considérait l'expérience de la beauté comme une partie essentielle de la démocratie. La beauté est un événement dans l'être, une sorte de fossé, une fente légère. La beauté permet un état cognitif qui n'est pas coercitif et qui est profondément non-violent[337].

Mais quelles sont les conditions de possibilité pour que l'expérience de la beauté advienne ? Quelle est la physique phénoménologique de la beauté, si elle existe ? Alors que nous explorons ces conditions, nous mettons au jour une œuvre remarquable. Le nom de cette œuvre est Alphonso Lingis. La beauté kantienne présuppose de façon tacite un être qui peut être blessé par les couleurs, les sons, les odeurs, les textures et les goûts : affecté par eux pour résonner de façon à ce que le processus d'harmonisation de la beauté puisse commencer. Cet être est ce que Lingis explore dans une série d'études remarquables. Ce n'est pas seulement un royaume de simple appétit, comme Kant le suggère, parce que cela reproduirait une différence entre humains et non-humains (les animaux, par exemple) qui est intenable et problématique[338]. En outre, dans l'appétit je traîne, comme un loup affamé jouant sur la carcasse des choses – comme si au moins les objets puissants suspendaient cette voracité, et le suspendent toujours déjà avant que l'événement de la beauté ne prenne place. Plus étrange encore, comme Lacan le remarquait à raison, il y a une symétrie entre la beauté kantienne et le sadisme, un désir froid concernant un objet infiniment opaque[339]. Avant que la légère Fissure de la beauté ne soit faite, donc, le couteau doit être prêt et le bras à portée. C'est cette dimension, une dimension dangereuse et extraordinaire de « niveaux » et de « directions » que la pensée de Lingis aborde[340]. Puisque l'ego n'est que la cause formelle d'un objet, ce dont nous parlons quand on en vient à la beauté est la résonnance esthétique avec la Fissure entre l'essence et l'apparence. Ce que Lingis montre c'est que les expériences qui sont au-delà de notre ego existent en effet et sont profondément physiques. Les réflexions de Lingis éclairent de nombreuses propositions faites dans ce livre.

Puisque la beauté ne dépend pas de l'ego, elle doit appartenir par défaut à la cognition humaine. OOO prétend que cette dimension par défaut est présente dans toute interaction entre n'importe quel objet, et non pas seulement entre les humains et d'autres choses. Apprécions davantage cette idée surprenante. Un échantillon d'un objet n'est pas l'objet. Une harmonisation n'est pas l'objet. Et pourtant il peut se rapprocher très près de l'objet. Si un objet devait s'harmoniser lui-même parfaitement avec un autre objet, au moins l'un d'entre eux serait détruit. Pensez une fois encore au verre. Un chanteur d'opéra chante la note à une certaine hauteur de son. La hauteur vibre avec la fréquence de résonnance du verre. Le son est comme le verre mais n'est pas le verre. La hauteur de son est harmonisée au verre. Le verre commence à danser, il a un petit orgasme de verre – est-ce qu'on ne les appelle pas de petites morts ? – et puis il explose en non-verre. Une fois encore : les vagues de son harmonisées à la fréquence de résonnance du verre épousent le verre si parfaitement qu'il est détruit. Une harmonie fait trembler un objet.

L'art peut créer et détruire des choses, de façon plutôt littérale. La causalité est une pièce d'une énergie démonique, pareille à une illusion, qui a des effets réels sur le monde. La parfaite harmonisation d'une entité avec ce qui n'est pas cette entité signifie la destruction : c'est ce qui arrive quand vous mourrez – vous devenez votre environnement. Parfaitement enveloppé par les vagues de son, est-ce que le verre n'expérimente pas lui-même une sorte de beauté ? Une soudaine dissolution des limites entre le verre et le non-verre, une expérience qu'Adorno appelle le tremblement fondamental qui fait disparaître l'ego ? Pour Kant, la beauté est une expérience non-conceptuelle de coexistence avec un objet. C'est une expérience virtuelle, comme si mon état intérieur émanait de l'objet. Dans cette expérience, c'est comme si l'objet et le sujet fusionnaient soudainement, comme l'espace à l'intérieur et à l'extérieur d'un vase. Que se passe-t-il si l'action vient de l'objet et non du non-moi ou du non-verre ? Que se passe-t-il si la qualité comme-si que Kant considère comme une projection de mon espace intérieur dans l'objet est en effet une émanation de l'objet ou fondée sur une telle émanation ? Que se passe-t-il si la beauté arrive quand un objet s'harmonise à votre vulnérabilité ? Quand vous entendez le son de cette boîte à musique mortelle dans la chanson de P.M. Dawn que nous avons explorée dans l'Introduction, vous entendez réellement la possibilité de votre propre mort. Cette belle et extraordinaire boîte à musique se remonte et joue encore et encore, s'exécutant elle-même. Le sommet de l'iceberg. La beauté est la façon dont les objets finissent. La beauté est la mort.

## Des objets sans présence : des objets sans présent

Heidegger affirme que la fin d'une chose est le commencement d'une autre[341]. Cela est vrai de façon triviale : quand un verre de fin se brise, un millier de fragments naissent. Mais Heidegger veut dire quelque chose de plus étrange que cela. Il veut dire que la fin d'un Da-sein authentique est le « commencement de … quelque-chose d'objectivement présent[342] ». Les fins, en d'autres termes, ne doivent pas simplement être trouvées sur les bords extérieurs des choses quand nous les mesurons avec un mètre-ruban ou avec un compteur Geiger. Les fins des choses sont dans les choses. L'apparence, comme apparence-pour, est une sorte de mort. Nous vivons dans un univers de mort dans lequel les interactions entre les isotopes des objets, leur apparitions extraordinaires et fantomatiques, déterminent la taille, la forme, la durée, le moment, l'attraction, la couleur, le goût et l'état émotionnel. Les choses apparaissent parce qu'une sorte de mort advient. Un photon « mesure » un électron en le changeant. Je rends le poème réel pour moi en le lisant de travers. Chaque pas sur le trottoir l'érode. Le temps chute à partir de l'effondrement du carbone-14 alors que les atomes deviennent quelque-chose d'autre.

La mesure d'un quantum détruit sa « cohérence », c'est-à-dire son existence dans un état dialéthéique dans lequel différentes positions et quantités de mouvement sont « superposées » l'une sur l'autre. Quelque chose existe à coup sûr avant la mesure, ce qui explique pourquoi la mesure peut se faire. Nous n'avons pas affaire au *esse est percipi* ici. Pourtant la mesure détruit la qualité fragile et vacillante d'un objet alors qu'il oscille et n'oscille pas : alors qu'il respire, comme le dit Aaron O'Connell (Chapitre 2).

Dans le chapitre 1, nous avons brièvement exploré la *Défense de la poésie* de Percy Shelley, un texte émouvant sur la valeur révolutionnaire de la poésie. Shelley prétend que la poésie est un événement dont le sens est irréductiblement à venir. Ce qui fait du poème un poème est que nous ne savons pas encore ce qu'il veut dire. Les poètes sont donc « les hiérophantes d'une imagination incomprise, les miroirs d'ombres gigantesques que l'avenir jette sur le présent[343] ». Les poèmes sont « intemporels » dans la mesure où ils soutiennent ontologiquement le temps lui-même, ouvrant ainsi des possibilités inconnues de sens et d'action.

Shelley fonde son argument non sur l'idéalisme, mais sur un physicalisme magnifiquement produit qui peut rendre compte de la pensée dans ses propres termes. Les humains et probablement « tous les êtres conscients », écrit-il, sont comme des harpes éoliennes, des lyres qui résonnent selon le mouvement du vent. Il est étrange d'imaginer que ces harpes aient pu être des objets communs de l'équipement domestique du 18ème siècle. Imaginez les personnes de Jane Austen en écoutant une. Le son n'est pas différent de la musique drone de Sonic Youth ou de La Monte Young. Comme dans l'*Ion* de Platon, le vent est canalisé par les cordes de la harpe, qui en retour sont canalisées par nos oreilles. Quand le vent déplace les cordes, un processus de traduction a lieu. Ensuite ces traductions sont elles-mêmes traduites : c'est l'image de la pensée chez Shelley, une traduction d'une traduction. Puisque toute traduction est une transduction, une mauvaise traduction à travers un autre objet, l'image de la lyre éolienne de Shelley offre tous les outils dont nous avons besoin pour inclure la pensée dans un réalisme physicaliste.

L'essence du vent se retire. Donc « l'appréhension » du vent est une élégie pour une chose perdue. Il n'y a pas de vent dans le son du vent. Mais quelle est l'essence de l'élégie ? L'essence de l'élégie se retire également. Chaque note vibrante et harmonieuse de la lyre éolienne parle du vent de façon lyre-morphique. Il n'y a pas de fin aux séries de (mauvaises) traductions. Les (mauvaises) traductions du vent sont tout aussi ouvertes, donc, que le vent lui-même est en retrait. Pourtant le vent est fini, déterminé : c'est le vent, ce n'est pas une crevette. Nous rencontrons ici la *finitude non-téléologique* des objets. Les objets sont spécifiques et pourtant ouverts ; ils ne sont pas un vague trouble, et pourtant ils refusent d'être localisés. Ils sont déjà morts, leur destin est scellé par leur fragilité interne : des objets mort-vivants. Ils sont mort-vivants, spectraux et vous hantent : pas tout à fait en vie, mais pas tout à fait bruts et inanimés. A un niveau ontologique fondamental, le futur d'un objet est incertain. Non parce que « le futur » est difficile à prévoir, mais parce qu'en raison du chiasme interne, le *chōrismos* entre un objet et sa sensualité. Contre Heidegger, donc, pour qui les objets sont de simples figurants dans le drame humain et ont une histoire seulement dans la mesure où on les rencontre dans des mondes humains, les objets de toutes sortes ouvrent le futur, comme des rideaux de théâtre rouges s'ouvrant mystérieusement[344].

Nous pensons à l'essence comme étant enfouie « derrière » ou « devant » un objet. Mais il devrait maintenant être plutôt clair que l'essence des choses est *en face des objets*. Bien que cela puisse avoir l'air paradoxal, l'*essence d'une chose est le futur* alors que l'*apparence d'une chose est son passé*[345]. Cette conclusion plutôt surprenante mérite d'être explorée davantage.

Ce qui est appelé *matière* est dans la perspective OOO simplement de la matière-pour. En d'autres termes, « la matière » est un objet sensible, un phénomène esthétique qui apparait comme une partie de la causalité. Ce qu'Aristote appelle la cause matérielle d'une chose est l'être (ou la pluralité d'êtres) qui compose une chose : « ce dont c'est fait ». La *matière* est un positionnement rétroactif d'une chose qui a été taillée, forgée, fondue, tissée, pour produire l'objet en question. Dans cette perspective, le matérialisme est étrangement non-matérialiste, et même quelque peu « corrélationniste » ou même idéaliste : le corrélationnisme est la perspective postkantienne dominante selon laquelle la réalité elle-même n'existe de façon significative que dans une corrélation entre un esprit et une chose ou un monde[346]. C'est-à-dire que la matière requiert un quelconque « observateur » (sensible ou non, humain ou non n'étant pas une distinction pertinente) « pour qui » la matière est positionnée. « Observer » ne veut pas dire ici prévoir ou prendre une quelconque décision consciente. Supposez que « l'observateur » soit seulement l'objet en question et que l'objet ne soit pas sensible ou intelligent. Sa matière reste de la matière-pour, positionnée de façon rétroactive par l'existence de l'objet en tant que tel.

La matière implique l'existence d'au moins une autre entité duquel la matière en question diffère. Pensez à cette phrase de Derrida, tristement célèbre : *il n'y a pas d'hors-texte*. Heureusement, Gayatri Spivak nous donne ici deux traductions. La seconde, celle que je préfère, est explicative : « il n'y a pas de texte qui soit extérieur » [en anglais *there is no outside-text*, ndT]. Cela ne signifie pas que tout est réductible au langage pur. Ce serait là le structuralisme, qui en effet réduit les choses à leurs relations. Ce que Derrida dit ici, au contraire, c'est qu'un texte est un système clos (dans la terminologie de Rhoy Bhaskar) qui est fondé sur une sorte d'externalité qu'il inclut-exclut, de laquelle il ne peut pas parler mais de laquelle il ne peut s'empêcher de parler de façon négative[348]. Un mot, par exemple, dépend d'une surface inscriptible, de l'encre, d'une histoire et d'une culture de l'écrit, de divers protocoles d'orthographe et ainsi de suite. L'existence d'un texte est sa coexistence avec au moins une $(1+n)$ entité en retrait. Ce n'est pas là toute la vérité OOO – pour OOO, il y a un vrai marteau. Mais d'un point de vue OOO, sans doute que le propos de Derrida est le sommet d'un iceberg orienté-vers-l'objet. OOO est la première et seule véritable perspective post-derridienne, plutôt qu'une régression assouplissant Derrida pour en faire une forme de relationnisme processuel affirmatif ou positiviste ou toute autre forme de matérialisme.

Ce qui est appelé le passé est véritablement un autre objet (ou d'autres objets) qui coexiste avec l'objet en question. L'univers OOO ne peut tout simplement pas être moniste, ni solipsiste. Bien que les objets soient indicibles, je sais qu'ils existent. Mon existence même est fondée sur eux, non seulement parce que « je suis fait » d'eux, mais parce qu'un objet est seulement une coexistence, ne serait-ce qu'avec lui-même, en raison de la Fissure entre l'essence et l'apparence.

Voilà ce qu'il en est de cet aspect du passé, lequel, nous l'avons montré, est adjacent avec la matière-pour et est positionné de façon rétrospective par l'objet existant. Considérons maintenant une nouvelle fois le vilain petit canard des quatre causes aristotéliciennes, la cause formelle. Pour de nombreuses raisons, la causation formelle a été malchanceuse dans le consensus post-scolastique (qu'on connait également sous le nom de

« science »). Une raison essentielle est que la causation formelle est souvent interprétée de façon téléologique, et une large partie de la science agit comme un puissant repoussoir contre la téléologie. Si nous ne devions en dire qu'un mot, voyez le mal que les téléologies ont causé : les populations non-blanches sont là « pour » être dominées ; les vaches « pour » être mangées, et ainsi de suite. Marx a écrit à Darwin une lettre admirative simplement car il reconnaissait dans *L'Origine des espèces* une sérieuse mise à mal de la perspective téléologique des formes de vie[349]. La raison OOO plus profonde qui nous amène à suspecter la téléologie, c'est qu'elle tourne les objets en morceaux qui reçoivent du sens en raison d'un quelconque « pour-cela », un but. Dans cette perspective, avant que les objets ne se voient assignés une fin comme cela, ils flottent seulement dans un royaume interstitiel : être c'est avoir un but-pour une quelconque autre entité.

Toutefois, comme je l'ai montré, des découvertes récentes en physique quantique pourraient bien ramener les causes formelles sur le devant de la scène. Serait-il possible de reconsidérer la causation formelle tout en l'arrachant de la téléologie ? Pour OOO, l'état physique d'un objet, sa forme, est une forme-pour et une formée-par : en d'autres termes, il est interobjectif et donc esthétique. Un verre est formé selon l'interaction entre le souffle et les mains du souffleur, le tube et un morceau de verre en fusion. Freud affirme que l'ego est seulement « le précipité de la cathexis d'objets abandonnés[350] ». L'usage freudien de *précipité* est incroyablement physique et en évoquant un processus chimique plutôt qu'un organisme vivant, il permet de penser sa découverte au-delà de l'humain et du vivant.

Qu'adviendrait-il donc si nous inversions cette phrase et que nous affirmions que la forme des objets serait comme leur ego ? Si l'ego est pareil à un objet, alors une telle inversion s'applique sûrement. L'identité de ce verre est la façon dont je l'utilise comme un verre en versant de l'eau dedans, et la façon dont il est façonné comme un verre. Une fois encore, il y a une profonde Fissure entre l'identité du verre et l'essence du verre, laquelle n'est pas la même chose que la différence entre un morceau de chose indifférencié et une forme définie avec une tige, un calice, un poids, un éclat et ainsi de suite. A défaut d'une meilleure façon de le dire : c'est la *différence entre le verre et le verre*. (« Quelle est la différence entre un canard ?

Une de ses pattes est pareille à l'autre. ») Le verre est un verre et un non-verre extraordinaire : p ∧ ¬ p.

Quand nous tenons le verre, nous tenons le passé, dans un sens « formel » et « matériel ». Qu'en est-il donc du présent ? Ce qui existe, ou continue d'exister, ou de persister ? Cela signifie seulement être dans la différence avec soi-même. Exister est donc futur. Ce n'est pas-encore. Le « présent » n'est pas une bulle entre le passé et le futur, ou un curseur, ou un point. Le présent est une différence-de-soi-même. La présence est une construction sensible imposée sur un extraordinaire entrelac de l'apparence et de l'essence. Ce qui est appelé *présent* est évident de l'intérieur par le « passé » et le « futur ». Nous approchons d'une interprétation OOO de la fin de la *Défense de la poésie* de Shelley, dans lequel Shelley considère les poètes comme « les hiérophantes d'une imagination incomprise, les miroirs d'ombres gigantesques que l'avenir jette sur le présent[351] ».

Puisque la causalité est esthétique, il est légitime d'utiliser la pensée de la poésie pour penser la causalité. Regardez seulement ce qu'Harold Bloom dit d'un poème : « le sens d'un poème peut seulement être un poème, mais *un autre poème – un poème qui n'est pas lui-même*[352] ». De la même façon, *le sens d'un objet est un autre objet*. Nous pouvons modifier cela légèrement pour affirmer que cet « autre objet » pourrait être extraordinairement cet objet-même, puisque les objets sont dialéthiques. En d'autres termes, l'apparence même d'un objet pourrait être le « sens » d'un objet. Mais ce n'est pas le sens d'un donné limpide : ce n'est en aucun sens un sens pareil au WYSIWYG (à une époque antérieure à Microsoft Windows, cela signifiait « *what you see is what you get* » [« ce que vous voyez est ce que vous obtenez », ndT]. C'est un sens changeant, trompeur, illusoire. Etonnamment, nous commençons à découvrir que *le passé n'est qu'une apparence*. Contrairement à l'opinion communément admise selon laquelle l'apparence est « maintenant », la cause formelle et matérielle d'une chose est seulement état passé. Cela doit signifier que *le futur est l'essence d'une chose*.

Arrêtons-nous ici pour répéter cela encore une fois : l'apparence est « le passé », l'essence est « le futur ». C'est une découverte très étrange. Traditionnellement, l'essence d'une chose est associée avec son passé. Qu'était cette chose avant que je ne la regarde, avant que je n'interagisse avec cet autre quantum ? La définition théorique quantique de la « mesure » est « le détournement d'un autre quantum ». A ce niveau, le lien entre percevoir et causer est indéniable, bien que nombreux soient ceux qui voient cela comme une invitation à l'idéalisme ou au fantaisisme New Age. Nombreux sont les problèmes des théories de la substance aristotéliciennes ou scolastiques ou du corrélationnisme postkantien (le modèle standard issu de Niels Bohr adopte précisément cette perspective) qui proviennent de cette vision de l'essence comme passé. C'est là qu'est née l'anxiété du corrélationniste et de l'idéaliste provoquée par la lumière-dans-le-frigo. Quand un arbre tombe dans la forêt... D'abord l'arbre tombe, dit-on, puis quelqu'un l'entend. Ou alors au contraire : peut-être que si j'arrêtais de penser à la lumière dans le frigo, alors il n'y aurait pas de lumière dans le frigo. Mais cela revient déjà à penser le temps comme un « objet intermédiaire » qui donne sens aux autres objets en les contenant dans son éther.

Nous savons que OOO considère tout cela comme illégitime. OOO revient aux substantialités d'Aristote, sans la téléologie implicite dans l'idée que les choses viennent d'une sorte de matière première et sont exclusivement définies par leur fonction télique : les fourchettes servent à planter, les canards à nager, les Grecs à conquérir les barbares et ainsi de suite. La forme est déliée de son *telos*. La matière devient seulement un positionnement rétroactif de l'objet qui a été formé, résultant dans l'objet « présent ». La forme et la matière sont donc des façons différentes de parler du passé et le passé est seulement l'apparence-pour d'un objet. Répétons-le : sur la surface d'un trou noir dans lequel je tombe, on voit une photographie s'évanouissant rapidement de mon visage horrifié[353]. L'apparence d'un objet est son passé : une simple considération de la relativité spéciale montrera que c'est là un fait banal[354]. Un trou noir est l'objet le plus dense possible dans l'univers, un objet duquel aucune information ne s'échappe. Dans leur aspect apparent, tous les objets sont comme la photographie de l'horizon des événements d'un trou noir.

De façon saugrenue, l'apparence n'est que l'horizon des événements d'un objet, le point « en face duquel », ontologiquement, la causalité devient signifiante. Et pourtant, même les trous noirs irradient (radiation d'Hawking). Pourquoi ? Parce qu'ils ne coïncident pas avec leur apparence. A la fin, un trou noir s'évapore. Son essence s'effondre dans son apparence.

Quand je meurs, je deviens votre souvenir de moi, les morceaux de papiers froissés dans ma corbeille[355]. L'abîme changeant et tourbillonnant ne surgit pas derrière les objets, comme il le fait dans la présentation schellingienne des trucs primordiaux[356]. Quand j'atteins une pomme dans le bol en plastique rouge dans ma cuisine, j'atteins un abysse. Même regarder la pomme, en parler ou écrire un poème à son propos, c'est plonger dans l'abysse.

Gerard Manley Hopkins écrit :

> Toute chose mortelle fait une et même chose :
> Elle exprime cet être intérieur qui en chacun demeure ;
> Elle devient soi, s'affirme, *moi-même*, dit-il en lançant des sorts,
> Criant *Ce que je fais est moi : pour ce je vins*[357].

Nous avons maintenant vu comment même ici, au milieu de la réaffirmation de l'eccéité aristotélicienne de Duns Scot (la dernière fois que le terme *ontologie* pouvait être prononcé sans un léger rougissement), il y a une différence entre « je » et « moi » : « *Ce que je fais est moi : pour ce je vins*[358]. ». Que dit une chose, qu'est-ce que le *moi* ? Pour OOO, ce qu'une chose dit est quelque-chose comme le Menteur : « cette phrase est fausse ». Les apparences sont des menteurs, mais en mentant elles disent la vérité. Le jeu sans fin des apparences est fondé de façon paradoxale : le rêve sans fin de la causalité est sous-tendu par des objets qui mentent à un niveau trop profond pour des rêves.

Le sens d'un poème est (dans le) futur. Le « *Ce que je fais est moi* » d'un poème est d'avoir été lu, récité, placé dans une anthologie, ignoré, revenu à la mémoire, traduit. Ce futur n'est pas un instant présent qui est à $n$ instants présents de distance de l'instant actuel. Ce futur est ce que Derrida appelle *l'avenir*, ce qui est à venir, ou ce que j'appelle le futur futur. En un sens strict, donc, la poésie vient du futur. Un étrange platonisme est à l'œuvre, projetant les ombres des objets à partir de leur existence indicible vers le futur futur en une coexistence causale sensuelle et esthétique. Le futur futur n'est pas un au-delà transcendantal : il n'y a pas d'au-delà dans OOO puisque cela serait un objet au-dessus par excellence. Le futur futur n'est pas non plus un « temps » dans lequel l'objet « réside ». Le futur futur est plutôt la pure possibilité de l'objet en tant que telle.

Le retrait est cette futuralité, non pas en tant que temps prévisible, parce qu'alors elle serait ontiquement donnée. La futuralité n'est pas non plus *un excès*, puisque ce concept, dont le poststructuralisme s'est amouraché, suppose un pour-qui la chose est excessive (« qui » pourrait être un télescope ou un sachet de thé autant qu'il pourrait être un humain ou un poisson). L'excès est sensible et appartient au royaume de l'apparence. Du moins l'excès appartient-il au passé d'un objet. La futuralité n'est pas non plus un vide, un écart. Peut-être le terme *ouverture* l'exprime-t-il au mieux. Le retrait est ouverture. Maintenant nous pouvons discerner plus nettement le *chōrismos* entre l'essence et l'apparence. C'est une Fissure entre l'ouverture et le faux-semblant.

Le temps n'est pas une série d'instants présents « dans lequel » les objets existent, le temps s'écoule plutôt des objets de deux façons différentes. L'inconnue et inconnaissable essence d'une chose est le futur ; la façon dont quelque chose apparaît est le passé. Tout cela est en accord avec la physique, puisque la vitesse de la lumière garantie que toute impression sensible d'une chose est une impression de son passé. Ce que j'affirme ici c'est qu'il y a une raison ontologique pour cela, à savoir que le temps découle des objets. La fixité des choses, leur histoire, leur définition et ainsi de suite, c'est le passé. L'ouverture des choses est le futur. Le présent est une fiction « objective » de quelque chose immédiatement « à portée de main » (Heidegger, *vorhanden*). La présence est la différence-de-soi, la chose évidée de l'intérieur par le passé et le futur.

La mesure donne sens au secret indicible des choses en instaurant des relations avec les isotopes de ces choses. Le sens d'une chose, donc, est pris dans ses relations, c'est-à-dire que celles-ci sont du passé. Nous ne pouvons tout simplement pas savoir ce qu'un objet est avant de l'avoir manipulé, goûté, mis dans un accélérateur à particule, ou d'avoir écrit un poème à son compte. Un photon ne peut pas non plus savoir ce qu'est un objet avant de s'y ajuster d'une certaine façon. Et même là, nous n'avons pas l'objet : nous avons notre connaissance de sa sensation, de son voltage, de sa saveur. Les relations sont ce qui établit la signification d'un objet, et ces relations sont irréductiblement le passé. De la même façon que le sens d'un rêve ou d'un poème est dans le futur, l'essence d'une relation dans l'éther sensuel qu'est la dimension causale est également dans le futur : cela n'est pas encore arrivé. Le mètre s'appuie sur le garçon, mais afin de connaître sa taille, je dois lire le mètre avec mes yeux. Le photon est dévié du réseau cristallin, mais afin de nous en dire quelque-chose, le photon doit enregistrer une trace sur une plaque photographique. Ainsi le temps se déroule à partir des relations entre et dans les objets. Et donc nous ne pouvons pas spécifier (à part de façon ontique ou ontothéologique) ce qui arrive avec ces relations.

Le relationnisme processuel essaye de réduire l'ambigüité intrinsèque des relations. La signification d'un événement est à venir. Il y a quelque-chose qui apparaît semblable à un processus dans cela ; d'où l'illusion selon laquelle les choses sont des processus. Les relations sont extraordinaires et superficielles ; il y a en elles une qualité pas-encore-advenue. Le relationnisme processuel réduit cet aspect extraordinaire, qui est, de façon ironique, une caractéristique de la réalité des relations. Car les relations sont, de façon inhérente, des clones des objets, et par conséquent, elles ont la qualité de démons, d'intermédiaires entre les choses. Et ainsi, pour l'ontologie orientée vers l'objet, l'art est de façon surprenante ce que Socrate dit de l'art dans l'*Ion* : l'art est un ajustement à une force démonique, semblable à la façon dont un aimant résonne avec un champ électromagnétique[359]. Pourquoi ? Parce que quand une relation donne à quelque chose du sens, elle patine sur la surface ontologique d'un objet, incapable qu'elle est de sonder sa profondeur secrète (j'utilise l'image de surface-profondeur de façon fantaisiste : ce patinage s'applique également aux objets en deux-dimensions et ainsi de suite). Donner du sens c'est traduire en trahissant : le sens d'une relation est une autre relation. Le temps est né de cette erreur fondamentale.

Le fait que le « sens » d'une relation est *toujours une autre relation* est une façon orientée vers l'objet d'étendre l'argument d'Heidegger à propos de la qualité futurelle du Da-sein à tous les êtres[360]. La signification des choses les unes pour les autres est impossible à spécifier, irréductible à ses plus petits composants ou à des ensembles plus larges. Pourtant cette signification n'existe pas, hantant les objets comme un fantôme. « Futurel » ne signifie pas que, à un certain point $x$, la signification des relations sera fixée. Cela signifie que les relations ont un étrange creux et une ouverture à travers leur être. Comme des peintures ou des morceaux de musique – exactement comme eux, puisque les relations sont esthétiques – les relations entre les objets sont étrangement ouvertes et cryptiques. Pourtant elles sont déterminées : elles sont seulement cette peinture, cette tragédie, ces notes de musique. Quand nous spécifions ce qu'elles sont, tout ce que nous faisons, c'est ajouter un autre ensemble de relations.

Il advient quelque-chose comme la mort dans l'acte de spécifier. La spécification saisit des ensembles de possibilités. Quand une relation subséquente s'harmonise parfaitement à la forme physique d'un objet, cet objet est détruit. Tout objet est kantien. Hume dérive la beauté du fait d'avoir un système nerveux. Mais pour Kant, la beauté est le signal de quelque-chose ontologiquement en amont des nerfs et des cerveaux. Et par conséquent Kant va offrir, malgré son corrélationnisme, un matériel pour une théorie OOO de la beauté et de la causalité. Pour cette théorie, la beauté est un état interobjectif dans lequel un objet s'harmonise à un autre.

L'harmonisation utilise la Fissure entre l'essence et l'apparence. Kant refuse de localiser la beauté « dans » aucune entité spécifique telle que les couleurs ou les sons. Faire cela reviendrait à autoriser la possibilité de fabriquer une pilule qui me donnerait toutes les sensations de la beauté, et Kant a déjà décidé que la beauté n'était pas réductible à la stimulation de certains nerfs. Pourtant la beauté est là, même si nous ne pouvons pas la spécifier. La théorie de la beauté kantienne, donc, est irréductionniste. Une théorie OOO de la causation devrait y trouver un grand intérêt. Comme un couteau avec une lame en diamant, la beauté fait son chemin dans la Fissure entre l'essence et l'apparence. D'une façon ou d'une autre, la beauté est capable de retourner un objet de l'intérieur, comme si nous pouvions, l'espace d'un instant, voir son essence dans son apparence. Ce n'est pas un accident si Lacan associe la beauté kantienne avec le sadisme, donc. Pour Keats, poser comme principe que l'urne grecque est « une mariée de paix encore immaculée » revient à fantasmer un monde dans lequel un objet peut être détruit encore et encore sans la moindre détérioration[361].

L'harmonisation expose impitoyablement l'*harmartia* d'un objet, sa blessure intérieure, sa non-identité à lui-même. Juste avant qu'il ne vole en éclats, le verre tremble, ressemblant un instant à cette bifurcation qu'a fait Aaron O'Connell, laquelle bifurcation s'harmonise en respirant. Elle ondule et puis elle finit « pour de vrai ». La beauté ignore cruellement la cohérence de l'objet, son « ego ». Dans la beauté, un objet est vaporisé. Il perd sa mémoire. Comme je l'ai affirmé plus haut, il est difficile de ne pas arriver à la conclusion que la beauté est la mort.

Quand le verre finit « pour de vrai », nous ne pouvons jamais spécifier quand ce moment a lieu exactement. Nous faisons ici face à un paradoxe du sorite : est-ce quand le verre perd un certain nombre de caractéristiques cohérentes ? Combien ? Nous ne pouvons que conclure que comme l'expérience de la beauté kantienne, la mort advient en dehors du temps analysé comme une séquence linéaire de moments. A strictement parler, rien n'est arrivé. Il n'y a pas de verre. La forme, la mémoire du verre, a disparu. Et pourtant ce moment impossible et intemporel de la belle mort est aussi la naissance d'un ensemble d'autres objets. Le verre a volé en éclats. Vingt morceaux de verre reposent éparpillés sur le sol de la salle à manger. L'un d'entre eux s'est enfoncé dans ma main. Dans cette mort, une sorte de réincarnation a eu lieu. Les propriétés formelles du verre sont transmises à des objets différents qui portent une ressemblance extraordinaire à l'original. La « matière » est seulement le terme pour la vie antérieure d'un objet : ce sont des éclats *de* verre ; c'est un cadre de photo *en* bois ; c'est un flanc de montagne *en* granite ; c'est le son *du* vent dans la cime des arbres. Un objet devient matière-pour. La forme se liquéfie en matière. Je vois des pièces anamorphiques de verre dans ma main – quelque-chose est né, et de là j'infère la mort du verre, que je ne peux pas désigner n'importe où dans mon espace donné. « L'impossible » symétrie de la fin est strictement nulle part dans un espace-temps ontiquement donné. On ne s'étonnera pas, donc, que de nombreux philosophes soient tentés de conclure que la beauté est non-physique, idéelle, et ainsi de suite. Ce que je vois autour de moi dans un espace ontique sont des distorsions, des craquelures partout, suspendues les unes au-dessus des autres, comme des partitions de musique.

Dans l'instant où un objet finit, deux modes distincts de temporalité émanent de deux sortes de relations d'objet qui se croisent. Le pas-encore futurel de la relationalité se dessine, mais il est tranché par le pouvoir objectivant d'une liaison destructive. Le chanteur d'opéra harmonise son ton parfaitement – soudainement le verre arrive à une fin. Pourtant un cône de temps émane vers le « passé », positionnant rétroactivement un ensemble d'objets entièrement nouveau : hey, voilà un bout de verre dans mon doigt. Rappelez-vous que le sublime est la découverte de la proximité d'un objet

(Chapitre 2). L'objet est toujours déjà là, avant que je ne l'atteigne avec un autre ensemble de relations. Il n'arrive jamais que le verre disparaisse et « puis » que les bouts de verre naissent. Les deux événements adviennent dans différentes dimensions ontologiques. Le verre oublie qu'il est un verre, il abandonne sa verrité quand l'harmonisation destructive expose ses qualités non-verriques. Regardez une vidéo au ralenti du verre volant en éclat suite à une vague de son particulièrement harmonisée. Le verre chancelle, respire, et puis le verre cesse de respirer et vole en éclat. Nous ne pouvons pas spécifier quand le verre devient le non-verre. Ce devenir advient en dehors du temps linéaire, dans ce que Heidegger appelle le *Moment*[362]. Et pourtant quelque chose d'autre est en train d'arriver. De nouvelles relations sont en train de naître qui contraignent et limitent les choses, offrant un tout nouveau « pour » à la matière-pour. Le verre est oublié – non par nous, mais par les éclats, qui portent maintenant des traces anamorphiques de la mémoire du verre. Le temps s'écoule de la brisure et de nouveaux objets ignorent merveilleusement leur fragilité, pris dans le réveil temporel des choses environnantes. Quelque-chose est mort, et pourtant cette mort ne peut être trouvée nulle part dans les objets objectivement présents. Presque tout continue ainsi sa route, de façon insouciante : il ne sert à rien de pleurer sur le lait qu'on a renversé par terre.

## Conclusion

## Un étrange Aristote

Graham Harman a découvert un récif de corail gigantesque et composé d'étranges entités en-dessous du Da-sein sous-marin d'Heidegger, lequel est lui-même à une profondeur ontologique bien en-dessous de la surface agitée de la philosophie, assaillie par les vents de l'épistémologie et infestée par les requins du matérialisme, de l'idéalisme, de l'empirisme et de la plupart des autres -ismes qui ont défini ce qui est et ce qui n'est pas au cours des derniers siècles. Alors que le terme « ontologie » était laissé de côté comme un morceau de vieux chewing-gum déjà mâché que tout le monde voulait éviter, l'ontologie orientée vers l'objet (OOO) l'a ramené sous les projecteurs. Le récif de corail ne va pas disparaître et une fois que vous l'avez découvert, vous ne pouvez pas revenir en arrière. Et ce récif semble grouiller de faits étranges. Le premier fait est que les entités dans le récif – nous les appelons « objets » de façon un peu provoquante – constituent tout ce qu'il y a : des doughnuts aux requins bulldogs à Dog Star, aux dobermans, jusqu'à Snoop Dogg. Les gens, les pinces-à-linge, les piranhas et les particules sont tous des objets. Et ils partagent des points communs à cette profondeur. Il n'y a pas tant de différence entre la vie et la non-vie (comme c'est le cas dans la science de la vie contemporaine). Et il n'y a pas tant de différence entre l'intelligence et la non-intelligence (comme c'est le cas dans la théorie de l'intelligence artificielle contemporaine). Beaucoup de ces différences sont faites par les êtres humains pour les êtres humains (anthropocentrisme).

La causalité est une zone où une certaine action prend place : la chaleur irradie, les balles volent, les armées sont défaites. Quelle action prend place ? Faisons ici appel à Alphonso Lingis : « ce n'est pas quelque-chose qui est tout simplement ce qu'elle est, ici et maintenant, sans mystère, mais quelque-chose comme une quête … une sonorité appelant à des échos et des réponses sur son chemin … de l'eau cherchant sa liquidité dans la lumière du soleil qui ondule sur les cyprès au fond du jardin[363] ». Si, comme je l'ai suggéré plus tôt, il n'y a pas de différence fonctionnelle entre la substance et les accidents ; s'il n'y a pas de différence entre percevoir et faire ; s'il n'y a pas de différence réelle entre la conscience et la non-conscience – alors la causalité elle-même est un phénomène esthétique étrange et ultimement non-local. Un phénomène, en outre, qui émane des objets eux-mêmes, tremblant en face d'eux comme l'illusion réelle et incroyablement belle convoquée dans la citation de Lingis. La phrase de Lingis fait ce qu'elle dit, jetant un sort mystérieux et puissant, le sort de la causalité, comme un champ de force démonique. Une illusion réelle : si nous savions que c'était une illusion, si ce n'était qu'une illusion, elle cesserait de trembler. Elle ne serait plus une illusion du tout. Nous serions dans le réel de la non-contradiction. Puisque c'est comme une illusion, nous ne pouvons jamais être sûrs : « ce qui constitue le faux-semblant… ». L'ambiguïté de la dimension esthétique est un signal radio de l'être dialéthéique des objets.

Son refus d'accepter l'illusion a peut-être bien poussé Heidegger vers le nazisme. Heidegger comprend que la vérité ne consiste pas simplement à rendre « objectivement présentes » les assertions à propos des choses « objectivement présentes ». La vérité est un événement dans le monde, une sorte d' « action de vérité » dans laquelle la vérité et la non-vérité sont co-émergentes : « toute nouvelle découverte part, non du fondement du descellement complet, mais du point de départ de la découverte dans le mode de l'illusion. Les êtres semblent être …, c'est-à-dire, sont, d'une certaine façon, déjà découverts, et pourtant ils sont toujours déformés[364] ». Heidegger descend à ce niveau de profondeur ontologique sans beaucoup de protection. Il pensait qu'il avait touché un soubassement authentique, et de façon terriblement ironique, c'était bien le cas. Mais voyager en de telles profondeurs requiert une sorte de protection cognitive – ce sont les eaux dans lesquelles le mysticisme bouddhique nage, comme Heidegger lui-même en avait l'intuition. La profondeur pourrait bien vous rendre fou. Pourquoi ? Parce qu'il n'y a aucune garantie. La protection qu'un bouddhiste a à cette profondeur est la protection du vide : non pas une armure solide ou une robuste combinaison de plongée, mais un sens léger de l'ouverture et du caractère illusoire des choses, sans cynisme.

Incapable de tolérer l'illusion, Heidegger l'a reléguée à une fonction du Da-sein qui serait confus, pris dans « le On » et ainsi de suite. En d'autres termes, il réinvente un peu la roue : il réinstalle lui-même un peu de ce programme de la « substance objective » qui nous a mis dans le pétrin. Bien qu'il pense (et précisément parce qu'il le pense) qu'il soit allé au-delà de la présence objective, il réifie l'être en une authenticité qui revient à déchirer l'illusion. Il y a ici le fantasme d'une vision du sous-bassement réel. Dans une tempête politique complète, ce discours d'authenticité faisait écho au discours d'authenticité du nazisme[365]. C'est une véritable tragédie, parce que le tunnel vers le futur suppose une forme d'engagement avec Heidegger. Mais son seul nom donne aux gens des réactions allergiques.

L'histoire d'Heidegger est un conte prudent à propos du corrélationnisme, en réalité. Juste après sa discussion de l'illusion et le déchirement de cette illusion par l'authentique Da-sein, Heidegger expose sa pensée corrélationniste dans les termes les plus explicites : « les lois de Newton, la loi de contradiction, et toute vérité quelle qu'elle soit, ne sont vraies que dans la mesure où le Da-sein est[366] ». Maintenant, mettre les lois de Newton – lesquelles vont de concert avec une certaine forme de preuve mathématique – à côté de la loi de non-contradiction, laquelle est trop souvent prise comme parole d'évangile, en dit déjà long. Cela semble aller de pair avec l'insistance d'Heidegger quant au fait qu'il ne dise pas pour autant que la vérité soit tout simplement « subjective ». Car une perspective sur le Da-sein qui se cramponnerait à la LNC serait presque suffisante pour se mettre dans le pétrin, comme nous l'avons vu. Heidegger insiste donc sur le fait que la vérité n'est pas « subjective », même si « elle est relative à l'être du Da-sein[367] ».

Le corrélationnisme lui-même ne fonctionne que s'il y a une sorte de phobie de l'illusion. Par conséquent, une trajectoire du corrélationnisme culmine dans le nazisme. Le corrélationnisme lui-même nourrit le terreau du nazisme, puisqu'afin d'échapper à ses paradoxes, on pourrait se retirer toujours plus loin dans une forme extrême d'anthropocentrisme : le Dasein est humain, et le Da-sein allemand est le meilleur. Heidegger fournit une critique brillante du scepticisme – y a-t-il jamais eu, d'ailleurs, un *vrai* sceptique, si on laisse de côté les affirmations dialectiques critiques ? Mais c'est précisément ici qu'Heidegger introduit « le désespoir du suicide ». Être sceptique c'est avoir « oblitéré le Da-sein et donc la vérité[368] ». On voudrait dire, comme l'on pourrait bien dire à un amant qui aurait hurlé un juron de façon impromptue, « mais d'où diable *cela* venait-il ? ». On aurait bien envie de dire : « Attends un instant, Martin. Tu étais en train d'expliquer comment aucune « harmonisation », aucune position conceptuelle ou émotionnelle ne se débarrassait du Da-sein ». Il y a un instant, nous étions en train d'explorer la vérité et la fragilité du scepticisme, et soudainement, nous voilà avec « l'oblitération » de la vérité et le désespoir qui mène au suicide. La réfutation du scepticisme est *trop* brillante, elle est surfaite : quelque chose est négligé – s'il n'y a jamais eu un véritable sceptique sur Terre, pourquoi diable se préoccuper du suicide tout à coup ? C'est une situation de surcompensation, un symptôme d'une anxiété profonde quant à la vérité et l'illusion. Pourquoi tuer quelque chose qui ne pourrait pas vraiment exister ?

OOO nous fournit une autre sorte de combinaison de sécurité précisément sur la question de « voir la vérité ». Puisque toutes les relations causales, notamment voir, adviennent dans une dimension esthétique, il n'y a aucune façon de voir la chose « réelle » « en-dessous » de l'illusion. Heidegger ne parvient pas à voir que le caractère illusoire est là où toute l'action est. *La magie réaliste* a voulu dire exactement la même chose – mais de façon positive.

Aristote a décidé que « ce-qui-vient-à-l'être » est « un changement dans [la] matière perceptible » d'un objet. En revanche, cesser d'être, « partir », c'est « quand il y a un changement dans la matière invisible[369] ». *La magie réaliste* a affirmé quelque-chose qui semble être le contraire. La venue à l'être d'un objet est l'ouverture d'une nouvelle Fissure entre l'essence et l'apparence. Cette fissure est unique, de la même façon que l'objet est unique. La Fissure n'est pas un vide ou un abîme : elle est « ce qui constitue le faux-semblant ». C'est l'effondrement de la Fissure, non un changement dans l'invisibilité, qui écrit la fin d'une chose. Dans la mort, les choses apparaissent : les cendres, les photographies, les ongles qui continuent à pousser, le profond deuil dans quelqu'un d'autre. En un sens plus large, toutefois, *La magie réaliste* ne fait que replacer Aristote dans un espace conceptuel plus large, d'une façon qu'Aristote n'aurait pourtant pas anticipée. C'est seulement que l'apparence et la disparition des choses adviennent dans le règne sensible, et non dans une zone d'absence de qualités « en-dessous » de celle-ci. Et ce n'est pas parce qu'il n'y a pas de substances réelles, mais parce que justement il y en a.

De la même façon, *La magie réaliste* a remis l'assaut humien dévastateur contre la causalité dans un espace plus large. La science post-aristotélicienne est endettée vis-à-vis du compte-rendu que fait Hume de la causalité, mais cela pose un problème. La science qui repose sur les théories probabilistes manque d'une théorie de la causalité puisque, précisément, comme Hume, elle est seulement capable de dire que les données sont statistiquement corrélées[370]. Et la philosophie tend, depuis ce moment, à voir les objets comme des faisceaux de qualités[371]. La raison pour laquelle nous avons toujours seulement des associations et des corrélations statistiques est que la causalité est en effet un jeu de perceptions semblable à une illusion à un niveau phénoménal. Mais cela est dû à une raison que Hume ne pouvait pas saisir. La raison pour ce jeu d'illusion est l'existence d'objets réels.

Kant a transcendé Hume dans la mesure où il a découvert une région des jugements synthétiques qui est toujours déjà en place avant les jugements analytiques. Ces jugements synthétiques sont fondés sur l'expérience. Kant affirme qu'il doit toujours déjà y avoir un positionnement des choses comme … afin que l'expérience puisse avoir lieu[372]. Kant ne comprend pas vraiment ce qu'il a découvert ici[373]. *La magie réaliste* a permis de préciser que ce que Kant appelle le jugement synthétique est une partie de l'espace causal qui est intrinsèquement esthétique. Cet espace n'existe uniquement que comme manifestation ouverte et secrète d'objets irréductiblement en retrait. La Chose kantienne est donc toujours déjà un effet esthétique, un fait que *La Critique du jugement* de Kant semble assurer quand elle place l'expérience esthétique comme fondation des jugements esthétiques. Ironiquement, Kant autorise certains phénomènes tels que l'espace et le temps à être semblables à des objets dans le sens que ce livre décrit, parce qu'ils sont des réflexes de la conscience. Ce sont des *quanta*, des unités qui ne sont pas encore divisibles jusqu'à ce qu'une machinerie analytique se mette au travail[374]. Dans *La magie réaliste*, pourtant, l'espace et le temps ne sont que des propriétés émergentes des objets en général, et non pas simplement la façon dont « la pure forme de l'intuition sensible » (et ainsi de suite) se manifeste[375]. Pris dans le cercle corrélationniste, Kant était incapable de se rendre compte que sa découverte de la conscience pure pouvait se développer jusqu'à devenir un compte-rendu phénoménologique de l'intention, ce qui à son tour pouvait conduire à l'exposition de la prise en compte des objets en tant qu'intensément, ouvertement/secrètement eux-mêmes qu'en fait Harman.

Que s'est-il passé dans *La magie réaliste* ? Il y a eu un retour à un étrange Aristote non-théiste. Cet Aristote a été abandonné au début de l'époque moderne, quand Descartes, Newton et Leibniz (parmi d'autres) ont mis la scolastique en pièces. La science telle que nous la connaissons est apparue avec sa rigueur et son doute, fondée sur les mathématiques. Au même moment, l'épistémologie est devenue le jeu philosophique dominant, fondée une nouvelle fois sur le doute que Descartes a placé au centre de ses *Méditations*. Cela a ouvert la voie au corrélationnisme de Kant. Kant pensait qu'il avait fini le boulot en mettant la métaphysique traditionnelle sur une petite île de jugements analytiques au centre d'un vaste océan de jugements synthétiques. Cet événement a aussi marqué le moment où la rhétorique et la logique ont pris des chemins différents, donnant naissance au discours de l'esthétique contemporain. *La magie réaliste* est retournée à Aristote sans la nature, sans les causes matérielles et finales, et sans le Premier Moteur.

Cet Aristote ne repose pas non plus sur la Loi de Non-Contradiction. Ce n'est pas seulement l'Aristote de la causalité formelle, mais aussi celui de la *Poétique* avec son argument toujours mal compris concernant les débuts, les milieux et les fins. *La magie réaliste* a, comme toutes les autres formes de OOO, radicalisé Kant en le dé-anthropocentrisant. Le corrélat du monde-humain est seulement un des milliards de corrélats du monde des choses. Ce faisant, *La magie réaliste* a contourné la « solution » hégélienne à Kant : je ne peux pas connaître une chose en elle-même, mais me voilà, pensant cela, et donc je peux le faire. Et pourtant, j'ai retenu cette idée hégelienne selon laquelle les choses peuvent être contradictoires avec elles-mêmes.

*La magie réaliste* est retournée à Aristote, mais non pas à partir d'un désir régressif d'effacer les avancées de la modernité et de revenir à un régime théocratique oppressif. C'est simplement que la modernité est maintenant parvenue à une certaine limite. Cette limite est caractérisée par, pour ne citer que des exemples trop brefs, l'apparition décisive de non-humains dans un espace social, psychique et philosophique humain. L'émergence écologique actuelle consiste précisément en cette apparition. Quelques paradoxes profonds concernant la Loi de Non-Contradiction ont aussi émergé au sein même de cette pensée des mathématiques qui fondait la science moderne (Cantor, Hilbert, Russell, Gödel, Turing[376]). Les êtres contradictoires que cette lignée des mathématiques et de la logique a découvert a nécessité une attention aux façons par lesquelles la logique elle-même aurait peut-être besoin de violer la LNC, la Loi de Non-Contradiction, surtout quand on en vient à penser les objets. Que cela semble être le cas malgré le fait que la pensée moderne se fonde sur LNC, ne prouve que davantage le fait que les êtres humains sont maintenant en train de quitter la modernité. Pendant ce temps, la physique a découvert la causalité formelle dans la forme d'interactions quantum non-locales. Je considère ces événements comme des symptômes de la pression exercée par les êtres réels sur la fenêtre de la connaissance moderne et sa tendance à l'épistémologie.

Ces êtres exercent une pression sur le verre comme des visages extraordinaires dans un tableau de l'expressionniste James Ensor. Ils sont ce que OOO appelle des objets, et il est temps de les laisser rentrer – ou plutôt, de nous laisser sortir.

## Notes

1. P.M. Dawn, "Set Adrift on Memory Bliss," *Of the Heart, of the Soul, and of the Cross* (Gee Street, Island, 1991); disponible sur https://www.youtube.com/watch?v=0AOVf9p9ht4.

2. Spandau Ballet, "True," *True* (Chrysalis Records, 1983); Wham! "Careless Whisper," Make It Big (Columbia, 1984); A Tribe Called Quest, "Bonita Applebum," *People's Instinctive Travels and the Paths of Rhythm* (Jive Records, 1990); The Pointer Sisters, "Neutron Dance," Break Out (Planet, 1984); PM Dawn, "Reality Used to be a Friend of Mine," *Of the Heart, of the Soul, and of the Cross*; Julian Lennon, "Too Late for Goodbyes" (Atlantic, Charisma, 1984).

3. Le terme « en retrait » [en anglais *withdrawn*, ndT] vient de la traduction que Graham Harman fait du concept heideggérien d'Entzug. Pour plus de details, voir Graham Harman, *Tool-Being: Heidegger and the Metaphysics of Objects* (Peru, IL: Open Court, 2002).

4. Sigmund Freud, *The Ego and the Id*, tr. Joan Riviere, revised and ed. James Strachey, intro. Peter Gay (New York: Norton 1989), 24. Je remercie James Manos qui m'a le premier suggéré cette notion.

5. Jacques Lacan, *Le séminaire, Livre III: Les psychoses* (Paris: Éditions de Seuil, 1981), 48.

6. J'emprunte ce terme à Graham Harman, voir *Guerrilla Metaphysics: Phenomenology and the Carpentry of Things* (Chicago: Open Court, 2005), 33–44.

7. Erik M. Gauger et al., "Sustained Quantum Coherence and Entanglement in the Avian Compass," *Physical Review Letters* 106 (January 28, 2011), DOI 10.1103/PhysRevLett.106.040503.

8. Lucretius, *On the Nature of Things*, tr. William Ellery Leonard (Internet Classics Archive, MIT, http://classics.mit.edu/Carus/nature_things.4.iv.html), 4.26–215. Voir Levi Bryant, "Of the Simulacra: Atomic Images (Lucretius)," http://larvalsubjects.wordpress.com/2012/04/24/of-the-simulacra-atomic-images-lucretius/.

9. Bertrand Russell, *Human Knowledge* (New York: Simon and Shuster, 1948), 491.

10. Plato, *Ion* tr. Benjamin Jowett, disponible sur http://classics.mit.edu/Plato/ion.html (dernier accès le 25 juin, 2012).

11. Je suis reconnaissant à Bill Benzon pour notre conversation ininterrompue sur ces questions.
12. Le terme de Harman est extrait de *Prince of Networks: Bruno Latour and Metaphysics* (Melbourne: Re.Press, 2009), 215.
13. René Descartes, *Meditations and Other Metaphysical Writings*, tr. and intro. Desmond M. Clarke (London: Penguin, 1998, 2000), 22–24.
14. Quentin Meillassoux, *After Finitude: An Essay on the Necessity of Contingency*, tr. Ray Brassier (New York: Continuum, 2009), 28–49.
15. Quentin Meillassoux, *After Finitude*, 100.
16. Gerard Manley Hopkins, *The Major Works*, ed. Catherine Phillips (Oxford: Oxford University Press, 2009).
17. Jacques Lacan, *Le séminaire*, 48.
18. John Duns Scotus, *Philosophical Writings*, tr. Allan Wolter (Indianapolis: Hackett, 1987), 166–167.
19. Jay Garfield and Graham Priest, "Nagarjuna and the Limits of Thought," *Philosophy East and West* 53.1 (January, 2003), 1–21 (4). Le terme de *closure* qui est utilisé n'a pas d'équivalence stricte en français. Puisque le terme *d'inclosure* ou enclosure, a pénétré dans la langue française au cours du 19ème siècle, nous avons toutefois décidé de garder les concepts de *closure* et *d'inclosure* tels quels [ndT].
20. Charles Darwin fait la même analogie avec l'étymologie. Aucune étude du dialecte ne peut véritablement préciser le premier locuteur d'un mot, pour la simple et bonne raison que, pour qu'il puisse exister, un mot doit être répété : *The Origin of Species*, ed. Gillian Beer (Oxford and New York: Introduction 39 Oxford University Press, 1996). Gillian Beer, Introduction, The Origin of Species, xix.
21. Je fais ici référence à la moisissure vomi-de-chien, *Fuligo septica*.
22. Ray Brassier, "Behold the Non-Rabbit: Kant, Quine, Laruelle," *Pli* 12 (2001), 50–82.
23. François Laruelle, *Philosophies of Difference: A Critical Introduction to NonPhilosophy* (New York: Continuum, 2011).
24. William Blake, *Auguries of Innocence, 1. The Complete Poetry and Prose of William Blake*, ed. David V. Erdman (New York: Doubleday, 1988).
25. Graham Priest, *In Contradiction: A Study of the Transconsistent* (Oxford: Oxford University Press, 2006), 5–6, 42, 103, 185.
26. Quentin Meillassoux, *After Finitude*, 76–79.
27. Martin Heidegger, *What Is a Thing?* tr. W.B. Barton et Vera Deutsch, analyse de Eugene T. Gendlin (Chicago: Henry Regnery, 1967), 198–199.
28. Phil Dowe, *Physical Causation*, 17, 25, 59, 63–64.
29. Plato, *The Republic*, tr. Desmond Lee (Harmondsworth; Penguin, 1983), 317–324 (514a–520a).
30. David Bohm, *Quantum Theory* (New York: Dover, 1989), 99–115.
31. Aaron O'Connell, M. Hofheinz, M. Ansmann, Radoslaw C. Bialczak, M. Lenander, Erik Lucero, M. Neeley, D. Sank, H. Wang, M. Weides, J. Wenner, John M. Martinis and A. N. Cleland, "Quantum Ground State and Single

Phonon Control of a Mechanical Ground Resonator," *Nature* 464 (March 17, 2010), 697–703.

32. Il me faut ici rendre hommage à l'article de Levi Bryant, "The Mug Blues," a multivalent pun on essence versus appearance: *The Democracy of Objects* (Ann Arbor: Open Humanities Press, 2011) 87–94.

33. Graham Priest, *In Contradiction* 9–27.

34. Graham Priest, *In Contradiction*, 17–23.

35. Haimon, dans *Antigone*, tr. R.C. Jebb, http://classics.mit.edu/Sophocles/antigone.html.

36. Martin Heidegger, *Being and Time*, tr. Joan Stambaugh (Albany, N.Y: State University of New York Press, 1996), 20. Note du traducteur : Étant donné l'importance du texte d'Heidegger dans cet ouvrage et les difficultés reconnues de ses traductions, nous référons en général à la traduction anglaise utilisée par Timothy Morton et ne faisons référence à la traduction française d'Emmanuel Martineau que lorsque celle-ci semble nécessaire pour clarifier le sens du propos.

37. Ian Bogost, *Alien Phenomenology or, What It's Like to Be a Thing* (Minneapolis: University of Minnesota Press, 2012), 1–34.

38. Graham Harman, "Object-Oriented Philosophy," *Towards Speculative Realism: Essays and Lectures* (Ropley: Zero Books, 2010), 93–104 (95).

39. Stephen Bates, "Banksy's Gorilla in a Pink Mask" Is Painted Over," *The Guardian* (July 15, 2011), http://www.guardian.co.uk/artanddesign/2011/jul/15/banksygorilla-mask-painted-over (dernier accès le 16 septembre 2011). Voir Bobby George, [auparavant http://dreamduke.tumblr.com/post/7657062564/bansky].

40. Considérez, en particulier, *The Truth in Painting*, tr. Geoffrey Bennington and Ian McLeod (Chicago and London: University of Chicago Press, 1987).

41. John T. Dugan, *Star Trek*, "Return to Tomorrow," February 9, 1968; Henry Laycock, "Some Questions of Ontology," *The Philosophical Review* 81 (1972), 3–42. Voir aussi Arda Denkel, *Object and Property* (Cambridge: Cambridge University Press, 2007), 188–194.

42. Martin Heidegger, *Being and Time*, tr. Joan Stambaugh (Albany, N.Y: State University of New York Press, 1996), 66.

43. Martin Heidegger, *Being and Time*, 66.

44. Le terme *irréduction* est dérivé de Bruno Latour : *The Pasteurization of France*, tr. Alan Sheridan and John Law (Cambridge, Mas.: Harvard University Press, 1993), 191, 212–238.

45. Graham Harman, *The Quadruple Object* (Ripley: Zero Books, 2011), 7–18.

46. Ce n'est pas ici l'endroit pour entamer un débat à propos de la théorie quantique, mais j'ai affirmé que les quanta n'était également pas en accord avec un monde dont je ne peux pas parler puisqu'il est seulement réel une fois mesuré. Ce monde est celui du Modèle Standard proposé par Niels Bohr et critiqué par De Broglie et Bohm (et maintenant le cosmologiste Valentini, entre autres). Voir Timothy Morton, "Here Comes Everything: The Promise of Object-Oriented Ontology," *Qui Parle* 19.2 (Spring– Summer, 2011), 163–190.

47. John Donne, *Holy Sonnets* 15, in *The Major Works: Including Songs and Sonnets and Sermons*, ed. John Carey (Oxford: Oxford University Press, 2009).

48. Edward O. Wilson, *Consilience: The Unity of Knowledge* (New York: Knopf, 1998).

49. Harman utilise le terme de *patate chaude* pour décrire la façon dont les théories relationnistes intègrent et excluent l'objet : *Guerrilla Metaphysics: Phenomenology and the Carpentry of Things* (Chicago: Open Court, 2005), 82.

50. Paul Tillich, *Systematic Theology* 1 (Chicago: University of Chicago Press, 1951), 188.

51. Martin Heidegger, *What Is a Thing?* (Chicago: Henry Regnery, 1967), 19–20.

52. Martin Heidegger, *What Is a Thing?*, 243.

53. Albert Einstein, *Relativity: The Special and the General Theory* (London: Penguin, 2006); Petr Horava, "Quantum Gravity at a Lifshitz Point," arXiv:0901.3775v2 [hep-th].

54. Levi Bryant, *The Democracy of Objects* (Ann Arbor: Open Humanities Press, 2011), 73–77, 152, et 208–227.

55. Immanuel Kant, *Critique of Pure Reason*, tr. Norman Kemp Smith (Boston and New York: Bedford/St. Martin's, 1965), 51.

56. Leo Spitzer, "Milieu and Ambiance," in *Essays in Historical Semantics* (New York: Russell and Russell, 1948; repr. 1968), 179–316.

57. Je note en passant que les physiciens Stephen Hawking et Basil Hiley ont tous les deux parié qu'il n'y a pas de Higgs.

58. Ian Bogost pense les objets comme des unités : *Unit Operations: An Approach to Videogame Criticism* (Cambridge: MIT Press, 2008).

59. Mark Heller, *The Ontology of Physical Objects: Four-Dimensional Hunks of Matter* (Cambridge: Cambridge University Press, 2008), 1–29.

60. Mark Heller, *Ontology*, 75.

61. C'est le cas selon l'aveu même que fait Heller : *Ontology*, 47–49, 68–109.

62. David Bohm, *The Special Theory of Relativity* (London: Routledge, 2006), 159–174, 175–176.

63. Maurice Merleau-Ponty, *Phenomenology of Perception*, tr. Colin Smith (New York: Routledge, 1996), 67–69.

64. Il s'agit de l'ensemble lacanien pas-tout : voir ici Levi Bryant, *The Democracy of Objects*, 250, 253, 255–257.

65. Il s'agit de la phrase de Spinoza : *Ethics*, ed. et tr. Edwin Curley, intro. Stuart Hampshire (London: Penguin, 1996), 174.

66. Cela est bien plus spécifique que le simple empirisme sceptique, lequel dit que l'objet est perçu de différentes façons par différents observateurs. C'est également remarquablement différent de l'idéalisme pour lequel être perçu revient à exister. Il y a réellement un objet là et mon expérience de cet objet n'est pas seulement « une autre perspective sur la même chose ». Ma relation avec l'objet constitue un royaume entièrement unique. Cela donne une nouvelle jeunesse à l'idée bouddhiste selon laquelle différents êtres conscients habitent différentes sortes de réalité. Loin de l'idéalisme *esse est percipi*, ce que cela signifie est qu'il y a des objets réels et qu'ils sont en retrait. Si un être infernal boit un verre d'eau, cela aura le goût du plomb fondu. Si un fantôme affamé boit un verre d'eau, cela aura le goût

de pus. Pour les microbes, ils sont chez eux dans l'eau. Pour les humains, l'eau étanche leur soif. Comment l'eau peut-elle faire tout cela ? Parce qu'elle existe.

67. Ceci est pour étendre et modifier la notion selon laquelle « il n'y a pas de métalangage », en d'autres termes, il n'y a pas de lieu privilégié en dehors de la réalité à partir duquel nous pourrions voir correctement. OOO défend cet élément du poststructuralisme mieux que ne le fait le poststructuralisme lui-même. En retournant à la phénoménologie, OOO permet une « sincérité » incluant tout, laquelle rend la distance cynique impossible. Pourtant, en même temps, cette sincérité particulière est chargée d'ironie, comme une tempête est chargée d'électricité. Et en déplaçant la question de l'épistémologie à l'ontologie fondamentale, OOO empêche qu'une quelconque suffisance ou distance ne se taille un chemin dans l'attitude que « il n'y a pas de métalangage » façonne.

68. Mark Heller, *Ontology*, 84.

69. Graham Harman, *Guerrilla Metaphysics*, 82.

70. Aristotle, *Metaphysics*, tr. et intro. Hugh Lawson-Tancred (London: Penguin, 2004), 88, 89–97, 98–103.

71. Jacques Lacan, *Le séminaire, Livre III: Les psychoses* (Paris: Éditions de Seuil, 1981), 48.

72. Mark Heller, *Ontology*, 70–72, 80–81.

73. Mark Heller, *Ontology*, 94–96.

74. David Lewis, "Many, but almost One," in John Bacon, Keith Campbell and Lloyd Reinhardt, eds., *Ontology, Causality and Mind: Essays in Honor of D. M. Armstrong* (Cambridge: Cambridge University Press, 2008), 23–42 (26–28).

75. Arda Denkel, *Object and Property* (Cambridge: Cambridge University Press, 2007), 82–83, 211–212. Peter Geach, "Ontological Relativity and Relative Identity," in Milton K. Munitz, ed., *Logic and Ontology* (New York: New York University Press, 1973), 287–302.

76. J'utilise ici la structure-comme, une notion heideggérienne de Graham Harman : *Tool-Being: Heidegger and the Metaphysics of Objects* (Peru, IL: Open Court, 2002), 8–9, 40–49.

77. David Lewis, "Many, but almost One," 23.

78. Peter Unger, "The Problem of the Many," *Midwest Studies in Philosophy* 5 (1980), 411–467.

79. Shinji Nishimoto et al., "Reconstructing Visual Experiences from Brain Activity Evoked by Natural Movies," *Current Biology* 21 (2011), 1–6, doi:10.1016/j.cub.2011.08.031.

80. Graham Harman, *The Quadruple Object*, 13–16.

81. Alexander Pope, "Windsor Forest," *The Poems of Alexander Pope: a One-Volume Edition of the Twickenham Text, with Selected Annotations*, ed. J. Butt (London and New York: Routledge, 1989).

82. Voir Margaret A. Boden, ed., *The Philosophy of Artificial Intelligence* (Oxford and New York: Oxford University Press, 1990).

83. Martin Heidegger, *Being and Time*, 22.

84. Iain Hamilton Grant, "Suprematist Ontogony and the Thought Magnet," *Object-Oriented Thinking*, Royal Academy of Arts, July 1, 2011.

85. José Ortega y Gasset, *Phenomenology and Art*, tr. Philip W. Silver (New York: Norton, 1975), 63–70; Harman, Guerrilla Metaphysics, 39, 40, 135–143, 247.

86. W.D. Richter, Dir., *The Adventures of Buckaroo Banzai across the Eighth Dimension* (20th Century Fox, 1984).

87. Jacques Lacan, *Écrits: A Selection*, tr. Alan Sheridan (London: Tavistock, 1977), 311.

88. Danièle Moyal-Sharrock, "Words as Deeds: Wittgenstein's 'Spontaneous Utterances' and the Dissolution of the Explanatory Gap," *Philosophical Psychology* 13.3 (2000), 355–372.

89. Voir ici, par exemple, David Deutsch, *The Fabric of Reality: The Science of Parallel Universes—and Its Implications* (London: Penguin, 1998).

90. Phil Dowe, *Physical Causation* (New York: Cambridge University Press, 2000), 14–29.

91. Judea Pearl, *Causality: Models, Reasoning, and Inference* (Cambridge: Cambridge University Press, 2010), 78–85.

92. Al-Kindi, "The One True and Complete Agent and the Incomplete 'Metaphorical' Agent," in *Classical Arabic Philosophy: An Anthology of Sources*, tr. and intro. Jon McGinnis and David C. Reisman (Indianapolis: Hackett, 2007), 22–23.

93. Phil Dowe, *Physical Causation*, 123–145.

94. Cette relation entre différentes échelles temporelles devient apparente dans l'œuvre de Werner Herzog, *Cave of Forgotten Dreams* (IFC, Sundance, 2010), un documentaire sur les peintures de la grotte de Chauvet, 30 000 avant notre ère.

95. David Bohm, *Quantum Theory* (New York: Dover, 1989), iii–v, 167; *The Special Theory of Relativity* (London: Routledge, 2006), 217–218.

96. L'effet Casimir associe les unes avec les autres les roues à l'échelle nano : Anon., "Focus: The Force of Empty Space," *Phys. Rev. Focus* 2, 28 (December 3, 1998), DOI: 10.1103/ PhysRevFocus.2.28, disponible sur http://physics.aps.org/story/v2/st28, dernier accès le 27 juin 2012.

97. Al-Ghazali, *The Incoherence of the Philosophers*, tr. Sabid Ahmad Kamali (Lahore: Pakistan Philosophical Congress, 1963). Voir aussi Graham Harman, *Guerrilla Metaphysics*, 92–93.

98. Nagarjuna, *The Fundamental Wisdom of the Middle Way*, tr. and commentary Jay L. Garfield (Oxford: Oxford University Press, 1995), 28–30.

99. Eleanor Rosch, "Is Causality Circular? Event Structure in Folk Psychology, Cognitive Science and Buddhist Logic," *Journal of Consciousness Studies* 1.1 (Summer 1994), 50–65.

100. Jacques Lacan, *Le séminaire*, 48.

101. Moses Maimonides, *Guide for the Perplexed*, http://www.sacred-texts.com/jud/gfp/gfp008.htm, dernier accès le 18 août 2012.

102. Timothy Morton, *The Ecological Thought* (Cambridge: Harvard University Press, 2010), 14–15, 17–19, 38–50.

103. Graham Harman, *Guerrilla Metaphysics*, 33–44, 77, 81–84, 84–87.
104. Allan Kaprow, "Education of the Un-Artist 1," "Education of the Un-Artist 2," in *Essays on the Blurring of Art and Life*, ed. Jeff Kelley (Berkeley: University of California Press, 2003) 97–109, 110–126; Theodor Adorno, *Aesthetic Theory*, tr. and ed. Robert Hullot-Kentor (Minneapolis: University of Minnesota Press, 1997), 103–105.
105. Jacques Lacan, *Écrits: A Selection*, tr. Alan Sheridan (London: Tavistock, 1977), 311.
106. Martin Heidegger, *Being and Time*, 25; 23–34 sont ici tout à fait intéressants.
107. Gregory Petsko, "Save University Arts from the Bean Counters," *Nature* 468.1003 (published online, December 22, 2010), doi:10.1038/4681003a.
108. Voir ici, par exemple, Martha Nussbaum, *Not for Profit: Why Democracy Needs the Humanities* (Princeton: Princeton University Press, 2012).
109. Cela affecte le réalisme spéculatif lui-même. Par exemple, la perception négative de la rhétorique qu'a Quentin Meillassoux est un produit direct de la domination scientifique. Un relationnisme matérialiste par défaut règne sans partage. Voir ici Graham Harman, *Prince of Networks: Bruno Latour and Metaphysics* (Melbourne: Re.Press, 2009), 175.
110. Martin Heidegger, *Being and Time*, 89.
111. Martin Heidegger, *Being and Time*, 89.
112. Martin Heidegger, *Being and Time*, 92.
113. Voir Don Abbott, "Kant, Theremin, and the Morality of Rhetoric," *Philosophy and Rhetoric* 40.3 (2007) 274–92.
114. Graham Harman, *Prince of Networks*, 163–85.
115. Edward Casey, *The Fate of Place: A Philosophical History* (Berkeley: University of California Press, 1997), 106–116.
116. Terry Eagleton, *The Ideology of the Aesthetic* (Oxford: Basil Blackwell, 1990), 1–30.
117. Yuri Aharanov and David Bohm, "Significance of Electromagnetic Potentials in the Quantum Theory," *Phys. Rev.* 115.3 (August 1, 1959), 485–491.
118. Maria Isabel Franco et al., "Molecular Vibration-Sensing Component in Drosophila Melanogaster Olfaction," *Proceedings of the National Academy of Sciences* 108.9 (2011), 3797–3802, DOI 10.1073/pnas.1012293108.
119. Rupert Sheldrake, *Morphic Resonance: The Nature of Formative Causation* (Rochester, VT: Park Street Press, 2009).
120. Al-Kindi, "The One True and Complete Agent and the Incomplete 'Metaphorical' Agent," in *Classical Arabic Philosophy: An Anthology of Sources*, tr. and intro. Jon McGinnis and David C. Reisman (Indianapolis: Hackett, 2007), 22–23.
121. Quintilian, *Institutio Oratoria* 11.3. This fourth part of the Loeb Classical Library edition of Quintilian is not readily available in hard copy, but an online version can be found at http://penelope.uchicago.edu/Thayer/E/Roman/Texts/Quintilian/Institutio_Oratoria/11C*.html - 3, accessed August 15, 2012.
122. Quintilian, *Institutio Oratoria* 11.3.
123. Quintilian, *Institutio Oratoria* 11.3.

124. Graham Harman, *Guerrilla Metaphysics*, 142–44, 172–82.

125. Graham Harman, *Guerrilla Metaphysics*, 162.

126. Richard Lanham, *A Handlist of Rhetorical Terms: A Guide for Students of English Literature* (Berkeley, Los Angeles and London: University of California Press, 1969).

127. Timothy Morton, "Introduction," *The Cambridge Companion to Shelley* (Cambridge: Cambridge University Press, 2006), 1–13.

128. Joan Stambaugh, *The Finitude of Being* (Albany: SUNY University Press, 1992), 7–11, 59–70.

129. Xavier Zubiri, *On Essence*, tr. A.R. Caponigri (Washington DC: Catholic University Press, 1980), 46–47. Voir aussi Graham Harman, *Tool-Being*, 243–268.

130. Alphonso Lingis, *The Imperative* (Bloomington: Indiana University Press, 1998), 135.

131. Graham Harman, *Guerrilla Metaphysics*, 102–106, 119–121; 161.

132. Charlton T. Lewis and Charles Short, *Latin Dictionary* (Oxford: Clarendon Press, 1879), *actio, pronuntiatio*.

133. Henry George Liddell and Robert Scott, *A Greek-English Lexicon: Revised and Augmented throughout by Sir Henry Stuart Jones with the Assistance of Roderick McKenzie* (Oxford. Clarendon Press, 1940), ὑπόκρισις.

134. Graham Harman, *Guerrilla Metaphysics*, 164–170, 171.

135. Graham Harman, *Guerrilla Metaphysics*, 172.

136. Lewis and Short, *Latin Dictionary*, *suadeo*.

137. Ralph Waldo Emerson, "Experience," in *The Essential Writings of Ralph Waldo Emerson*, ed. Brooks Atkinson, intro. Mary Oliver (New York: Modern Library, 2000) 307–326 (309), nous traduisons.

138. Graham Harman *Tool-Being*, 19, 24, 28, 35–36.

139. Ce sont ici des citations de John Gage et John Mc Coubrey (nous traduisons). Voir Brandon Cooke, "Art-Critical Contradictions," présentation donnée à la American Society of Aesthetics, San Francisco, en Octobre 2003.

140. Stanley Fish, *Is There A Text in This Class?* (Cambridge: Harvard University Press, 1980), 147–174.

141. Pour une discussion à bâtons rompus voir Brandon Cooke, "Art-Critical Contradictions."

142. Pour les besoins de mon propos, j'adapte un texte bien connu d'Harold Bloom : « le sens d'un poème peut seulement être un poème, mais *un autre poème – un poème qui ne soit pas lui-même* », *The Anxiety of Influence: A Theory of Poetry* (Oxford: Oxford University Press, 1997), 70.

143. Percy Shelley, *A Defence of Poetry*, in Shelley's Poetry and Prose, ed. Donald H. Reiman and Neil Fraistat (New York and London: W.W. Norton, 2002), 509–535 (535).

144. Martin Heidegger, "The Origin of the Work of Art," in *Poetry, Language, Thought*, trans. Albert Hofstadter (New York: Harper & Row, 1971), 15–86 (26).

145. Sigmund Freud, *Interpreting Dreams*, tr. J.A. Underwood, intro. John Forrester (London: Penguin, 2006), 148–149.

146. Immanuel Kant, *Critique of Judgment: Including the First Introduction*, tr. Werner Pluhar (Indianapolis: Hackett, 1987), 113–117.

147. J'affirme cela afin de distinguer ma position de celle de Quentin Meillassoux, lequel se débarrasse du principe de raison suffisante afin de maintenir LNC, voir *After Finitude: An Essay on the Necessity of Contingency*, tr. Ray Brassier (New York: Continuum, 2009), 34, 40–42, 48–52, 60, 132.

148. Graham Harman, *Prince of Networks*, 21.

149. Ralph Waldo Emerson, "Experience," *Essential Writings*, ed. Brooks Atkinson and Mary Oliver (Modern Library, 2000), 307–326, 318.

150. Anton Zeilinger, *Dance of the Photons: From Einstein to Quantum Teleportation* (New York: Farrar, Straus and Giroux, 2010), 45–55.

151. David Bohm, *Quantum Theory*, 99–115.

152. Phil Dowe, *Physical Causation*, 104–107.

153. Phil Dowe, *Physical Causation*, 64–90.

154. Phil Dowe, *Physical Causation*, 75.

155. Phil Dowe, *Physical Causation*, 75–79.

156. Phil Dowe, *Physical Causation*, 77.

157. Graham Priest, *In Contradiction: A Study of the Transconsistent* (Oxford: Oxford University Press, 2006), 5–6, 42.

158. Phil Dowe, *Physical Causation*, 54, 63.

159. Richard Linklater, Dir., *A Scanner Darkly* (Warner Independent Pictures, 2006).

160. C'est ici la position de Steven Shaviro : "Kant and Hegel, Yet Again," http://www.shaviro.com/Blog/?p=991, dernier accès le 18 août 2012.

161. Aaron O'Connell, "Making Sense of a Visible Quantum Object," TED Talk, March 2011, http://www.ted.com/talks/aaron_o_connell_making_sense_of_a_visible_quantum_object.html, dernier accès le 27 juin 2012.

162. Voir ici Harman, *Guerrilla Metaphysics*, 101–124 pour une discussion sur la façon dont la métaphore poétique est une preuve archéologique en ce sens même.

163. Aristotle, *Poetics*, in Aristotle, Horace and Longinus, Classical Literary Criticism, tr. T.S. Dorsch (Harmondsworth: Penguin, 1984). 41.

164. Jane Bennett, *Vibrant Matter: A Political Ecology of Things* (Durham: Duke University Press, 2004), 119–120; Timothy Morton, *The Ecological Thought* (Cambridge: Harvard University Press, 2010), 8, 110, 115.

165. Timothy Morton, "Some Notes towards a Philosophy of Non-Life," *Thinking Nature* 1 (2011).

166. Aristophanes, *The Frogs*, disponible sur http://classics.mit.edu/Aristophanes/frogs.html, dernier accès le 27 juin 2012.

167. Voir Jakob von Uexküll, *A Foray into the Worlds of Animals and Humans; with A Theory of Meaning*, tr. Joseph D. O'Neil, introduction by Dorion Sagan, afterword

by Geoffrey Winthrop-Young (Minneapolis: University of Minnesota Press, 2010), 44–52, 157–161, 190–191.

168. Jakob von Uexküll, *A Foray*, 158–159, 190–191.

169. Giorgio Agamben, *The Open: Man and Animal*, tr. Kevin Attell (Stanford: Stanford University Press, 2004), 41.

170. John Donne, *Holy Sonnets* 5, line 1; *Major Works: Including Songs and Sonnets and Sermons*, ed. John Carey (Oxford: Oxford University Press, 2000).

171. Graham Priest, *In Contradiction: A Study of the Transconsistent* (Oxford: Oxford University Press, 2006), 28–38.

172. Une présentation extraordinaire de ce fait peut être trouvée dans l'article de James Whiteheard (JLIAT), "Deconstructing a Sine Wave," http://jliat.com/deconsine.html.

173. L'exploration la plus vive de cela peut être trouvée dans Douglas Hofstadter, *Gödel, Escher, Bach: An Eternal Golden Braid* (New York: Basic Books, 1999), 418–424.

174. Aaron D. O'Connell et al., "Quantum Ground State and Single Phonon Control of a Mechanical Ground Resonator," *Nature* 464 (March 17, 2010), 697–703.

175. Aaron O'Connell, "Making Sense of a Visible Quantum Object," http://www.ted.com/talks/aaron_o_connell_making_sense_of_a_visible_quantum_object.html.

176. C'est en effet le raisonnement de Petr Horava dans "Quantum Gravity at a Lifshitz Point," *Phys. Rev. D* 79 (8): 084008 (2009) disponible sur arXiv:0901.3775v2 [hep-th].

177. Edward Casey, *The Fate of Place: A Philosophical History* (Berkeley and London: University of California Press, 1997), 106–115.

178. Al-Kindi, "On Divine Unity and the Finitude of the World's Body," in *Classical Arabic Philosophy: An Anthology of Sources*, tr. and intro. Jon McGinnis and David C. Reisman (Indianapolis: Hackett, 2007), 18–22.

179. Martin Heidegger, "The Origin of the Work of Art," in *Poetry, Language, Thought*, trans. Albert Hofstadter (New York: Harper & Row, 1971), 15–86 (26).

180. Anton Zeilinger, *Dance of the Photons: From Einstein to Quantum Teleportation* (New York: Farrar, Straus and Giroux, 2010), 206–207, 208–217, 247–248.

181. Ibn Rushd in *Classical Arabic Philosophy: An Anthology of Sources*, ed. Jon McGinnis and David C. Reisman (Indianapolis: Hackett, 2007), 342, 349.

182. Aristotle, *Poetics*, disponible sur http://classics.mit.edu/Aristotle/poetics.html, dernier accès le 28 juin 2012.

183. J'adapte ce terme à partir de l'œuvre de Jean-Luc Marion, *In Excess: Studies of Saturated Phenomena* (New York: Fordham University Press, 2010), 37–40.

184. William Shakespeare, *Hamlet* 1.1.1; *Hamlet, Prince of Denmark*, ed. Edwards, Philip (Cambridge: Cambridge University Press, 1993).

185. Oscar Wilde, *Le Portrait de Dorian Gray* (Ebooks libres et gratuits, 2004), 10.

186. Wilde, *Le Portrait de Dorian Gray*, 10.

187. Horace, *On the Art of Poetry*, in Aristotle, Horace and Longinus, *Classical Literary Criticism*, tr. T.S. Dorsch (Harmondsworth: Penguin, 1984), 84.

188. Emmanuel Levinas, *Existence and Existents*, tr. Alphonso Lingis, foreword by Robert Bernasconi (Pittsburgh: Dusquesne University Press, 1988), 51–60. Voir Graham Harman, *Guerrilla Metaphysics: Phenomenology and the Carpentry of Things* (Chicago: Open Court, 2005), 59–70.

189. Samuel Taylor Coleridge, *Coleridge's Poetry and Prose*, ed. Nicholas Halmi, Paul Magnuson and Raimona Modiano (New York: Norton, 2004).

190. Emmanuel Levinas, *Otherwise than Being: Or Beyond Essence*, tr. Alphonso Lingis (Pittsburgh: Duquesne University Press, 1998), 123. Je réfère ici à la version originale : Emmanuel Levinas, *Autrement qu'être ou au-delà de l'essence* (La Haye : Martinus Nijhoff, 1974), 158, ndT.

191. J'utilise ici la phrase de Walter Benjamin : "Theses on the Philosophy of History," *Illuminations*, ed. Hannah Arendt, tr. Harry Zohn (London: Harcourt, Brace and World, 1973), 253–264 (261).

192. Martin Heidegger, *Being and Time*, tr. Joan Stambaugh (Albany, N.Y: State University of New York Press, 1996), 290.

193. Timothy Morton, *The Ecological Thought* (Cambridge: Harvard University Press, 2010), 38–50.

194. Edmund Burke, *A Philosophical Enquiry into the Origin of our Ideas of the Sublime and the Beautiful*, ed. James T. Boulton (Oxford: Basil Blackwell, 1987), 57–70.

195. Immanuel Kant, *Critique of Judgment*, tr. Werner Pluhar (Indianapolis: Hackett, 1987), 103–6.

196. Immanuel Kant, *Critique of Judgment*, 106.

197. Immanuel Kant, *Critique of Judgment*, 113.

198. Iain Hamilton Grant, *Philosophies of Nature after Schelling* (London: Continuum, 2006). Ben Woodard, Slime Dynamics (Winchester, UK: Zero Books, 2012).

199. Immanuel Kant, *Critique of Judgment*, 130. J'utilise ici la traduction en français de Jules Barni : *Critique du jugement* (Paris : Librairie philosophique de Ladrange, 1846), 184-185, ndT.

200. Immanuel Kant, *Critique of Judgment*, 108 (151 dans la traduction de J. Barni, ndT).

201. Jacques Derrida, "Economimesis," *Diacritics* 11.2 (Summer, 1981), 2–25.

202. Longinus, On the Sublime tr. T.S. Dorsch, eds., *Classical Literary Criticism* (London: Penguin, 1984), 109.

203. Graham Harman, "Zero-Person and the Psyche," in David Skrbina, ed., *Mind that Abides: Panpsychism in the New Millennium* (Philadelphia: John Benjamins, 2009), 253–282.

204. Graham Harman, *Tool-Being: Heidegger and the Metaphysics of Objects* (Peru, IL: Open Court, 2002), 190–204.

205. Longinus, *On the Sublime*, in *Classical Literary Criticism*, 127.

206. Longinus, *On the Sublime*, in *Classical Literary Criticism*, 121.

207. Gilles Deleuze, *Cinema 2: The Time-Image*, tr. Hugh Tomlinson and Robert Galeta (London: Continuum, 2005), 66–97.

208. Longinus, *On the Sublime*, in *Classical Literary Criticism*, 123–4.

209. Graham Harman, *Tool-Being*, 62–63.
210. Longinus, *On the Sublime*, in *Classical Literary Criticism*, 100.
211. Longinus, *On the Sublime*, in *Classical Literary Criticism*, 116 117; Doctor Seuss, *The Lorax* (New York: Random House, 1971), 49.
212. Longinus, *On the Sublime*, in *Classical Literary Criticism*, chapitre 15.
213. Quintilian, *Institutio Oratoria*, 6.2.29. http://penelope.uchicago.edu/Thayer/E/Roman/Texts/Quintilian/Institutio_Oratoria/6B*.html - 2, dernier accès le 28 juin 2012.
214. Timothy Morton, *The Poetics of Spice: Romantic Consumerism and the Exotic* (Cambridge: Cambridge University Press, 2006), 33–8, 129–31.
215. Sur la séduction des hallucinations, lire Lingis, *The Imperative* 107–116.
216. Graham Harman, "Object-Oriented Philosophy," in *Towards Speculative Realism* (Winchester: Zero Books, 2010), 93–104 (94–5).
217. Timothy Morton, *Ecology without Nature: Rethinking Environmental Aesthetics* (Cambridge, MA: Harvard University Press, 2007), 29–78.
218. Graham Harman, *Guerrilla Metaphysics*, 33–44.
219. Steven Lehar, "Gestalt Isomorphism," disponible sur http://cns-alumni.bu.edu/~slehar/webstuff/bubw1/bubw1.html, dernier accès le 6 juillet 2012.
220. Graham Harman, "On Panpsychism and OOO," disponible sur http://doctorzamalek2.wordpress.com/2011/03/08/on-panpsychism-and-ooo/, dernier accès le 6 juillet 2012.
221. Jacques Derrida, *Dissemination*, tr. Barbara Johnson (Chicago: University of Chicago Press, 1981), 54, 104, 205, 208, 222, 253.
222. Janet Murray, *Inventing the Medium: Principles of Interaction Design as a Cultural Practice* (Cambridge: MIT Press, 2011).
223. Brian Sutton-Smith, *The Ambiguity of Play* (Cambridge, Mass.: Harvard University Press, 1997), 1, 22.
224. Andy Clark and David Chalmers, "The Extended Mind," *Analysis* 5 (1998), 10-23.
225. Jacques Derrida, "Plato's Pharmacy," *Dissemination*, 61–171.
226. George Spencer-Brown, *Laws of Form* (New York: E.P. Dutton, 1979).
227. Jacques Lacan, *Le séminaire, Livre III: Les psychoses* (Paris: Éditions de Seuil, 1981), 48.
228. Alan Turing, "Computing Machinery and Intelligence," in Margaret A. Boden, ed., *The Philosophy of Artificial Intelligence* (Oxford and New York: Oxford University Press, 1990), 40–66.
229. Molly Ann Rothenburg, *The Excessive Subject: A New Theory of Social Change* (New York: Polity, 2010), ix, 1–2.
230. Graham Harman, *Tool-Being*, 212.
231. Alanis Morisette, "Ironic," *Jagged Little Pill* (Maverick, 1995).
232. Ridley Scott, Dir., *Blade Runner* (Warner Bros., 1982).

233. Frank Darabont, Dir., *The Shawshank Redemption* (Columbia Pictures, 1994).

234. Graham Harman, *Tool-Being*, 205–216.

235. Gilles Deleuze and Félix Guattari, *Anti-Oedipus: Capitalism and Schizophrenia*, tr. R. Hurley, M. Seem and H. Lane (Minneapolis: University of Minnesota Press, 1983), 2. Dans la version originale, se reporter à Gilles Deleuze and Félix Guattari, *L'Anti-Oedipe : Capitalisme et schizophrénie* (Paris : Éditions de Minuit, 1980), 7-8, ndT.

236. J'adapte ici la narratologie structuraliste de Gérard Genette. Voir *Narrative Discourse: An Essay in Method*, tr. Jane E. Lewin, foreword by Jonathan Culler (Ithaca: Cornell University Press, 1983).

237. Voir Henri Bergson, *Laughter* in George Meredith and Henri Bergson, *An Essay on Comedy/Laughter* (New York: Doubleday, 1956), 62, 158–161.

238. Chris Stenner, Arvid Uibel and Heidi Wittinger, *Das Rad* (Film Academy BadenWürttemberg, 2002).

239. Arda Denkel, *Object and Property* (Cambridge: Cambridge University Press, 2007), 96–97.

240. Voir longnow.org/clock/.

241. David Bohm, *The Special Theory of Relativity* (London: Routledge, 2006), 247–248.

242. Ian Bogost, *Alien Phenomenology: Or What It's like to Be a Thing* (Minneapolis: University of Minnesota Press, 2012), 113–134.

243. Graham Harman, *Guerrilla Metaphysics: Phenomenology and the Carpentry of Things* (Chicago: Open Court, 2005), 141–144.

244. Sigmund Freud, *The Ego and the Id*, tr. Joan Riviere, revised and ed. James Strachey, intro. Peter Gay (New York: Norton, 1989), 24.

245. Julia Kristeva, *Powers of Horror: An Essay on Abjection*, tr. Leon S. Roudiez (New York: Columbia University Press, 1982).

246. Slavoj Žižek, "How to Read Lacan 5. Troubles with the Real: Lacan as a Viewer of Alien," http://www.lacan.com/zizalien.htm.

247. Sigmund Freud, *Beyond the Pleasure Principle*, tr. and ed. James Strachey (New York: Liveright, 1950), 32. La traduction de ce passage est issue de Sigmund Freud, *Au-delà du principe de plaisir*, tr. S. Jankélévitch (Collection « Les classiques des sciences sociales », 1920), 36, ndT.

248. Gérard Genette, *Narrative Discourse*, 88.

249. Martin Heidegger, *Being and Time*, tr. Joan Stambaugh (Albany, N.Y: State University of New York Press, 1996), 385, 386.

250. Phil Dowe, *Physical Causation* (New York: Cambridge University Press, 2000), 50.

251. Martin Heidegger, *What Is a Thing?* tr. W.B. Barton and Vera Deutsch, analysis by Eugene T. Gendlin (Chicago: Henry Regnery, 1967), 83.

252. Martin Heidegger, *What Is a Thing?*, 82.

253. Martin Heidegger, "From the Last Marburg Lecture Course," *Pathmarks*, ed. William McNeill (Cambridge: Cambridge University Press, 1998), 63–81 (77, 75, 73–74).

254. Voir par exemple Mark Heller, *The Ontology of Physical Objects: Four-Dimensional Hunks of Matter* (Cambridge: Cambridge University Press, 2008), 47–51.

255. Karen Barad, *Meeting the Universe Halfway: Quantum Physics and the Entanglement of Matter and Meaning* (Durham: Duke University Press, 2007), 139–140, 178, 214, 235.

256. Martin Heidegger, *Contributions to Philosophy (From Enowning)*, tr. Parvis Emad and Kenneth Maly (Bloomington: Indiana University Press, 1999), 332.

257. Merci à Joseph Goodson pour avoir discuté cela en long et en large avec moi.

258. Timothy Morton, "Here Comes Everything: The Promise of Object-Oriented Ontology," *Qui Parle* 19.2 (Spring–Summer, 2011), 163–190.

259. Ian Bogost, "Process vs. Procedure," paper given at the Fourth International Conference of the Whitehead Research Project, Claremont College, December 2–4, 2010.

260. Thomas Metzinger, *Being No-One: The Self-Model Theory of Subjectivity* (Cambridge: MIT Press, 2004), 145. Voir Graham Harman, "The Problem with Metzinger," Cosmos and History 7.1 (2011), 7–36.

261. Ian Bogost, *Unit Operations: An Approach to Videogame Criticism* (Cambridge: MIT Press, 2008), 3–19; Alien Phenomenology, 22–29.

262. David Toop, *Ocean of Sound: Aether Talk, Ambient Sound and Imaginary Worlds* (London and New York: Serpent's Tail, 1995), 13–20.

263. David Bohm, *Wholeness and the Implicate Order* (Abingdon: Routledge, 2008), 11–14, 87, 137, 143–146, 153–155.

264. Alfred North Whitehead, *Process and Reality* (New York: Free Press, 1978), 75–78, 210, 214–215.

265. Alfred North Whitehead, *Process and Reality*, 18–20.

266. Martin Heidegger, *Being and Time* 88–89 (89).

267. Martin Heidegger, *Being and Time*, 124.

268. John Locke, *An Essay Concerning Human Understanding*, tr. Peter H. Nidditch (Oxford: the Clarendon Press, 1975, 1979), II.23.23–24 (308–309).

269. Voir Heidegger, *Being and Time*, 124 : « Dans quelle direction devons-nous alors tourner nos regards pour caractériser phénoménalement l'être-à comme tel ? Pour répondre à cette question, nous n'aurons qu'à nous rappeler la donnée fondamentale que nous avions confiée au regard phénoménologique lors de notre première indication du phénomène : l'être-à par opposition à l'intériorité sous-la-main d'un étant sous-la-main « dans » un autre; l'être-à considéré non pas comme une propriété d'un sujet sous-la-main, produite ou même simplement suscitée par l'être-sous-la-main du « monde », mais bien plutôt comme un mode d'être essentiel de cet étant lui-même. Mais, dira-t-on, qu'est-ce d'autre qui se présente avec ce phénomène sinon le commercium sous-la-main *entre* un sujet sous-la-main et un objet sous-la-main ? En fait, pareille interprétation se rapprocherait peut-être davantage de la réalité phénoménale si elle disait : le *Dasein est l'être de* cet « entre », ce qui n'empêche que l'orientation sur un tel « entre » menacerait quand même de nous

égarer. En effet, cette orientation ne laisse pas de poser, de manière aussi indéterminée qu'inconsidérée, les deux étants entre lesquels cet entre-deux « est » comme tel. L'entre-deux est déjà conçu comme résultat de la *convenientia* de deux sous-la-main. Seulement, cette position préalable de ces termes *fait* toujours déjà *éclater* le phénomène et annule toute chance de le re-composer à partir de ses éclats. Non seulement le « ciment » fait défaut pour cela, mais encore le « schème » conformément auquel le réajointement en question doit s'accomplir a lui-même éclaté, ou, plus précisément, il n'a jamais été auparavant dévoilé. Ce qui est ontologiquement décisif, c'est donc d'empêcher d'emblée l'éclatement du phénomène, c'est-à-dire d'assurer sa réalité phénoménale positive. » (traduction française issue de *Être et temps*, Édition numérique hors-commerce, traduction d'Emmanuel Martineau, pp. 277-278, ndT). C'est l'argument que j'ai présenté dans *Ecology without Nature* (Cambridge: Harvard University Press, 2007), 47–54.

270. David Bohm, *Quantum Theory* (New York: Dover, 1989), 20, 352–353.

271. Graham Priest, *In Contradiction: A Study of the Transconsistent* (Oxford: Oxford University Press, 2006), 172–181.

272. Graham Priest, *In Contradiction*, 180.

273. Graham Priest, *In Contradiction*, 160.

274. Graham Priest, *In Contradiction*, 170–171.

275. Graham Priest, *In Contradiction*, 173.

276. Graham Priest, *In Contradiction*, 177.

277. Graham Priest, *In Contradiction*, 172–181.

278. William Butler Yeats, "Among School Children," *Collected Poems*, ed. Richard J. Finneran (New York: Scribner, 1996).

279. Paul de Man, "Semiology and Rhetoric," *Diacritics* 3.3 (Autumn, 1973), 27–33 (30).

280. Jacques Lacan, *Le séminaire, Livre III: Les psychoses* (Paris: Éditions de Seuil, 1981), 48. Voir Slavoj Žižek, *The Parallax View* (Cambridge, Mass.: MIT Press, 2006), 206. Pendant que nous sommes sur la question de Hegel, notons que pour une philosophie des dialéthéias, s'attacher aussi fortement à Hegel est un peu fautif. Si vous voulez réellement aller avec les dialéthéias, vous devez choisir des objets discrets. Il ne vaut mieux pas commencer un cache-cache de l'Absolu dans lequel le résultat est connu dès le début.

281. Martin Heidegger, *Being and Time*, 304–306, 310–311, 312, 321–322.

282. Iain Hamilton Grant, *Philosophies of Nature after Schelling* (New York: Continuum, 2008), 37–38, 79, 92, 99, 130–131, 146–147, 162.

283. Paul Fearne, *All in the Mind*, ABC, September 9, 2010 ; voir Paul Fearne, *Diary of a Schizophrenic* (Brentwood: Chipmunka Publishing, 2010).

284. Martin Heidegger, *Being and Time*, 56–58.

285. Stephen J. Cowley, "The Cradle of Language," in Danièle Moyal-Sharrock, ed., *Perspicuous Presentations: Essays on Wittgenstein's Philosophy of Psychology* (New York: Palgrave, 2007), 278–298.

286. Voir Herbert A. Simon, *The Sciences of the Artificial* (Cambridge, MA: MIT Press, 1996), 51–53.

287. Lewis Carroll, *Alice Through the Looking Glass*, in *The Annotated Alice: Alice's Adventures in Wonderland and Through the Looking-Glass*, ed. and intro. Martin Gardner (New York: Norton, 1999), 189.

288. Jacques Derrida, "Freud and the Scene of Writing," *Writing and Difference*, tr. Alan Bass (London and Henley: Routledge and Kegan Paul, 1978), 196–231.

289. Karl Pribram and E.H. Carlton, "Holonomic Brain Theory in Imaging and Object Perception," *Acta Psychologica* 63 (1986), 175–210.

290. Dylan Trigg, *The Memory of Place: A Phenomenology of the Uncanny* (Athens, OH: Ohio University Press, 2012).

291. Percy Shelley, *Œuvre poétiques complètes*, trad. F. Rabbe (Paris : Albert Savine, 1887), t. III, 95-97.

292. William Shakespeare, *Œuvre Complètes de Shakespeare*, trad. F. Guizot (Paris : Didier, 1864), t.I, 312.

293. Graham Harman, *Guerrilla Metaphysics*, 23, 158.

294. Arda Denkel, *Object and Property* (Cambridge: Cambridge University Press, 2007), 12–13, 37, 152.

295. Arda Denkel, *Object and Property*, 132–140.

296. Voir par exemple Craig Callender, "Humean Supervenience and Homogeneous Rotating Matter," *Mind* 110.447 (January 2001), 25–43.

297. T.S. Eliot, *Little Gidding*, 2.3–4, *Collected Poems* 1909–1962 (London: Faber and Faber, 1983).

298. Keiji Nishitani, *On Buddhism*, tr. Seisaku Yamamoto and Robert E. Carter (Albany: State University of New York Press, 2006), 156.

299. Roger Penrose, *The Emperor's New Mind: Concerning Computers, Minds, and the Laws of Physics* (Oxford and New York: Oxford University Press, 1990), 334.

300. Jean-Paul Sartre rend compte de façon élégante de cela dans *Being and Nothingness: An Essay on Phenomenological Ontology*, tr. and ed. Hazel Barnes (New York: Philosophical Library, 1984), 41–42, 61–62.

301. Oscar Wilde, *The Picture of Dorian Gray*, ed. Robert Mighall (London: Penguin, 2003), 212–213.

302. Padmasambhava, *The Tibetan Book of the Dead: The Great Liberation by Hearing in the Intermediate States*, tr. Gyurme Dorje, ed. Graham Coleman with Thupten Jinpa, introductory commentary by the Dalai Lama (New York: Viking, 2006), 176.

303. Douglas Hofstadter, *Gödel, Escher, Bach: An Eternal Golden Braid* (New York: Basic Books, 1999), 75–81.

304. Graham Priest, *In Contradiction: A Study of the Transconsistent* (Oxford: Oxford University Press, 2006), 39–50.

305. LFO, *LFO* (Warp Records, 1990).

306. Robert M. Solovay, "Explicit Henkin Sentences," *The Journal of Symbolic Logic*, 50.1 (March, 1985), 91–93.

307. Graham Priest, *In Contradiction*, 9–27.

308. Voir Graham Priest and Francesco Berto, "Dialetheism," *The Stanford Encyclopedia of Philosophy* (Summer 2010 Edition), ed. Edward N. Zalta.

309. Jacques Lacan, *Écrits: A Selection*, tr. Alan Sheridan (London: Tavistock, 1977), 311.

310. Jacques Lacan, "The Agency of the Letter in the Unconscious or Reason Since Freud," *Écrits: A Selection*, tr. Alan Sheridan (London: Tavistock Publications, 1977 (French 1966)), 146–178.

311. Mark Changizi, "Why Even Data from Star Trek Would Have Fuzzy Language," http://changizi.wordpress.com/2011/01/04/why-even-data-from-star-trek-would-have-fuzzy-language/, dernier accès le 8 octobre 2011.

312. Theodor Adorno, *Aesthetic Theory*, tr. and ed. Robert Hullot-Kentor (Minneapolis: University of Minnesota Press, 1997), 245–246, 331; voir aussi 113, 281, 323–324, 346.

313. Oscar Wilde, *Le Portrait de Dorian Gray* (Ebooks libres et gratuits, 2004), 198.

314. William Shakespeare, *Œuvre Complètes de Shakespeare*, trad. F. Guizot (Paris : Didier, 1864), t.I, 353.

315. Roger Penrose, *Cycles of Time: An Extraordinary New View of the Universe* (New York: Knopf, 2011), 146, 150, 212; Roger Penrose, *The Road to Reality: A Complete Guide to the Laws of the Universe* (New York: Vintage, 2007), 436–437, 541, 978.

316. Charles Darwin, *The Origin of Species*, ed. Gillian Beer (Oxford and New York: Oxford University Press, 1996), 160.

317. Le terme heideggérien pour les caractéristiques du Da-Sein.

318. Graham Harman, *Guerrilla Metaphysics: Phenomenology and the Carpentry of Things* (Chicago: Open Court, 2005), 95, 184.

319. Levi Bryant, "Lucretius and the Wilderness," http://larvalsubjects.wordpress.com/2011/08/26/lucretius-and-the-wilderness/.

320. David Wiesner, *The Three Pigs* (New York: Clarion Books, 2001).

321. Sigmund Freud, *The Ego and the Id*, tr. Joan Riviere, revised and ed. James Strachey, intro. Peter Gay (New York: Norton, 1989), 24.

322. Francis Yates, *The Art of Memory* (London: Pimlico, 2007), 57, 121, 133, 137, 201, 233, 267, 274.

323. Mary Carruthers, *The Book of Memory: A Study of Memory in Medieval Culture* (Cambridge: Cambridge University Press, 2008), 1.

324. Mary Carruthers, *The Book of Memory*, 18, 38, 50, 107, 139.

325. Michel Henry, "Material Phenomenology and Language," *Continental Philosophy Review* 32 (1999), 343–365 (351).

326. Martin Heidegger, *Being and Time*, tr. Joan Stambaugh (Albany: State University of New York Press, 1996), 395.

327. Ceci est fondé sur l'argument d'Harman selon lequel l'*Angst* n'est pas si différente de l'outil/ de la structure de l'outil brisé. Graham Harman, *Tool-Being: Heidegger and the Metaphysics of Objects* (Peru, IL: Open Court, 2002), 95–97.

328. Arda Denkel, *Object and Property* (Cambridge: Cambridge University Press, 2007), 204.

329. Jane Bennett, *Vibrant Matter: A Political Ecology of Things* (Durham: Duke University Press, 2010), 199–120.

330. Martin Heidegger, *Being and Time*, 134–135.

331. Note du traducteur : Dans sa traduction d'*Être et temps* de Heidegger, Emmanuel Martineau traduit par « affection », voir p. 264.

332. Martin Heidegger, *Being and Time*, 316.

333. Chögyam Trungpa, *The Truth of Suffering and the Path of Liberation*, ed. Judith Lief (Boston: Shambhala, 2010), 9–10.

334. Martin Heidegger, *Being and Time*, 315.

335. Theodor Adorno, *Aesthetic Theory*, 245–246, 331.

336. Horace, *On the Art of Poetry*, in Aristotle, Horace and Longinus, *Classical Literary Criticism*, tr. T.S. Dorsch (Harmondsworth: Penguin, 1984), 82–83.

337. Voir Theodor Adorno, *Aesthetic Theory*, 241.

338. Immanuel Kant, *Critique of Judgment: Including the First Introduction*, tr. Werner Pluhar (Indianapolis: Hackett, 1987), 45–46, 51–52.

339. Jacques Lacan, "Kant with Sade," tr. James B. Swenson Jr., disponible sur http://www.lacan.com/kantsade.htm, dernier accès le 11 juillet 2012.

340. Alphonso Lingis, *The Imperative* (Bloomington: Indiana University Press, 1998), 25–38.

341. Martin Heidegger, *Being and Time*, 221.

342. Martin Heidegger, *Being and Time*, 221.

343. Percy Shelley, *A Defence of Poetry*, in *Shelley's Poetry and Prose*, ed. Donald H. Reiman and Neil Fraistat (New York and London: W.W. Norton, 2002), 509–535 (535).

344. Martin Heidegger, *Being and Time*, 355.

345. Martin Heidegger, *Being and Time*, 353, 355–356.

346. Ce locus classicus est issu de Quentin Meillassoux, *After Finitude*, 5–7.

347. Jacques Derrida, *Of Grammatology*, tr. Gayatri Chakravorty Spivak (Baltimore and London: the Johns Hopkins University Press, 1987), 158.

348. Roy Bhaskar, *A Realist Theory of Science* (New York: Routledge, 2008), 56, 82, 85, 124, 212.

349. Gillian Beer, "Introduction," in Charles Darwin, *The Origin of Species*, ed. Gillian Beer (Oxford: Oxford University Press, 1996), xxvii–xviii..

350. Sigmund Freud, *The Ego and the Id*, 24.

351. Percy Shelley, *Defence*, 535.

352. Harold Bloom, *The Anxiety of Influence: A Theory of Poetry* (Oxford: Oxford University Press, 1997), 70.

353. Roger Penrose, *The Emperor's New Mind*, 334.

354. David Bohm, *The Special Theory of Relativity* (London: Routledge, 2006), 158–174.

355. Voir Jean-Paul Sartre, *Being and Nothingness*, 41–42, 61–62.

356. Iain Hamilton Grant, *Philosophies of Nature after Schelling* (New York: Continuum, 2008), 37–38, 79, 92, 99, 130–131, 146–147, 162.

357. Gerard Manley Hopkins, *The Major Works*, ed. Catherine Phillips (Oxford: Oxford University Press, 2009).

358. Sur l'haccéité, voir John Duns Scotus, *Philosophical Writings*, tr. Allan Wolter (Indianapolis: Hackett, 1987), 166–167.

359. Plato, *Ion*, tr. Benjamin Jowett (Cambridge, Mass.: Harvard University Press), disponible au lien suivant : http://classics.mit.edu/Plato/ion.html (dernier accès le 7 octobre 2011).

360. Martin Heidegger, *Being and Time*, 298–303.

361. Jacques Lacan, "Kant avec Sade."

362. Martin Heidegger, *Being and Time*, 311.

363. Alphonso Lingis, *The Imperative* (Bloomington: Indiana University Press, 1998), 29.

364. Martin Heidegger, *Being and Time*, tr. Joan Stambaugh (Albany, N.Y: State University of New York Press, 1996), 204.

365. Theodor Adorno, *The Jargon of Authenticity* (London: Routledge, 2003).

366. Martin Heidegger, *Being and Time*, 208.

367. Martin Heidegger, *Being and Time*, 208.

368. Martin Heidegger, *Being and Time*, 210.

369. Aristotle, *On Generation and Corruption*, tr. H.H. Joachim (forgottenbooks.org, dernier accès le 12 août 2012), 19.

370. Judea Pearl, *Causality: Models, Reasoning, and Inference* (Cambridge: Cambridge University Press, 2010), 41, 134–135.

371. Arda Denkel, *Object and Property* (Cambridge: Cambridge University Press, 2007), 37.

372. Immanuel Kant, *Critique of Pure Reason*, tr. Norman Kemp Smith (Boston and New York: Bedford/St. Martin's, 1965), 45–48, 48–51, 71–74, 129–140.

373. Martin Heidegger, *What Is a Thing?* (Chicago: Henry Regnery, 1967), 113–114, 128–129, 137–140, 146.

374. Immanuel Kant, *Critique of Pure Reason*, 68, 69–70, 71–72, 74–75, 77–78, 201-202.

375. Martin Heidegger, *What Is a Thing?*, 198–199.

376. Voir Martin Heidegger, *What Is a Thing?*, 106–108.

**Droits d'accès**

*Figure 1* est accessible sur http://cns-alumni.bu.edu/~slehar/webstuff/bubw3/bubw3.html, dernier accès le 21 Novembre 2012. Autorisation donnée par l'auteur.

*Figure 2*. Autorisation donnée par l'auteur.

# *Table*

Remerciements   7

Liste des tableaux et graphiques   9

1. Les objets sont plus proches qu'ils ne le paraissent dans le rétroviseur   13
2. Comme une illusion   40
3. La naissance magique   115
4. La vie magique   160
5. La mort magique   198
6. Un étrange Aristote   234

Notes   241

Droits d'accès   261

www.ingramcontent.com/pod-product-compliance
Lightning Source LLC
Chambersburg PA
CBHW060116170426
43198CB00010B/908